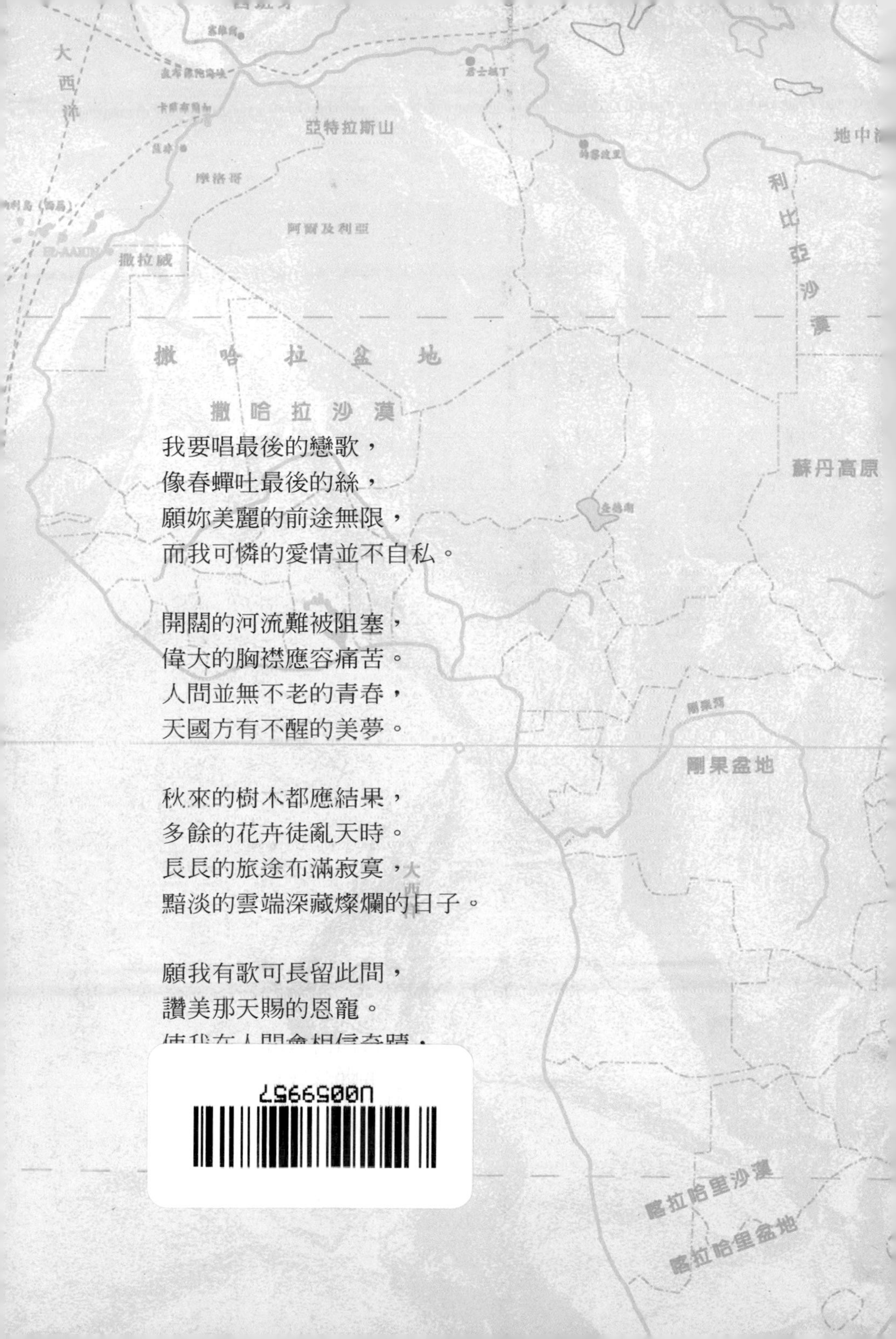

我要唱最後的戀歌，
像春蟬吐最後的絲，
願妳美麗的前途無限，
而我可憐的愛情並不自私。

開闊的河流難被阻塞，
偉大的胸襟應容痛苦。
人間並無不老的青春，
天國方有不醒的美夢。

秋來的樹木都應結果，
多餘的花卉徒亂天時。
長長的旅途布滿寂寞，
黯淡的雲端深藏燦爛的日子。

願我有歌可長留此間，
讚美那天賜的恩寵。
使我在人間會相信奇蹟，

红塵歲月

——三毛的生命戀歌

紅塵歲月——三毛的生命戀歌

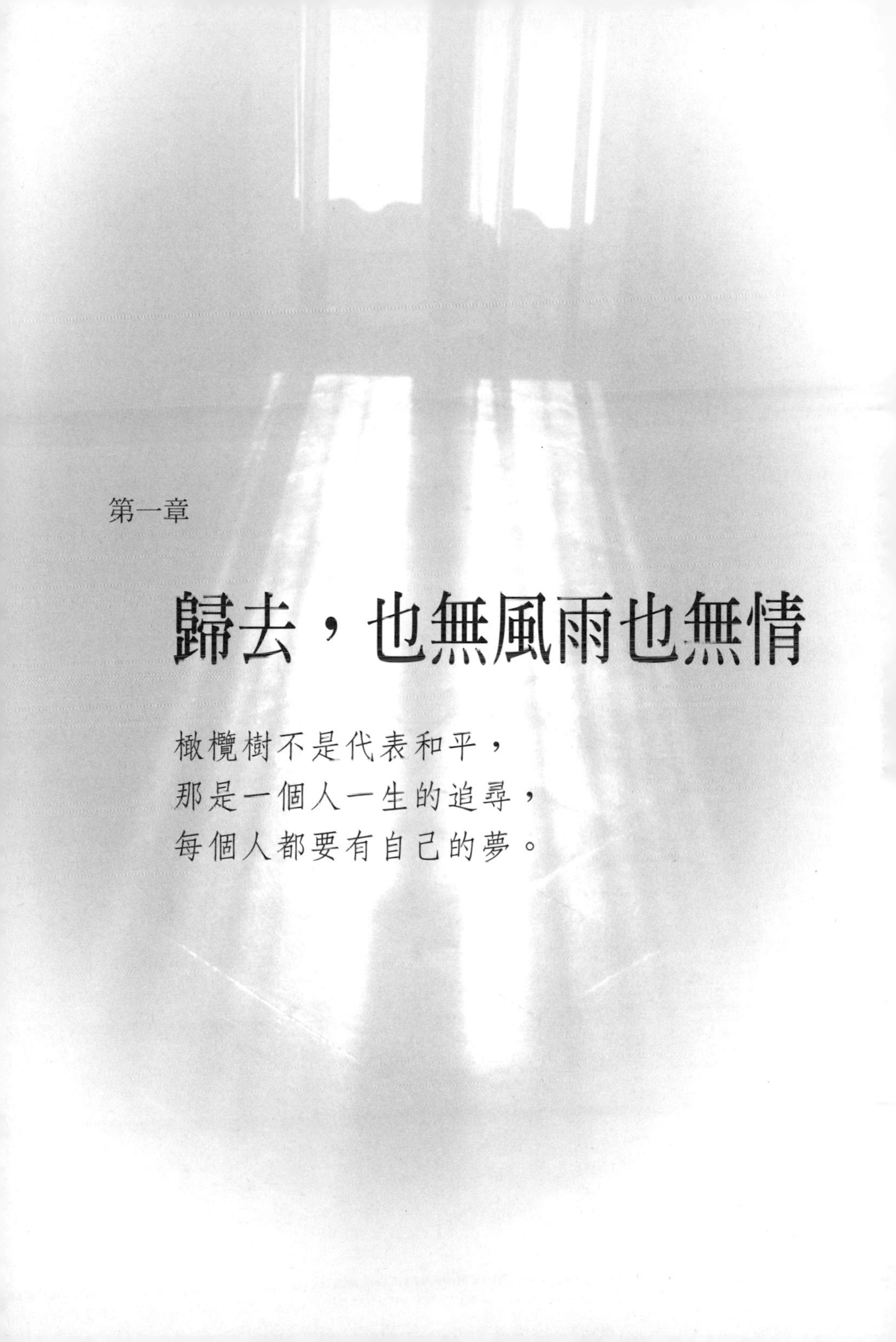

第一章

歸去，也無風雨也無情

橄欖樹不是代表和平，
那是一個人一生的追尋，
每個人都要有自己的夢。

第一章　歸去，也無風雨也無情

不要問我從哪裡來，
我的故鄉在遠方，
為什麼流浪？
流浪遠方？
流浪……

這是三毛那首著名的《橄欖樹》。那令人無限惆悵和傷感的曲調，不知使多少遊子黯然神傷，念天地之悠悠，獨愴然而泣下！流浪，流浪，從古至今，難道不正是人類的命運？每個人，從出生始，就開始了他流浪的旅程，一直到生命的終結，流浪才算結束。而整個人類，也無非是在宇宙的時空中流浪，沒有人知道我們從哪裡來，到哪裡去，只知道我們是在不停地運動著，也就是在流浪著。前途未卜，生死無常，只有流浪是真正的確認，只有無盡的旅途展現在眼前，而在那盡頭，就是死亡與毀滅，那也許才是真正的歸宿。

三毛對她的《橄欖樹》，是這樣解釋的：「橄欖樹不是代表和平，那是一個人一生的追尋，每個人都要有自己的夢。」她說，她在看到一些東西的時候，常常會有很深的感觸和聯想。以爲人生的悲哀假如已經沒有人能夠分擔的時候，那就是無可奈何；然而，假如有了新的發現和快樂，也沒有人能夠分享，要把它放進靈魂的時候，那麼，就是疼痛的來臨和寂寞的出現。所謂生活，無非就是樂極生悲，悲極生樂，正如一個個波浪，沒有人知道何時終止。

她的死，就是她一生中最後一個浪花。

然而，死亡難道眞的就是流浪的結束？對個人而言，也許是如此。那麼，對人類整體呢？難道不還是要流浪？永遠孤獨地流浪在天地之間，除此之外，還能期盼什麼？命定的流浪，是我們無可逃避的責任——任何人都須如此。也許，作爲個體，我們唯一有主動權的就是可以選擇在何時結束流浪，雖然那方式看來有點殘酷，那就是——自殺。但對於一個在流浪途中感到疲倦的人，對於一個不願繼續流浪的人而言，除此之外，難道他還有別的選擇？既然一個人不能選擇自己在何時開始流浪，那麼，他似乎應該有權利選擇在何時結束。這是他一生只能使用一次的權利，他人不應指責。當然，我們可以指責某人對此權利的濫用，但對於眞正經過深思熟慮後的選擇，我們應當表示理解和尊重。死的權利本來就應該等同於生的權利，可惜世人對此常常是不能理解的。

作爲一名詩人（眞正的藝術家本質上都一定是詩人），三毛當比常人更能理解生命和死亡的意義，因此她能夠在有限的時間內盡情地感受人生，承受幸福。而一旦她認爲自己對於生命的感

第一章　歸去，也無風雨也無情

受已經枯竭或者生活本身不能再喚起她對生命的體驗時，自然就會想到去體驗死亡。死亡，這個神祕的誘惑以其無法理解的內涵讓她不能自拔，即使生存的渴望也不能制止她走向死亡的腳步，於是結局可想而知。她最終選擇了死亡，死亡也高興地接納了她的投奔。這樣，世人看到了震撼人心的一幕，一個女人的死亡引起這個世界上無數人們的悲傷——一九九一年一月四日，台灣著名女作家三毛，在台灣榮民總醫院自殺身亡，時年四十八歲。

人生的大幕已然落下，死者身後的一切，卻引起了人們的關注和思考。

據報導，三毛因子宮內膜肥厚，於一九九一年一月二日住進了榮民總醫院。此次入院緣於一九九〇年十二月，當時三毛在該院作健康檢查時，醫生發現了上述症狀。因三毛的母親曾患子宮內膜癌，故家人和院方均勸三毛盡早入院治療。三毛自己也對此表示擔心，遂決定元旦後入院。入院後的第二天，醫院即爲她作一小手術，目的是判斷病症性質，結果認爲屬於一般疾病，並非癌症，即告知三毛不必擔心，並決定五日即可出院。不料三毛於四日凌晨即自縊身亡。本來，因爲三毛有過兩次自殺未遂的經歷，醫院準備爲她進行精神方面的會診，然後再讓她出院的。

然而，三毛已經用不著會診了，她提前出了院，走向一個永遠不能回頭的地方。

三毛走得很堅決，沒留下任何遺書和遺言，也許對人生，她已無話可說——不必說了。

據醫院婦產科病房的護理人員說，三日晚上，三毛曾經給母親打過電話，聲音很大，似乎情緒非常激動，但不清楚具體內容。當晚九點，三毛向護士要了安眠藥，理由是睡眠習慣一直不好。晚十一點，護理人員交班時，還發現三毛在病房中不停地抽煙和來回走動。她最後的話是：「我很容易驚醒，晚上不要吵醒我。」

次日早上大約七時，醫院的清潔工開始打掃房間，發現三毛半懸在其病房洗手間的馬桶上方，已經斷氣多時。頸上吊著一條咖啡色的尼龍絲襪，另一端掛在吊點滴的鐵鉤上。接到醫院的報告後，警方迅速趕到醫院，對現場進行檢查後，三毛的遺體被抬到病床上。上午十點十分，法醫到場驗屍，發現三毛自縊的洗手間內設有馬桶扶手，只要她有絲毫的求生念頭，就可以立即抓住扶手終止自縊，據此可以肯定爲自殺，其死亡時間當在凌晨兩點左右。三毛的遺體隨即在其親屬驗證後，安置於醫院的太平間。

噩耗傳開，海峽兩岸爲之震動。很快地，世界上幾乎有華人的地方，都將三毛的去世當作頭條新聞報導。無數的三毛迷們更是驚愕莫名，悲痛欲絕。心中的偶像突然離他們而去，這打擊能夠不大嗎？

自然，必須承受最大打擊的人，是三毛的親人。

在得知女兒突然死去的消息時，三毛的母親陳繆進蘭曾因刺激太大而引發一次大出血。次日，在心情稍稍平緩後，她表示，女兒的死對她而言是一個謎。雖然法醫以及檢查官都斷定三毛是自殺，而她卻堅信女兒只是「自然冥歸」。因為在現場看到三毛是坐在馬桶蓋上，雙手合抱作祈禱之狀，頭部微垂而臉色十分安詳。更奇怪的是，用來吊頸的尼龍絲襪是鬆鬆地掛在脖子上，頸部既無勒痕，也無掙扎的痕跡，「連醫生、檢查官都覺得奇怪，沒有看過這樣子毫無病理因素的死亡。」三毛的母親因此認為，絲襪只不過是一種死亡的象徵標誌，醫生也只好以此填寫死亡原因。此外，對於外界傳聞是「他殺」的說法，陳太太更是認為荒謬之極。因為她知道三毛的作息習慣與常人不同，晚間睡眠很遲，尤其是在三日動手術時，注射了麻醉劑，因此她那天一直睡到下午四點，睡眠相當充分。而且，雖然三毛向護士要了一顆安眠藥，但並未服下，所以四日凌晨三毛應當是很清醒的。再從病房裏絲毫不亂來看，也決不可能是他殺。

對於三毛用來自殺的那雙絲襪，陳太太說她曾在三毛自殺當晚看到三毛不斷地玩弄絲襪，當時以為那是三毛出院時要穿的，「早知如此，就把絲襪拿走，我當晚也不回家了。」因為陳太太患有癌症，身體狀況很差，那天又見三毛精神沒有什麼異常，她才決定回家休息的，如今悔之晚矣。陳太太說著說著，不禁又流下了眼淚。

當然，三毛母親不相信三毛是自殺，還在於這樣幾點判斷：第一，供打點滴用的掛鉤離地僅一六〇釐米，垂吊後腳尖崩緊即可觸及地面，也就是說隨時可以終止自殺過程。其次，三毛的病房並未鎖住，只是虛掩著，任何人都可隨時推開，說明似乎沒有自殺的準備。最後，尼龍絲襪沒有扯緊，只是鬆掛在頸部，僅此是不能致人死命的。不過，有一點似乎說明三毛早就作好了死亡的準備。在元旦那天，她送給母親一張生日卡，而她母親的生日還有一個多月才到。當三毛母親驚奇爲何送這麼早時，三毛回答說，再晚就來不及了。因爲三毛平時說話總是這樣奇怪，她母親並未在意，但事後看，三毛的話並非出於無心。此外，三毛在自殺的前一天晚上，曾對母親說她在房間裏看到一些小孩，他們都長有翅膀。也許，這就是死亡的暗示。

不過，三毛的母親顯然是出於對女兒的疼愛才認爲三毛不是自殺的。而根據法醫的檢查，三毛死時身穿白底紅花睡衣，脖子上有著深而明顯的絲襪吊痕，舌頭伸了出來，兩隻眼睛睜著，四肢呈灰黑色，正是吊頸而死者的典型狀態。因此，說她不是自殺而是自然冥歸是不能成立的。三毛母親對三毛死亡狀態的描述，與其說是沒有看清楚，不如說是出於做母親的一廂情願之詞。

最後，三毛的母親悲痛萬分地說：「孩子走了，這是一個冰冷殘酷的事實，我希望以基督教的方式爲她治喪……她生前對我說喜歡火葬，認爲那比較乾淨。她生前最喜歡黃玫瑰，她不喜歡鋪張，我也要選她平常最喜歡的家居服綴上黃玫瑰給她穿上，外邊套上一個漂亮的棺材就行了。」

三毛的父親陳嗣慶先生說他早就有預感，認爲三毛遲早會以這種方式告別人生，但他仍然難以壓抑內心的悲傷。他說：「我很難形容我的女兒，我想她一直感到很寂寞吧！」他對自己的女兒選擇這樣的道路，顯然有精神準備，說他曾經擔心女兒會到深山裏結束生命，那樣恐怕連屍首也不易找到。現在這樣的結局，其方式和時機，也許是最恰當的了。

在三毛自殺後的次日，陳嗣慶在家人的陪同下來到位於台北市南京東路四段巷內的三毛故居，試圖發現任何有可能說明三毛死因的痕跡，結果一無所獲。已經有半個月沒有到三毛住處的陳嗣慶，看到三毛的住所內非常潔淨整齊，感到驚訝，也爲有這樣的女兒而驕傲。面對三毛親手布置的陳設，陳嗣慶不禁回憶起三毛當年住在這裏時對房間進行布置的情景。他說，許多別人不在意的小玩意，三毛都當作寶貝，經過她的設計放入室內，就會透出特殊的味道，顯得很有情趣和富有詩意。爲此，他決定將三毛的這處住所保持原貌，改爲「三毛紀念館」，以便讓所有關心熱愛三毛的人都可以來這裏看看，追憶他們的朋友三毛。

三毛的大弟陳聖認爲，三毛的選擇令他遺憾，同時也很驚訝。不過他說他知道荷西死後姐姐一直很不快樂，所以這樣的結局也許會讓姐姐可以得到一個解脫吧。

在海峽的對岸，三毛的又一個父親——她的大陸「三毛爸爸」、著名畫家張樂平先生一家，得知這不幸的消息後，幾乎都驚呆了。因爲就在數天前，三毛還半夜打電話給「爸爸」，祝「爸爸」和全家新年快樂呢。而且在電話中，她還說起她過幾天要住院動手術以及她的台灣媽媽的身體等等，電話一直講了半個多小時。誰知短短數天，三毛竟一瞑不視，撒手而去！張樂平先生無比悲傷地寫下這樣的唁電：

嗣慶兄嫂：驚悉平兒離世而去，至痛！至痛！白髮人送黑髮人，情何以堪！然尚望兄嫂節哀珍攝。

這位當年以創作出「三毛」這一形象聞名於世的老畫家，多想以他的筆，畫出內心的悲哀啊！可是又怎能畫出那無盡的悲傷？老人只有在雪白的宣紙上寫下四個大字：

痛哉平兒

張樂平的夫人馮雛音女士，這位三毛的「上海媽媽」，這位平時很少流淚的老人，聽到噩耗後再也不能抑制悲痛之情，嗚咽不止。她多麼喜歡三毛這個特殊的女兒呀，而三毛也是那樣地喜歡她，三毛兩次到上海，都來張樂平家拜訪，並一起度過了一個中秋佳節，他們已經親如一家。她早就盼望著，三毛來上海過一個春節，爲此她已經在做各種準備。然而，女兒卻離開了她，而且是以這樣極端的方式！她能不悲痛嗎？

在浙江舟山群島的普陀區，三毛故鄉的「叔叔」倪竹青先生一家，得知三毛自殺的噩耗後也是悲痛欲絕，他們不肯相信這消息，總恍然是在夢中。三個月前，他們還與三毛相逢在杭州西子湖畔，往事歷歷在目，怎麼突然「姪女」就走了這條絕路？倪竹青奔向郵局，向三毛的父母致電表示哀悼：「噩耗平亡請節哀」。千言萬語，痛惜與悲傷，都包括在這七個字之中了。一連數日，倪竹青沉默不語，陷於深深的悲哀之中。三毛的嬌嬌童素雅，眼睛哭得通紅，整日茶飯不思。終於，倪竹青將滿腔深情，化爲筆下的沉痛訴說，寫下了〈隔岸驚噩耗　悲切念三毛〉的悼念文章，作畫的筆書寫出動人的文字，訴說著對姪女的深深哀悼！

大陸著名作家秦牧、姚雪垠、蕭乾、賈平凹等，結識三毛或早或晚，但都對三毛之死感到震驚和悲哀。秦牧、姚雪垠和蕭乾三位作家是一九八五年在新加坡的一次會議上認識三毛的，當時三毛得知他們是大陸方面的代表，覺得他們非常親切，雙方幾乎無話不談。他們的交往曾經被新聞界大作文章，因爲長期以來，海峽兩岸的作家很少有機會同時出席國際會議，更不能坐在一起討論共同關心的話題。現在有這樣的機會，自然引起媒介的關注。就是在這次會上，三毛在一次短暫的交談後，突然對姚雪垠說道：姚老，請您親親我吧。說著，眼圈都紅了。姚老就很親切地親了一下三毛的面頰，三毛激動得流下了眼淚。自此，他們都很關注三毛及其作品，沒想到她會以如此極端的方式結束人生。

賈平凹，作爲新時期以來的著名青年作家，與三毛尚未見過面，雙方只是通過書信剛剛建立聯繫。一向很少對他人表示崇拜的三毛卻對賈平凹的作品佩服得五體投地，表示要到陝西找他好好聊聊。事實上，三毛曾經去過西安旅遊，但她沒有去拜訪賈平凹，認爲在遠處觀察賈平凹和他的作品也許更眞實。這正是三毛才會有的奇特想法，或許她是擔心一旦見到眞人會損害對其作品的感受吧。於是，她只是託人轉告賈平凹，說自己很喜歡他的作品。知音難覓，賈平凹得知此事後，隨即便寫了一封信，連同自己的作品寄給三毛，未料尚未得到回覆，三毛去世的消息已經傳來，賈平凹好不悲哀！隨即寫了〈哭三毛〉一文。

也許是命中注定的緣份，就在三毛去世後十天，賈平凹竟然收到了三毛的回信，一時人們爭相傳閱，以爲這就是三毛生前的絕筆了。睹信思人，賈平凹更是傷心，不禁又提筆寫下〈再哭三毛〉一文，其結尾是這樣的：

屋裏不是我獨坐，對著的是您和我了，雖然您在冥中，雖然一切無聲，但我們在談著話，我們在交流著文學，交流著靈魂。這一切多好啊，那麼，三毛，就讓我們在往後長長久久的歲月裏一直這麼交流吧。三毛！

著名電影演員林青霞，是三毛的知心好友，得知三毛自殺後，傷心地哭了一個早上。她表示她愈想愈「恨」三毛。恨她如此糟蹋自己的生命，也不爲自己的父母著想。據林青霞介紹，三毛自殺前的大半年情緒一直不穩定，與她在寫劇本時的快樂有天壤之別，原因大概和其感情沒有著落有關，因爲三毛對找不到知心伴侶的事，非常在意。三毛很愛面子，喜歡有一個知心人陪伴她走完人生的最後一段旅程。但看來她是沒有如願。而且，據林青霞透露，三毛在此之前，曾經因情緒低落而服藥自殺，因發現及時才沒有造成悲劇。因此林青霞說她很後悔，後悔自己沒有及時找三毛談心，幫三毛排解內心的苦悶。林青霞說：「實在太遺憾了，我勸她的話她有時候還聽得進去，如果早些開導她，說不定還有用呢！」

林青霞說，三毛對她很好，從結識三毛始，林青霞就有一種直覺，即要多和她在一起，多多感受她的快樂。林青霞回憶說，不久前三毛從香港回來時，還送給她一套衣服，然後又將兒時她母親送給她並伴隨她一生的首飾和玩具交給林青霞，說是讓林青霞接著保存，理由是她要長期去歐洲旅行。現在看來，當時三毛的交代是有所暗示的。

著名女作家瓊瑤，和三毛成爲好友已有二十餘年。聽到三毛離世的消息後，非常震驚和悲傷。她回憶和三毛交往的這些年，認爲三毛一直有自殺的傾向。她常常在深夜傾聽三毛訴說人生的無奈與痛苦，非常理解三毛內心的孤獨。她認爲，三毛的自殺，與其疾病無關，更多的是由於來自內心深處的寂寞和絕望。她認爲，寫完《滾滾紅塵》之後的三毛，已經沒有什麼好追求的了，也沒有了寄託，因此走到絕路是可以想見的。

出版三毛全部作品的皇冠出版社，聽到三毛自殺的消息後，全體同仁不禁痛哭失聲，驚詫莫名。因爲就在耶誕節那天，皇冠編輯部全體成員還送給三毛一張美麗的賀卡和一束鮮花，當時三毛高興得直說「皇冠就是我的家」。誰知不足十天，三毛竟與他們永別！皇冠出版社的負責人平鑫濤先生，對此也表示太出意外了，以他對三毛的瞭解，認爲三毛表面樂觀開朗，其實內心極度寂寞，這與其夫人瓊瑤的看法基本一致。雖然如此，他也很難接受三毛自殺的事實，他願意以出版三毛全集的方式，來紀念三毛，他說，這也是三毛生前未了的心願。

第一章　歸去，也無風雨也無情

台灣《聯合報》副總編輯瘂弦，是最早提攜三毛的文學先輩。對於三毛的死，他認為十分可惜，又十分痛心，因為三毛真正的文學潛能還未發揮出來，真正成熟的三毛尚未出現，而她卻如此結束生命，又怎能讓愛她的親友和讀者忍受！

台灣著名女作家羅蘭得知三毛自殺後，驚訝萬分地說：「太可惜了！」羅蘭回憶說她與三毛雖然相識，卻沒有深交，不過她認為三毛是一個非常理解人的女人，對公衆事業也很熱心。至於三毛的文章，羅蘭認為很有特色，文筆簡練而富有感情，能給讀者留下深刻的印象。這樣的才女去世的確令人惋惜。

丁松青神父，是三毛在台灣少有的幾個知己之一，作為一名外國神父，三毛更願與他談論人生。他與三毛的結識是在三毛自殺之前二十年。得知噩耗，丁神父驚詫不已，不禁回憶起當年結識三毛的情景。當時丁松青在台灣蘭嶼的一所小學教授美術和音樂，有一天，三毛和朋友到蘭嶼遊覽，其風采和一口流利的英語使丁松青神父意識到三毛不是一個普通的遊客，遂愉快地相識。後來，因丁松青神父丟失了三毛的位址，又因語言不通難以查找，兩人中斷了聯繫。直到三毛從國外歸來，經過多方打聽，他們才恢復交往。三毛曾將丁松青用英語撰寫的幾本著作譯成漢語，交給皇冠出版社出版，並鼓勵丁神父繼續寫作。三毛還將自己的作品送給丁神父，並多次到其住處拜訪。在三毛看來，一位外國神父，如此熱愛台灣，能夠爲台灣的風土人情所感動而寫作，本身就應該得到鼓勵，更何況她與丁松青，在許多方面都有共同語言呢！也正是因爲他們的互相理解，丁神父才對三毛的死感到特別遺憾。他提到三毛最後一次到他所在的「清泉」告別時似有什麼預感，含著淚說她永遠不會再回來了。丁神父認爲，三毛的死，也許是因爲她太美好，不適合生活在我們這個世界，像她這樣的人如果不能去天堂，又有誰能去呢？丁神父最後衷心地祈禱三毛能夠在另一個世界得到她一生企求的滿足與快樂。

台北《中央日報》的副刊主編梅新說，一九九〇年十二月二十日，她曾對三毛做了兩小時的採訪，當時三毛告訴她說，她已經「來日無多」，因爲她似乎得了絕症，並且聲稱她很快就要住院。三毛還表示要把自己在南京東路的住所賣掉，同時還談到她歷年所積攢的一筆美金和她的存摺，當時梅新只是感到三毛這樣說有些誇張，現在回想起來才覺得三毛似乎是在交代後事。人生實在是太難以預料了。

著名歌星齊豫在對三毛之死表示哀悼的同時，認爲三毛是一個很勇敢的女人。她說三毛是一個奇妙的組合，一個上帝無心創造卻很獨特的作品。她認爲三毛對生活有她自己特殊帶有宗教性的忠誠，而只有對人生眞正熱愛的人，才能把這樣的忠誠化爲實際的行動。齊豫雖是一位通俗歌星，但她對三毛的上述評價卻很精闢，很有見解。

香港著名科幻小說作家倪匡，聽到三毛自殺的噩耗後，謝絕了多次約會，獨自一人喝酒解悶。對於三毛的死，他深深地感到遺憾，但表示尊重三毛的選擇。三毛生前曾經與倪匡和已經去世的武俠小說作家古龍定了一個奇特的約定，即他們三人誰先去世，就要設法與仍在人世者溝通。三毛最近一次在香港時，倪匡還與三毛談到逝去的古龍為何至今沒有找他們兩個溝通的問題。如今，唯一的生者倪匡又要等待三毛的呼喚了。

在東南亞，在美洲大陸，在世界各地，凡是有華人的地方，人們一時間都在談論三毛。她的作品本來一直暢銷，如今更成為珍寶，很快被一搶而空。出版社只好日夜加印。衆多的三毛迷更是不可抑制內心的悲傷，以各種方式表述對自己心目中偶像的悼念，甚至有人要步三毛後塵，到另一個世界追尋他們的偶像……

面對如此愛她的世界，三毛為什麼會撒手而去，並且走得如此乾淨，連一句遺言也未留下？她眞的是自殺？自殺的眞正原因又是什麼？

痛定思痛之後，她的親友，她的讀者以及新聞輿論等，紛紛就此展開了熱烈的討論。

首先，不少人以為，導致三毛自殺的原因是她對自己所患疾病的擔心。三毛早先曾做過檢查，似乎腎臟有問題，如今又查出子宮內膜肥大，而她母親也患有子宮癌，且已到了末期，常常出血不止，痛苦異常。在目睹母親的病狀後，三毛很自然會聯想到自己，故有厭世之想。對此可從三毛自己的敘述中得到一定的證實，如在寫給大陸作家賈平凹的信中，三毛承認自己得了「不大好的病」，認爲至少一年內無法工作。在寫給她的大陸叔叔倪竹青的信中，（此信已被認爲是三毛眞正的絕筆信，因寫信時間雖然同樣是一九九一年一月二日，但三毛明確稱寫給賈平凹的是她當天寫的第一封信。）三毛更是明確表示自己得了「與我母親同樣的病，而且查出來在身體三個地方都有。」「是腺癌。」而且三毛的心情顯然十分低落，「無法再工作了。眞想大哭出來。」看來，表面瀟灑、對一切滿不在乎的三毛實際上對於自己的疾病顯然十分擔憂。也許，三毛並不擔心會因病早逝，但擔心病發後的痛苦和給家人和世人造成的麻煩，更擔心自己以後因不能忍受病痛而改變其在公衆心目中美好而瀟灑的形象，因此才想到不如儘早了結。而醫院方面聲稱三毛沒有大病，可能是應三毛的請求保守祕密的說法，因爲根據三毛的親筆信，她的病情似乎連家人也不是很瞭解的。此外，三毛聲稱自己患了不治之症只是在寫給大陸親友的信中，而寫信的時間是在臨死之前，這就表明此時的她已經下定了自殺的決心。在她估計，等到書信被收到時，她早已死去，所以即使說出自己的疾病也已經無所謂了。從這些方面看，三毛的自殺與她患病有關是可以肯定的。

不過，這還不能解釋她自殺的全部原因，假如只是因爲患病，那麼，在病情沒有變得嚴重和不可忍受之前，三毛完全可以將自殺的時間拖延或提前，爲什麼一定要在新年剛過之後呢？作爲中國人，對於春節一直是非常重視的，像三毛這樣一個對父母非常孝順的人，似乎更應該陪伴父母過完最後一個春節再撒手而去才合理，爲何連短短一兩個月也不能等待了呢？

因此，許多人認爲是事業上的挫折導致了三毛的死，因爲三毛是一個事業心極強的人，凡事要麼不做，做就要最好。而她嘔心瀝血所寫的第一個電影劇本《滾滾紅塵》，雖然據此拍攝的影片獲得多項金馬大獎，但唯獨沒有得到最佳編劇獎，這對三毛而言不能說不是一次失敗。更有甚者，因爲影片的內容（描寫了抗戰時期一個被視爲漢奸的男人的愛情故事），導致新聞界的批評，這種政治上的傷害對三毛的打擊是不容忽視的。熟悉三毛的人指出，三毛表面堅強瀟灑，其實內心感情脆弱，且對個人的聲名比較在意，在新年前夕舉行的電影金馬獎頒獎儀式上，三毛表現得十分緊張，後來結果公布，知道自己落選時，三毛竟傷心地哭起來，當晚也未出席電影公司的宴會，可見這次打擊對她是多麼嚴重！對此，三毛在寫給大陸友人的信中也有所流露。而且，不知爲什麼，好像三毛事先就知道自己不會獲獎，後來在落選後她聲稱自己做了他人的犧牲品。難道三毛早就知道金馬獎評選的內幕？也早就有了失敗的準備？假如眞的如此，她又何必如此失望呢？其中必有不爲外人所知的隱祕。

不過，也有人指出，像三毛這樣經歷了許多人生重大挫折的人，似乎不應因爲這一次挫折就走向極端，假如其抗壓力如此脆弱，恐怕早就自殺了，因爲在她一生中，比身體患病和作品落選更大的打擊不知有過多少，又怎能等到今天？

那麼，是三毛的內心過於空虛？因爲荷西去世後她的心靈無所依靠？因爲她對人世生活產生了厭倦？

俗話說，知女莫過父母。三毛的父母又是怎樣認爲的呢？

她母親說，女兒生前曾多次表示，該做的事都已做完，她已經沒有什麼路好走了。

她父親說：「我揣測，她也許覺得她人生這條路已走得差不多了吧！」她父親認爲，雖然三毛不能與海明威、川端康成等大作家相比，但他們的自殺無疑會給三毛種種暗示：既然這些大師都不能忍受現實世界的無聊和荒唐，三毛的步其後塵就沒有什麼奇怪的了。

是的，在人生的旅途上，三毛雖然從年齡上看還正在中途，但她所經歷的一切——事業、愛情、婚姻、友誼、挫折與不幸，不是有很多人終其一生也沒有如此豐富多彩的生活嗎？生在大陸，長在台灣，留學海外，又在海外各國工作旅行和長期生活，萬水千山走遍，結識朋友無數，與荷西的生死之戀，自己的作品被無數讀者熱愛……這樣的榮譽沒有多少人能夠得到，這樣的經歷不知羨煞多少人，這樣的人生即使只活那麼幾年，恐怕也有很多人願意拿一生來換取。那麼，三毛在歷經滄桑後感到疲倦，感到今後的一切已經沒有什麼新鮮又有什麼奇怪？她的提前走向終點不是非常自然？

對於一個偉大的運動員而言，當他征服所有的對手，獨自一人站在最高峰時，自然會感到自己的不可戰勝，但也會感到一種失去對手的悲哀。對於三毛，就有這樣的感覺。就愛情而言，荷西之後的一切，都不能與荷西相比，曾經滄海難爲水啊！就事業而言，作爲一名作家，三毛的成功已遠非大多數作家能夠獲得。就其最愛好的旅行而言，一生去過五十五個國家，而讓她最魂牽夢繞的祖國大陸她也不止走過一次，且在這片土地上留下了她最後的感情經歷。那麼，她還會經歷什麼？即使在自己虛構的世界中她也生活過了，可能也開始厭倦，現實的世界更是沒有吸引她的魅力，那麼，作爲構成全部人生的一部分，只有最後的結局——死亡，她尚未體驗！自然，她完全可以繼續等待，爲何如此地迫不及待？

這恐怕要從她的性格和她早年的經歷中尋找原因了。

三毛是一個耐不得寂寞又缺少耐心的人。荷西死後，她害怕內心出現的感情空白，急於以各種方式塡補。於是她不停地旅行，不停地寫和講，不停地做一切可以排遣內心苦悶的事情。自然，她嘗試過繼續愛和被愛，但從來沒有成功，或者她就知道不會成功，於是她的愛就只有一個用處：愛和被愛——只是爲了解憂。其實，她做其他的一切也是如此，不求所謂的輝煌，只求有事可做。而她又總是追求新鮮，所有的事情對她而言很快就失去了吸引力，於是她也就很快地去完成人類所能夠做的最後一件事——死亡。在這一點上，同樣表現出她強烈的個性特徵：三毛不願意被動地等死，她要採取主動，把死亡的權利從死神手中奪過來。同時，作爲自己一生最後的表演和作品，三毛要讓它在世人面前展示得轟轟烈烈、不同凡響，於是自殺就是最好的方式，而她也以此方式完成了她的人生旅程。

一代才女有如此結局，並不是偶然。

早在青少年時期，三毛就有過兩次自殺未遂的經歷，至於自殺的念頭更是常常出現。荷西死後，她就不想再活在世上，是家人和友人的勸說使她暫時打消了這念頭，但在內心深處，她始終沒有完全清除它。更重要的是，對於自殺，三毛留給人們的印象是她不但不反對，而且採取了相當感興趣和欣賞的態度。在她的作品中常常可以看到對自殺的描寫。例如在她早期作品《極樂鳥》中對一個自殺者這樣寫道：

> 我羨慕你說你已生根在那塊陌生的土地上。我是永遠不會有根的……
>
> S，我寫到這兒，想到你自殺的事，我本該一點不吃驚才是，我卻像個差勁的人一樣為這件事

情痛苦得不能自己。S，我想到我們這些性急的傢伙，我們早在透支生命，本不會活得太長，你又何苦跑得那麼快呢？好多次我有那種意念，好多次又放下了。這樣一次次得來的生命總很疲憊。

S，我說你要扶持我，我說求你拉著我，因為我是天堂的陌生人……

一個對自殺有如此理解的人，會在自己遇到挫折後採取怎樣的行為就不難理解了，更何況三毛已經是歷經磨難，最後才走向終點，無非是提前一點而已。在三毛內心，大約也是這樣認爲的吧。

三毛在南美旅行時，對於陳列在墨西哥博物館的自殺神，表現出濃厚的興趣，把它看作自己最喜愛的兩個神祇之一。爲了更瞭解自殺神，三毛不停地追問導遊，那個自殺神到底是什麼職位，它究竟是允許人們自殺，還是促使人去自殺，或者只是負責接納自殺的人？這樣的追問連導遊也回答不出，三毛卻思考得津津有味。三毛認爲，所有的宗教都不允許自殺，只有在墨西哥發現了這麼一個書上都沒有提到的小神，這表明它對於人類的尊重和給予人的意志自由，說明了這種宗教的偉大，值得好好研究。顯而易見，帶有如此心態的三毛，一旦意識到自己活在這個世界已經失去了意義，一旦發現以後的人生除了虛度之外，再也不可能帶給自己新的希望和刺激，那麼，她就會毫不猶豫地走向自殺。

而且，三毛是一個相信靈性和靈魂存在的人。她相信有另一個世界的存在，而她的荷西就生活在那裏。她曾經請巫師施法，讓尚在人世的她可以與荷西在所謂神靈的空間相會。既然如此，她對人世厭倦之後，又爲什麼不能儘快地走向她一直嚮往的世界，去尋找她的荷西呢？於是她平靜地採取了這種早有預謀的行動。果然，一切如其所料，她再一次也是最後一次獲得了成功，雖然這代價是以生命換來。

自然，也有人不贊成三毛是自殺，甚至認爲這樣說是對三毛人格的侮辱。例如三毛的良師益友、台灣著名詩人瘂弦先生，就是堅持這種說法的一個代表。

瘂弦先生認爲，導致三毛之死的罪魁禍首是安眠藥，因爲三毛長期服用，致使體內殘存的藥量不斷增加，終於導致藥物過量而死亡，三毛並非自殺。

瘂弦認爲，像三毛這樣一個熱愛生活、始終充滿活力的人，這樣一個堅持以自己的筆書寫出人生美麗和無窮魅力的作家，又怎麼會以自殺來結束生命？這豈不是與其平時的言行完全矛盾？因爲就在三毛死前不久，她還勸告他人千萬不要自殺，一定要勇敢地活下去。

那麼，又怎樣解釋三毛作品中以及她在生活中常常流露出對死亡的興趣呢？瘂弦以爲，這只是三毛作品風格和其性格的表現。因爲她的作品在本質上屬於浪漫主義，而美化和謳歌死亡正是浪漫主義的一個特徵，不能因爲作品中提到死亡，就與作者的死聯繫起來。至於生活中的三毛，追求奇特、愛發驚人之語正是她的特點。也是其天眞無邪，所謂童言無忌式的自然流露。正是一種樂觀的表現，又怎能說是悲觀？按照瘂弦的分析，就三毛而言，荷西之死無疑是對她最大的打擊，三毛如果要自殺應該是在荷西死後不久，但如今荷西已死多年，她沒有理由再走絕路。即使又遇上什麼人生挫折，與荷西之死相比，恐怕都不能說是最嚴重的，都不足以引起三毛自殺的念頭。

至於對人生的厭倦，三毛這樣冰雪聰明之人，恐怕早就看透，要說人生的無聊，說到底連最神聖的愛情也無什麼意義，三毛對此也不會不知。那麼，看透一切之後，應該是大徹大悟，勘破生死關，再破情關，還有什麼能夠迷惑三毛呢？她理應更加輕鬆瀟灑地面對人生，又怎會輕易地自殺？是的，三毛能夠如此，也應該如此的。

然而，問題在於，三毛也是一個人，一個與我們一樣平平常常的人！

三毛因寫作一舉成名後，世間就有了兩個三毛，一個是作爲作家、作爲無數青年讀者偶像的三毛，還有一個是作爲普通人的三毛。可惜，世人看見的多半是前者，沒有或者不想看作爲後者的三毛。而三毛自己，在這樣的觀念包圍之中，也漸漸認同了輿論和讀者的意見，不得不爲堅持在公衆心目中的三毛形象而付出代價。其中最慘重的代價，就是自我的迷失！

在清醒的時候，三毛也意識到這樣做的危險和對此產生的厭煩，不過，她常常不由自主地陷於其中，進而忘卻了眞實的自我。幸而，她畢竟是一個聰明絕頂的人，所以才不斷地以種種方式反抗。可惜，她反抗的力度不大也不能長久，而來自外界的力量卻足以摧毀她任何反抗的努力，於是悲劇的發生便不可避免。

作爲三毛的崇拜者，自然希望他們的偶像能夠有永久的光輝，即使是死，也要轟轟烈烈。那麼，三毛沒有死於撒哈拉大沙漠的槍戰聲中，沒有死於殉情，已經多少讓他們有些失望，雖然他們可能沒有意識到或沒有表述出來。他們所期望於三毛的，已經不再是寫出多少新的作品，而是在人生的旅途上再給他們創造一個新的欣賞場面。如今三毛之死，可以說爲他們提供了觀賞自己的偶像最後一次增添光輝的機會。如果說她只是自殺，而又與患病和沒有獲獎有關，那麼三毛也未能免俗，但她顯然又不是爲了什麼更偉大的目的而死。這樣就只有退而求其次，說她是自然冥歸比較好一些。這既符合那些熱愛三毛讀者的心理，也不致給三毛帶來名譽上的傷害，畢竟我們這個民族對於自殺者的評價一直是不夠客觀、不夠公平和實事求是的。

可惜，這種觀點缺少令人信服的力量。因爲，首先三毛的自殺是一個不爭的事實，不僅爲醫院和警方確認，也得到其親屬的認可，而且，從三毛的絕筆書信中，也可得到補證。因此，說她是因服用安眠藥過量致死，用心良苦，卻難以讓人心服口服（她最後一晚所要的安眠藥，事實上並未服用）。其次，對於自殺，三毛不僅有過未遂的經歷，而且念頭始終未斷，這也與其對自殺的觀念有關，只要讀她的作品，就可看得很清楚，因此說不上她會反對自殺，相反的意見倒是應當成立的。而且，對於三毛來說，能夠勇敢地面對死亡並親自實踐，本身就是一件非常了不起的事情，是三毛報答讀者的最後方式，也是她最後一次特殊的創作。在嘗試了所有其他方式之後，三毛這樣結束自己，不是非常自然嗎？至於作家的形象，是否會因此受到損害，其實是不足慮的。在中外文學史上，有不少作家自殺身亡，並未影響其形象的偉大，更無損其作品的生命力，這也是一個不爭的事實。

說到底，還是一個如何看待生死的問題。追求以壽終正寢為最佳的死亡方式，反對以任何理由主動結束生命，幾乎是所有文化的共同特徵。這本來是出於對於生命的尊重，是可以理解的。但是，死亡，作為結束生命唯一有效的方式，有時它的出現並不會影響生命的偉大，反而會使生命具有更偉大的價值。在更注重生存質量的今天，單純的延續生命在現代人看來已經沒有意義，於是有了安樂死。那麼，為何不能認可自殺的必要和意義？作為個體的生命，究竟是它自身還是外界更有權利決定其死亡？答案是顯而易見的。

回到三毛自殺這個問題上，我們已經說得太多了，最後要說的是，三毛之死，是無憾而死，是瀟灑而死，是合理的解脫，是詩人的悠然而去，是靈魂的隨風飄蕩，是生命自由的最好體現……作為常人，我們只有理解和尊重，不必再猜測，不必去指責。

當年，偉大的德國文學家歌德寫了著名的《少年維特的煩惱》後，曾經在歐洲引發了一個維特熱，有不少青年甚至模仿維特，走上了開槍自殺的道路，歌德有鑒於此，特意寫了一首詩，奉勸世人不要步維特之後塵，畢竟生命是珍貴的，生活是美好的，而且只有一次！因此，對那些熱愛三毛的讀者來說，他們對三毛最好的紀念，就是好好地生活，熱愛生活，熱愛這個世界，熱愛周圍的人們，同時，也熱愛自己！

一艘小船，載著三毛的骨灰，悄無聲息地駛出河口。船上，一位小女孩將三毛的骨灰，輕輕撒向水中……

「逝者如斯夫，不舍晝夜」，三毛靈歸何處？

滾滾紅塵之中，一個既短暫又漫長的生命就此靜靜消失，而世界依然喧囂如故。

第二章

陳家有女初長成

我再也不要做一個河童了，
我不會永遠這樣沉在河底的，
雨季終將過去。
總有一日，
我要在一個充滿陽光的早晨醒來。

第二章　陳家有女初長成

一九四三年，重慶籠罩在戰爭的恐怖陰雲裏，日本人的飛機不斷地在上空盤旋、轟炸，那刺耳的空襲警報聲驚碎了多少人的生活，彌漫著的戰火硝煙遮蔽著和平的曙光，絕望中的人們都在祈禱和平早一天降臨。

可是，隆隆的槍炮聲嚇不住春天翩翩的腳步，在一片陰雲的籠罩下，明媚的春天依然到來了。罪惡的戰爭威脅著人的生命，然而在刀光劍影中，新的生命依舊會孕育、誕生。一九四三年的這個春天，年輕的律師陳嗣慶一家同所有的人一樣，也在渴望著和平的到來，同時他們又在準備迎接一個小生命的降生。

陳嗣慶祖籍浙江舟山市慶海區小沙鄉陳家村，他的父親陳宗緒早年在家鄉辦過小學，後來帶領全家去上海創辦實業，頗有成就。陳嗣慶受過良好的教育，以律師為職業，維持一家三口的生活，雖不太富裕，卻也能衣食無憂。避戰火，此時陳嗣慶和他年輕的妻子繆進蘭及幼小的女兒陳心田，暫居重慶黃桷埡。

一九四三年三月二十六日，春天的花正嬌豔的時候，一個如花的生命啼哭著來到了這個世界上。這是一個不足月的小女孩，弱小的身軀卻有一副非常響亮的「歌」喉。陳嗣慶望著懷中的次女，心中雖沒有了初為人父時的那種狂喜和激動，卻在心中懷著深深的憐愛。這是一個多麼弱小，又多麼惹人憐愛的孩子啊。雖不是太漂亮，但那一雙亮晶晶、黑白分明的眼睛格外有神，格外招人喜歡。這個孩子需要加倍的呵護和疼愛。

給可愛的小女兒取個什麼名字呢？一個「平」字一下子從陳嗣慶的腦海中彈躍出來。他希望自己的女兒不再生活在戰爭的陰影中，能自由自在地奔跑在藍天白雲下，快樂成長。於是，他就幫剛剛出生的女兒取名「平」，中間再加上代表家族輩分的一個「懋」字，這個小女孩就有了一個挺拗口、又難聽的名字「陳懋平」。因爲在當地方言中，「懋平」正與「毛病」同音。等她剛剛有了自我意識以後，就表現出了對父親爲自己取的這個名字的強烈不滿。更讓她討厭的是這個「懋」字筆劃太繁，太難寫了，使剛剛學會寫字的她，咬著嘴唇用手握緊筆，費盡了力氣也寫不好。倔強的女孩乾脆拒絕這個字，每次寫名字時，都自作主張地把中間這個「懋」字去掉，只寫作「陳平」。幼小的孩子已表現出了主宰自身命運的主觀意識。其實，她也不太喜歡「陳平」這個名字，因爲她不喜歡的就是平淡、平常、平凡、平庸……所以在她的一生中，她又爲自己取了她更喜歡的名字：Echo、三毛、撒哈拉之心，其中最響亮的就是「三毛」，「三毛」幾乎是家喻戶曉，婦孺皆知的，所以這個原本叫「平」的女孩就擁有了一個並不平常的人生。

尙在襁褓中的三毛很愛哭，每當母親輕輕把她放在搖籃裏去忙碌的時候，三毛就會大聲啼哭，似乎抗議自己受到了冷落，提醒媽媽她是不容忽視的。而只要母親匆匆忙忙丟下手中的活計，跑到搖籃邊將她抱起來後，她就會立即止住哭聲，好像她憋得小臉通紅，就只爲了能讓母親抱一抱自己。比起別的孩子，她渴望得到更多的愛。

應該說，跟同齡的孩子相比，三毛是很幸運的。她的父母不同於一般中國家庭的父母，他們都受過很好的教育，接受了民主文明思想的影響。母親繆進蘭女士曾是一位身著白衣黑裙的女學生，結婚前剛剛高中畢業，在當時的社會背景下的女性中，高中畢業已是相當高的學歷了。她喜歡文學，讀過《紅樓夢》、《水滸傳》、《傲慢與偏見》、《咆哮山莊》等等中外名著。也許，三毛的文學天賦就是稟承了母親的遺傳吧。三毛的父母在對孩子的教育上更傾向於西方的教育方式，從來不用封建家長式的壓制和束縛去對待孩子，他們更懂得如何愛孩子，營造出一個寬鬆、民主的家庭氣氛，使孩子們無拘無束地成長，這對於養成三毛熱愛自由，不受約束，嚮往愛和美的天性，無疑是一份沃土，是覆蓋她整個人生的綠蔭。雖身處亂世，生活艱難，但年輕的父母努力不讓自己的孩子受一點委屈。有了爸爸媽媽的愛，本是「戰爭兒童」的三毛基本上生活得無憂無慮，心靈上沒有留下一點兒戰爭的陰影。

還不會說話的時候，三毛很愛哭，可當她牙牙學語後卻變得沉默起來，更多的時候則瞪著一雙大眼睛，好奇而專注地打量著周圍的一切。這時的她已表現出與一般孩子不同的興趣愛好。她從來不去碰別的女孩子們視爲寶貝的洋娃娃，也不喜歡穿花衣服，甚至不愛跟其他小朋友一起玩耍。但這絕不是說她對什麼都沒有興趣，相反的，她對一切都懷著強烈的好奇心，專門注意別人不感興趣的事情。比如，過年過節，很多人家殺豬宰羊，一般小孩都不敢看那血腥的場面，三毛卻會蹲在一旁，饒有興趣地參觀宰殺的過程，然後一臉滿意地離去。她還喜歡一個人蹲在樹下，看那些忙忙碌碌，出出進進的小螞蟻，一看就是半天，要是別的小朋友去捏螞蟻的話，三毛就衝過去阻攔。另外，她特別喜歡農作物，喜歡玩泥巴，這種愛好正是她長大後不喜浮華，熱愛自然的天性表現。這種熱愛自然的天性貫穿了三毛的一生，她一直喜歡親近泥土，擺弄花草植物，甚至渴望擁有自己的農場，可以光著腳踩在田裏勞作。

三毛從小就很有獨立意識，她上有姐姐，後來又有了小弟弟，但她從來不需要玩伴，可以自己玩得很開心，小小年紀膽子也很大。還只有兩歲的時候，三毛就一個人跑到她家附近的一座荒墳旁去玩泥巴，別的小孩子是從來不敢去那裏玩的。三毛似乎從來就沒意識到什麼危險，她沉浸在自己的感覺世界裏，那是一個充滿色彩，富於靈性的主觀世界。

這樣一個執拗、倔強的小三毛，經常會惹出些意外來。有一次，全家人正坐在屋裏吃飯，忽聽外面院子裏有撲通撲通的打水聲，跑出來一看，剛剛還在院子裏玩的三毛不見了蹤影，跑到大水缸旁一看，原來她掉到水缸裏去了，頭朝下埋在水裏，一雙小手使勁撐著缸底。當大家把她從水裡拉出來的時候，她既沒有哭，也沒有表現出受了驚嚇的樣子，而是十分的鎮定。

一九四五年抗戰勝利後，三毛隨全家搬到了古都南京。父親和伯父陳雙清重操舊業，聯手開了一家律師事務所，生意蒸蒸日上。三毛則和一家人住進了鼓樓頭條巷四號，一座西式大宅子裏。那是一個有前院、後院，另有一個停在偏院的大住宅。前院有枝葉茂密、高大筆直的梧桐樹，爲給整個院子灑滿清涼的樹蔭，後院有假山，種滿了四季花草。這所大宅子無疑成了三毛兒時的樂園，她終日在院子裏奔跑玩耍，繞著高高的梧桐樹騎竹馬，在後院被大白鵝追趕著四處亂跑。冬天在院子裏打雪仗；夏天在樹下捉小蟲；夜晚坐在樹下乘涼，看著天上一眨一眨的星星，聽大人們講故事。已經三歲的三毛長得白白胖胖，頭上紮著一根小辮子，可愛極了，也愈發地調皮、好動。有一天，她跑進父親的事務所，在他的辦公桌上亂翻一氣，結果打翻了一瓶墨汁，弄得滿桌都是。父親衝過來，一邊手忙腳亂地搶救桌上的文件，一邊狠狠地喝斥三毛，命令她靠牆站著不許動，罰站一小時。三毛乖乖地站了一會兒，趁爸爸不留意，早就一溜煙兒跑開了。三毛不肯老實一會兒，甚至不能安靜地好好拍張照片。全家人去中山陵園玩，在高高的台階上留影紀念，別人已擺好了照相的姿勢，她卻在那裏一雙眼睛滴溜溜地亂轉，並把一根手指頭放在嘴裏吮吸著，於是照片上永遠留下了小三毛生動的調皮形象。

但是，三毛也有十分安靜的時候，她一旦沉靜下來，就會表現出與她的年齡不相稱的深思。有一天，她盯著樹上的蘋果看了半天之後，忽然問媽媽：「蘋果掛在樹上是不是很痛苦？」媽媽望著她，不知該如何回答。這正是三毛式的語言和感悟，幼小的她已有了一顆纖細敏感的心，一顆善感的心靈會讓她聽到大自然中神祕的喃喃細語。

還有另一件事可以使三毛長時間安靜下來，那就是讀書。三歲的時候，她已能捧著圖畫書看得入迷。在南京炎熱的夏天，蟬在樹上拼命地叫著，別的小孩子都跑到院子裏去乘涼了，獨獨不見了三毛。她躲到哪裡去了？她正在家裏二樓的圖書室裏看書呢，她趴在地板上，舉著一雙小腳丫，托著腮幫子如饑似渴地看著。她最早看的一本書是張樂平的《三毛流浪記》。那個頭上翹著三根毛，四處流浪，永遠也長不大的三毛深深地印在她的腦海中。她又陸續看過許多帶插圖的童書，像《木偶奇遇記》、《格林童話》、《安徒生童話》等等，識字以後看得更多的就是不帶圖畫的書了，慢慢發展到看大部頭的書。三毛對書的深愛就此深植心田，一生癡愛不減，以後無論是浪跡天涯的孤旅，還是靜默獨坐的夜晚，書都是她最忠實的伴侶，最知心的朋友，讀書、寫書，就幾乎是三毛人生的大半內容。

在遊戲和讀書中，三毛度著自己的童年，猶如一朵靈秀而又倔強的小花，在爲它提供的空間裏一點點綻開，有了屬於自己的美麗和香氣，也在鑄造著自己的個性和心靈。小三毛更沉迷於感覺和書本的世界裏，這是有別於現實世界被詩化了的世界。浸潤於此，三毛就有了一些詩化的品格：自由、浪漫、優雅、追求完美和重視情感。她喜歡幻想，沉溺在自己假想出來的各種故事裏，她感到欣喜愉悅，這樣的生命應該是屬於文學藝術的。

一九四九年，蔣介石倉皇逃離大陸，陳嗣慶和哥哥陳漢清一起帶領兩家人乘中興輪離開了大陸，捨棄故土，背井離鄉。跨過海峽，踏上一片完全陌生的土地，大人們心裏自然充滿了憂慮，臉上布滿了愁雲，不諳世事的三毛卻並不能解這其中滋味，第一次乘大輪船，在海上看到展翅高飛的海鷗，她興奮歡呼。

到台灣後，他們兩家人在台北建國北路一幢小小的日式房子裏安頓下來。搬進一個新家，孩子們高興得不得了，屋裏鋪著榻榻米，可以光著腳丫在上面走。一直都喜歡光著腳瘋跑的三毛高興壞了，她和姐弟們在上面雀躍不已，還喊著剛剛聽來的新名詞：「解放了！解放了！」立即招來了大人們大聲的喝斥。還不懂事的他們怎能理解，父母們正爲那即將面臨的生活困難而發愁呢。兩家大大小小十幾口人擠在這幢小房子裏，孩子們晚上打地鋪睡在榻榻米上，白天收起來。父親每天在外奔波，掙錢養家，母親沉默寡言地在家操持家務。過去在大陸時，夏日裏，每天孩子們都能吃上霜淇淋，到台灣後再也見不著了。而且也不再有新衣服穿了。三毛穿的都是姐姐穿不下的舊衣服。從這些變化中，她隱隱地明白家裏跟原來不一樣了。那幾年的生活在三毛的回憶中是毫無色彩的。大人們整天忙忙碌碌，不見笑容，家裏氣氛凝重。三毛變得更沉默了，總在別人不注意的角落裏忙自己的事情。

一九五〇年，剛剛六歲的三毛就穿起了小學生的制服，成了台北市中正國民小學一年級的學生。每天早晨六點鐘，三毛就被媽媽從香甜的夢中叫醒，穿上胸前掛著「陳平」二字的藍色校服，背上一個大書包，手中接過媽媽遞來的便當，另一隻手提著水壺，匆匆忙忙走出家門，那瘦小的背影消失在小巷盡頭，三毛感覺自己一直走進了一團濃霧當中，沒有盡頭，也辨不清自己身在何方。

正式接受教育也就意味著成長過程的開始，這是人生面臨的第一次轉變，雖未完全步入社會，但也要受到一些規範的約束，而那些浪漫夢想和情懷是最先被要求割棄掉的。成長的過程猶如蛻變，總有些痛苦，我們慢慢學著就範，也就漸漸明白了生活。對三毛這樣一個個性特別強，又敏感纖細的女孩來說，成長過程就尤其痛苦。就像一棵正在自由生長的小樹，它的枝椏隨意向著陽光充足的地方生長著，千篇一律，缺少個性的學校教育就是那一把剪刀，要把小樹上多餘的枝節剪掉。在老師眼裏，三毛是個不太順眼的學生，而對三毛而言，學校也實在是個不讓人喜歡的地方。功課很枯燥，老師總是那樣嚴厲，三毛怕他們怕得要死。特別是那個全科女老師，乾瘦矮小的身材，表情嚴峻的臉上戴著一副眼鏡，透過厚厚的鏡片投到三毛身上的目光，讓她害怕得發抖。在學校裏全天都要和這個女老師一起度過，在她目光的逼視下，三毛手足無措，像是小耗子見了貓一般。老師很少讓學生下課休息，自己也不肯離開學生半步，連中午吃飯的時候也要盯牢學生不放鬆。在中午吃飯時她還有一個固定節目，就是責備當天表現不好，或者考試成績不好、作業完成不好的學生。常常是在寂靜的中午，熱烈的陽光穿過窗戶把教室裏照得格外明亮，三毛和同學們拿出從家裏帶來的便當，坐在座位上靜靜地吃著，一邊恭恭敬敬地聆聽著老師在講臺上的大聲訓斥，算是一道佐餐之菜吧。三毛常常是在這時被指名出來罵的一個，只因爲她的成績總不太好，老師一直不喜歡她。三毛最喜歡的功課是作文和美術。她的作文是班上寫得最好的，每次作文，老師都會把她的作文當作範文來讀，唯有這時候才會聽到一兩句老師十分難得的表揚。她的美術課成績也不錯，老師把一個杯子，一盆花之類的東西放在講台上，讓他們照著畫，三毛總是畫得又快又好，也受到老師的稱讚。只有上作文課和美術課時，她才會找回一些自信。除此以外的功課，三毛都不喜歡，尤其是算術。

三毛對學校的功課沒有多少興趣，能讓她感興趣的東西還是在學校以外找到的。

當時的小學生中非常流行收集橡皮筋和《紅樓夢》人物畫片，還有那種用來包彩色糖果的透明玻璃紙，把這些東西一張張夾在書裏，攢成厚厚的一疊，下課的時候，亮出自己的收藏，互相展覽、炫耀。三毛是此項活動的積極參與者。獲得這些東西的主要途徑是從商店裏買，或者是用用過的練習簿去換，一本練習簿可以換一顆彩色的糖果。把糖果快快吃掉，然後將包糖的紙洗乾淨夾在書裏，等攢出一大疊時，可以拿去跟小朋友交換畫片或橡皮筋。每天放學回家的路上，三毛都走得特別慢，被路邊的雜貨鋪吸引得流連忘返。她直盯著櫃檯上那一大排玻璃瓶子裏裝著的紅紅綠綠的糖果，盤算著那些漂亮的糖紙。口袋裏沒有錢，只有用練習簿去跟老闆娘換。那一陣子，她總嫌自己的練習簿用得太慢了，忽然對放學後寫功課特別熱心起來，目的當然只有她自己最清楚，就是快點把這本練習簿用完，好去換糖果。有時作業寫錯了，被老師罰重寫，她並不沮喪，反而十分高興。父母總不明白為什麼她的練習簿用得這麼快。即便如此，這一張張地攢起來速度還是太慢了，當然還有捷徑可走。有一天，三毛從外面跑回家，無意中看到母親放在櫃子上的五塊錢。五塊錢啊！能買多少橡皮筋和《紅樓夢》畫片啊，那些小朋友會多麼羨慕自己啊，這個誘惑實在太大了，她的心裡掙扎得很厲害，看著母親正在廚房裏忙活，左右沒人，她忍不住抓起錢放到自己的褲子口袋裏。母親到處找錢時，她紅透了臉低著頭，告訴媽媽也許是風把錢刮跑了，母親歎了口氣也就不再深究。可是做小偷的罪惡感一直折磨得她坐立不安，藏在褲子口袋裏的錢也變成一塊燙人的熱山芋，緊緊灼燒著她的大腿。她不讓媽媽給她脫了長褲洗澡，也沒脫衣就上床睡覺，這反常的舉動和她一整天紅得發燒的臉，讓媽媽擔心她生了病，半夜裏把她送到醫院去看病。這五塊錢終於沒有被發現，可她一直也不敢拿出來用，折騰了兩天，三毛最後實在忍受不了這種折磨，又把錢悄悄放到櫃子旁邊的地板縫裏，然後故作大驚小怪地喊來媽媽，告訴她原來錢眞的被吹到地上了。這件事總算了結了，三毛也才重新輕鬆起來。以後三毛說起這件事，嘲笑自己是個膽小鬼。其實這只能說明她是個誠實的好孩子。

要說三毛最感興趣的事，就是撿破爛了。每天放學後，三毛並不急於回家，她一路上低著頭，一雙眼睛搜索著路邊的每一寸地方，有時她乾脆把書包交給別的同學，請人家先帶回家去，這樣，她可以空著手在田間小徑上慢悠閒逛，不時停下來在地上翻揀，隨時都可以發現一些寶貝，比如玻璃彈珠、大別針、一顆狗牙或一個精美的空香水瓶子，運氣好的時候，甚至還能撿到一個小皮球、一角錢。這些發現都給三毛帶來意想不到的驚喜和收穫。她把這些東西帶回家去，洗乾淨放在一個漂亮的盒子裏，晚上做功課時，關起房門偷偷地把自己的這些寶貝拿出來，在燈下一一把玩，眞是莫大的享受和快樂。所以三毛很羨慕那些撿破爛的人，他們不用非得坐在教室裏一動也不能動，可以走街串巷，東奔西跑。世界上哪裡還有比這更快樂的工作呢？一邊工作，一邊遊戲，隨時都會有驚喜。於是她確定了自己的理想就是做一個拾荒者。

有一次寫作文，老師讓他們好好發揮，寫出自己的理想。以往每次上作文課，老師總會說：「陳平，快寫，寫完了站起來把妳的作文朗誦一下。」這次也像往常一樣，三毛很快就寫好了，老師坐在教室右邊的桌子旁邊批改作業，連頭也不抬地說：「陳平，站起來，把妳的作文念念。」三毛站起來很有些自豪地大聲讀道：

「我的志願——」

「我有一天長大了，希望做一個拾荒者，因爲這種職業，不但可以呼吸新鮮空氣，同時又可以大街小巷地遊走玩耍，一面工作一面遊戲，自由快樂得如同天上的飛鳥……」

忽然，一隻黑板擦飛了過來，打到了坐在三毛旁邊的同學。三毛嚇了一跳，一下子僵住了。只見老師氣得在那裏大拍桌子，「妳這是什麼文章，妳……亂寫！亂寫！……什麼撿破爛的，將來要去撿破爛，現在也不必念書了，滾出去好了……重寫！」於是三毛驚恐地坐了下來，她在座位上想了半天，舉筆寫道：

「我有一天長大了，希望做一個夏天賣冰棒，冬天賣烤紅薯的街頭小販，因爲這種職業不但可以呼吸新鮮空氣，又可以大街小巷遊走玩耍……」

眞是換湯不換藥，一樣地癡迷於那自由、新鮮的感覺，在老師眼裏還是一樣的荒唐不入流，這樣的作文交上去怎會過關呢？果然，老師又在上面批了一個憤怒的大紅叉，再打回重寫。其實，三毛還有其他的理想可寫，例如，她還想開一個街頭雜食鋪，天天站在櫃檯後面悠閒地看著街景和整整齊齊擺放在透明玻璃瓶裏五顏六色的食品，多麼愜意。或者開一間藥鋪，因爲她喜歡藥房裏的氣氛，一個個小抽屜組成一面牆，可以隨意拉出來，裏面放著不同的草根樹皮，卻都有一個又美又有詩意的名字。她還嚮往過開冰果店，在炎熱的夏天，一樣樣色彩漂亮的冷飲，透著冰涼。這些工作，在她眼中看來是世界上最好的了，所蘊含的那種說不出的美、自由和樂趣讓她著迷，這是帶著一種詩意的審美眼光去看待的，至於哪一種比較賺錢或受人尊重，三毛從未想過。雖然老師常常給他們講，長大的理想應該是做醫生、科學家、律師、作家……這些才是遠大的人生理想，才會爲社會多做貢獻，也才會受人敬仰。但是三毛總覺得那些名詞對她來說，是那樣的遙遠和抽象，遠不像街上能看到的那些五花八門、各有妙處的店鋪那麼具體生動。看著自己作文本上批的大紅叉，三毛明白老師是對自己的這些理想不滿意，如果繼續去描述自己的那些理想，今天就別想下課回家了。這時，其他的同學都已走了，空蕩蕩的教室裏只剩下她一個人。她知道別的同學都寫自己的理想是醫生、律師、科學家什麼的，她們都乖乖地聽老師的話，老師才會高興。她也只好違背自己的意志了。她不太情願地寫道：「我長大了要做醫生，拯救天下萬民……」這次交上去，老師看後批了個甲，又教導她說：「這才是一個理想、不辜負父母期望的志願呢，妳看妳開始都寫了些什麼呀？眞讓老師生氣，妳父母看了也會傷心的。」當她背著書包走出學校時，天邊的夕陽正溫柔地照著腳下的大路，她邊走邊疑惑不解地想：「爲什麼我不能做一個撿破爛的人呢？爲什麼老師和爸爸媽媽會不高興呢？只要我喜歡做不就行了嗎？那就是我的理想，老師爲什麼逼我說假話呢？」她又想，「我長大了還是要去撿破爛。」日後，三毛雖然沒有做個職業的拾荒者，可拾荒成了她的一大愛好。這件事讓年少的三毛覺得大人們總是那樣的莫名其妙，而且還命令別人必須服從自己的想法，眞是不近人情。

然而，讓三毛最不能理解，對她的感情傷害最大的還是關於啞巴炊兵的那件事，每當想起這件事，她的心裏就浮現出一個充滿悲傷的高大背影，一支憂傷的歌在腦中迴響，「淡淡的三月天，杜鵑花開在山坡上，杜鵑花開在小溪旁……」那是三毛上四年級的時候。當時每年九月，都會有一些部隊從南方開來，到台北參加十月十日的閱兵典禮。因爲部隊來太多，一時沒有那麼多地方住，就借用小學教室作爲臨時住所。孩子們都很歡迎這些兵的到來，他們在操場上操練，支起大鍋燒飯，爲他們平淡乏味的生活增添些許色彩和樂趣。三毛上四年級後的那個九月，又有一支部隊開進了學校。校園裏忽然多了這些穿綠軍裝的人，一下子熱鬧起來。

有一天早晨，三毛背著書包走進校門時，忽然後面有一頭瘋牛追趕了過來，她飛快地逃進教室，那瘋牛也跟進了校園，在操場上亂踢亂拱。小學生們嚇得躲在教室裏不敢出來，連老師也躲進辦公室，從窗戶裏向外看著熱鬧。可是這一天恰恰輪到三毛值日，值日生的工作之一就是拎一把大壺到大灶上去提開水。三毛不敢出教室，風紀股長逼著她即刻去提水，否則就把她的名字記在黑板上。看著風紀股長那神氣活現的勁兒，三毛急得直哭，硬是不敢出去。這時聽到有人喊瘋牛已被趕出校園了，她咬咬牙，硬起頭皮，拎著大水壺衝出教室，沿著通向廚房的長廊一路狂奔。壺裏灌滿了開水往回走時，卻跑不動了，那裝滿水的壺太重了。三毛吃力地拎著壺慢慢走著，忽然從後面傳來粗重的喘息聲，咚咚的腳步震得地都顫動。哎呀，瘋牛又追過來了，三毛一下子蹲在地上不敢動了，絕望的淚水嘩嘩地流下來，這時她回頭一看，一個身穿綠軍裝的大個子兵站在背後。他肩上挑著一擔水，瞪著一雙又大又圓的眼睛望著她，沒說一句話，順手提起那把水壺，一直把三毛送到教室門口，他用手比劃著，三毛猜他是個啞巴，就用石子在地上寫字，問他當什麼兵，他在地上寫下「炊兵」兩個字，但把「炊」寫成「吹」了，三毛忍不住笑起來。以後，兩個人就成了好朋友。每天早晨，三毛都有意提前一點到學校去，炊兵也忙完了自己的工作，兩人蹲在操場的地上，三毛教他寫字，當他的小老師。啞巴炊兵也把三毛看做是自己沒見過面的女兒一般地疼愛，每天放學後等在學校門口幫她背書包，把芭蕉葉子做成墊板，當做禮物送給三毛，放學還會陪她在操場上玩蹺蹺板。三毛從他一邊打手勢，一邊寫字的描述中知道了炊兵的可憐身世和不幸遭遇，對他深深地表示同情。

這一份純眞、可貴的友情讓三毛和啞巴炊兵都感到快樂和安慰，卻使老師有些憂心忡忡，竟然懷疑他們有不軌行爲，猜疑啞巴炊兵對三毛不懷好意。她小題大作地跑到三毛去拜訪，警告三毛的父母，三毛出現了「嚴重的問題」，又去威嚇三毛說，如果再跟啞巴炊兵來往，就要記大過，還要打。三毛在父母和老師的訓斥和責罵下，只是哭，好像她和啞巴炊兵幹了什麼壞事似的，她委屈極了，卻又無從分辯。不敢違抗父母和老師的命令，三毛只好疏遠了炊兵，有意躲著他，可是面對他那雙無辜的、受傷的眼睛，她只有羞愧地低下頭去。部隊就要開拔了，三毛坐在教室裏上音樂課，她們正在學唱一支好聽的歌，「淡淡的三月天，杜鵑花開在山坡上，杜鵑花開在小溪旁……」這時，啞巴炊兵高大的身影忽然出現在教室門口，他想來向三毛做最後的告別。三毛的老師粗暴日歇斯底里地大聲叫喊著，還將他趕了出去。三毛追出教室，啞巴炊兵遞給她一個大紙包，裏面是在當時來說十分貴重的牛肉乾。三毛望著炊兵滿是惆悵落寞的身影，心裏刻下了那支好聽的歌，「淡淡的三月天，杜鵑花……」那優美而憂傷的旋律一直迴盪在三毛的記憶中，她多想向他清楚地解釋一下，「那不是我！不是我！不是我！」爲了曾給啞巴炊兵帶來的深深的傷害，她永遠都不原諒自己，她更不能原諒那個老師，因爲是她逼著自己做了個無情的人。

一個善感的人，必然是一個多情的人。三毛從小就是個十分多情的人，她護衛小螞蟻不許小朋友去捏，看見掛在樹上的蘋果就能想像到蘋果的痛苦。而一個情感豐富的人，總以「情」字去衡量、看待一切。如同金庸筆下那些俠骨柔腸的英雄，他們最懂得情，最明白怎樣用愛去給別人帶來幸福，看輕紅塵紛擾，獨有情字在心。金庸稱他們爲「性情中人」。三毛是個金庸迷，最能引發她共鳴的就是這些「性情中人」。只因爲她也是一個性情中人，她的一生終逃不過一個情字。一個多情的人總少不了動人的故事，關於三毛的「愛的故事」，其實可以追溯到很早的時候。

與啞巴炊兵的故事只是源於純眞的友誼，而第一次讓三毛的心裏感受到男女之情愛的是關於一個「匪兵甲」的故事，這種感覺是朦朧而又強烈的，心靈萌動是甜蜜而又痛苦的。那一年的秋天，三毛十一歲。每年秋季開學後，學校按照慣例都要搞一場大型文藝演出，組織各個年級、班級表演一些歌舞、話劇等節目。三毛的姐姐比她高兩個年級，功課好，人緣好，人又長得漂亮，大家都叫她「白雪公主」，在學校裏是風頭很足的人。姐姐自然而然地就在她們年級排演的話劇《吳鳳傳》中扮演了女主角，甚至連三毛都沾了點光，大家看到她都叫她「吳鳳」的妹妹。三毛也很喜歡演戲，但她演的最重要的角色不過是在舞台上扮演一棵樹，直挺挺站在那裏，不用開口說話。每天放學後，三毛都跑到舞台前看姐姐他們排戲，看著姐姐在台上表演，三毛心裏又羨慕又黯然。有一天，三毛又來到台前，台上正在排練「牛伯伯打遊擊」一齣戲，導演忽然感到土匪的兵力不夠強，打起來不夠熱鬧、不好看。他靈機一動，用手指著台下的三毛說：「妳，吳鳳的妹妹，妳上來演匪兵乙。」然後，他又指一個小男生上來扮演匪兵甲。三毛興奮極了，自己也可以上台去演戲了。跟她配戲的匪兵甲是隔壁男生班的同學。三毛就讀的學校，男生與女生是分班的，對於異性，三毛更多的時候只是懷著一種說不出的好奇彼此遙遙相望，從不說話。如果哪個女生跟男生說話，大家立刻就會起哄，說他們兩個人相好。所以，她和匪兵甲雖在一起配戲，卻也羞澀得不敢相互對望，更不敢說話。三毛幾乎沒有看清楚他的模樣，只記得他的頭剃得光光的，露著青色的頭皮。

她和匪兵甲在戲中的表演就是先藏在布幕後面，算是設埋伏吧，等到那個牛伯伯一上場，兩個人就一齊大喊一聲：「站住，哪裡去！」然後一起從幕後躍出來。雖然戲很簡單，但也需要配合默契，否則，兩人一前一後跳出來就會大大影響表演的效果。爲了能保證在同一時刻整齊地一塊躍出，每次排戲，兩個人先要緊挨著對方，一起默數一、二、三，再一同從幕後跳出來，攔住牛伯伯的去路。三毛從來沒有跟一個男生靠得這樣緊過，在大幕的遮蔽下，他們兩個人一起蹲在一條長板凳上，靜靜地等待上場。雖然周圍沒有其他同學的監視，但他們一直沒說過話，那一瞬間，周圍安靜極了，只聽見彼此的心跳和呼吸，小男生呼出的熱氣吹動她頸後的絨毛，很癢，又有一種很特別的滋味，好像心裏也在輕輕顫動。每次和匪兵甲在這靜靜的角落裏，緊緊挨著，那無言中的相依相偎感和默契的配合，都使三毛心裏有說不出的幸福和甜蜜。每天走進學校，她就開始期待放學後的排戲，連上課時也常常走神；每天回到家裏，回味這天跟匪兵甲的相處，是她必做的功課，常常在燈下想得走神。

戲排完了，她不可能再天天跟匪兵甲靜靜地依偎一會兒了，她的眼睛總在人群中悄悄搜索著那個小男生的身影，找到了，淡淡地一瞥，而自己的目光在那一邊總被閑閑地接住，然後四目相對，立刻又羞澀地低下頭去，三毛止不住心頭「撲撲」狂跳，他也是喜歡自己的，肯定是的！

靜靜的夜晚，這個小祕密折磨得她無法入睡，眼前一直晃動著那個光頭小男生的影子，他對自己微微笑著，淡淡的目光中滿是愛意。自以爲有了這份愛的默契，她的心更爲這巨大的甜蜜幸福激動得喘不過氣來，她緊捂住呼呼亂跳的胸口，從床上爬起來，虔誠地跪在床前，雙手合十，禱告神靈保佑自己，長大後能嫁給匪兵甲做他的愛妻。這朦朧的情愫，在她幼小的心靈裏卻意味著生命的一切。她在品嘗愛情最初的甜蜜時，也體會到了那必與執著的愛相伴的、惱人的苦痛。她爲不能與匪兵甲在一起而煩惱，被自己對匪兵甲種種表情所蘊含的可能的情感資訊的猜測、揣摩弄得疲憊不堪、心緒煩亂，更爲別的同學亂點鴛鴦譜，冤枉她愛上「牛伯伯」而憤怒，以至於揮動拳頭去捍衛自己忠誠的愛情。這又甜又苦的情感如此沉重，快超過她小小的心靈負荷了。她對匪兵甲的愛情一直持續了兩年的時間。

多年以後，三毛跟一些小學同學聚會，在別的同學的一張照片上，她一下看到了匪兵甲，照片的背後寫著他的名字，三毛這才知道他叫什麼。回想起當年自己那段小小的戀情，三毛禁不住啞然失笑，又怦然心動，不再是爲了那個小男生，而是爲了那個癡愛著的自己。

雖然學校裏男女的界限很嚴，孩子們對男女之間的愛情也沒有清楚的概念，但是從老師和家長不停的告誡、教導甚至恐嚇中，她們隱隱地知道男女之間肯定有一些很奇妙、神祕的事情，她們心中漸漸萌生出對異性的好奇和模模糊糊的喜歡。其實，在這些女孩子心中都悄悄地藏著自己喜歡的一個男生。三毛在班裏有非常要好的幾個女同學，她們學著大人的樣子結拜成了七姊妹，每天形影不離。她們聚在一起嘰嘰喳喳地講悄悄話，其中最讓大家羞澀，又忍不住興奮的話題，就是議論隔壁男生班那些「小光頭」們，她們常常對某一個大家都比較喜歡或討厭的男生評頭論足，指指點點。七朵姊妹花引起了男孩子們的注意，他們也總是遠遠地偷看她們，對方也正好是七個男生。忽然有一天，七個男孩和女孩在課間相互對罵起來，把粉筆丟來丟去地打著，混亂中他們把一張寫著時間、地點的紙條夾在粉筆中丟了過來。三毛趕緊拾起來。七個女孩把她圍在中間，打開紙條來看。他們相約在學校附近的小池塘邊見面。下了課，三毛和朋友們懷著既興奮又有罪惡感的心情，去赴他們第一次的集體約會。一路狂奔，來到小池塘邊，除了滿池塘盛開的荷花，並無那幫男生的影子。三毛她們又沮喪又有種解脫感。

中考結束後，小學畢業典禮舉行前，他們又計劃第二次集體約會，七個男生抱著赴死的決心傳過話來，約她們七個女生在一個星期日，一起去台北市延平北路的第一劇場，看一次電影。到了那一天，三毛她們一起膽戰心驚地坐上公共汽車，為了這場電影，她們想盡辦法從父母那裏要來零用錢。到了相約的地點，遠遠看見那一群男生站在一根電線桿下，向她們這邊張望，沒等她們走近，男生們就率先奔向售票窗口，買了票後進了劇場。女同學也走過去買自己的票。走進劇場才發現，兩幫人的座位離著好幾排呢，他們就這樣一起看了一場電影。散場後，男孩們又重聚在那根電線桿下，遠遠望著她們，然後跳上公共汽車，落荒而逃，這一場可笑的約會就這樣在黃昏裏結束。

在女孩的某個年齡階段，大人們總是想讓她們明白，跟男孩子交往是一件羞恥、危險的事情，是一種不可饒恕的錯誤。就連三毛開明的父母也不能寬恕。在三毛小學畢業之前，同學們都買一些五顏六色的紀念冊，同學之間互贈留言，特別是暗中互相喜歡的男生、女生，更借此方式表達彼此的心意。三毛手裏也拿到了一本男生班傳過來的紀念冊。晚上，三毛假裝做功課，等大人們都熟睡以後，伏在燈下，在紀念冊上工工整整地寫上：「沈飛同學：好男兒壯志凌雲。陳平上」然後，把紀念冊小心翼翼地藏在書包裏。第二天放學回家後，爸爸媽媽正端坐在客廳裏等她，一臉凝重的表情。媽媽首先發難：「妹妹，妳昨天寫的那本紀念冊是給男生的，是嗎？」爸爸又接著說：「妳別以爲我們不知道，爲什爲妳要背著我們這麼做？」三毛立即羞慚地低下頭去，哭了。被父母發現自己的祕密讓她羞得無地自容，洗耳恭聽父母的一番教導，什麼心裏不許想這樣的事，要好好用功讀書之類的話，更讓她覺得自己是個壞女孩。唉，多麼可憐又可愛的小三毛啊。

這些就是三毛關於異性最早的印象和回憶。三毛一直認爲是情感的不斷發育、生長，促進了自己的成長。

事實上，這些關於異性的故事，都不過是灰色沉重的小學生活中僅有的一點有趣的小插曲。更多的時候，三毛總被沉重的功課壓得喘不過氣來，特別是四年級以後，直接感受到了升學的壓力，奮鬥的目標就是初中升學聯考。那些日子眞是在無邊的黑暗中摸索度過的。早晨五點半，三毛起床的時候，外面還是一片黑暗，在冬日清晨的微雨中，一個瘦小的女孩背著一個大書包，穿著校服，手裏拎著兩個便當，那是中午和晚上要在學校裏吃的飯，還要背上水壺，撐起一把雨傘，微微駝著不勝負荷的背，艱難地在風雨中走著，還要小心地看著腳下，不讓雨水打濕了自己的球鞋，不然，這一天在學校的日子就難過了。在學校裏，除了中餐、晚餐各有三十分鐘的時間外，幾乎沒有其他的休息時間，面前攤著永遠做不完的題目和試卷。爲了能到外面去多玩一會兒，每次吃飯，三毛都是飛快地吃幾口，然後跑到校園一角的一棵大樹上去坐著，躲在濃密的樹葉裏，看著下面的一切，才感到片刻的怡然和放鬆。晚上，結束了一天的課程後仍要繼續留在學校裏補習。昏黃的燈光下，三毛和同學們伏在課桌上，瞪著眼睛看著那些像小螞蟻一樣爬滿紙上的數位，演算著一道道題目，整個教室裏只聽見沙沙沙的書寫聲，一直要到深夜十一點，學生們才能離開學校。三毛拖著疲倦的身體回家後，喝一杯媽媽準備的熱牛奶，之後還要坐在燈下演算老師布置的一百道算術題。到此爲止，一天的學習才算結束，而清晨五點半又要起床了。這樣的日子一天天重覆著，漫長而難熬，小三毛感覺自己承受不了，小小的心裏竟有了死的想法，那時，她只有十歲半。每天早晨，她都是含著淚水坐在餐桌旁吃飯，母親在旁邊看了心疼又無奈，也眼含淚水地勸慰她：「妹妹，忍耐一點，等妳長大了才會是個有用的人……媽媽會去學校給老師送衣料，請她不要打妳……」

在學校裏，如果功課做得不好，或者考試成績不好的話，就要受到老師的懲罰，用鞭子抽手臂，用手捏眼皮，要嘛就把兩個學生的腦袋撞在一起。每天，孩子們都戰戰兢兢地等待那突如其來的體罰。三毛從書本中偶爾抬起頭向窗外看一眼，總會覺得天昏地暗，只有老師臉上抹得紅紅的嘴唇是鮮豔醒目的。老師是個二十多歲的年輕女孩，正是亮麗的年紀，她穿著長長的透明絲襪，裙擺下露出的小腿美麗優雅，腳上是一雙細高跟的皮鞋，一條光閃閃的項鏈垂掛在胸前，這一切勾勒出的是一個明豔、美麗的世界，那是一個自己還不能進入的成人世界，沒有升學，沒有作業、責罵，也沒有等待懲罰的恐懼，和自己所處的這個灰暗、沉重、苦難的世界形成觸目的對比。每天打量老師的鮮豔明媚，三毛心裏浸滿了無邊的憂傷和巨大的渴望，真想快快長大，一步就跨入那美好的大人世界，那裏是可以逃遁書本、學校和責罰的安全所在。然而，隔著長長的歲月嚮往那個世界又讓她心裏充滿悲傷，這時間太漫長，人難捱了，自己還那麼小，恐怕活不到那時就要死了，那就永遠不能像老師那樣穿上長絲襪，蹬上高跟鞋，抹著一個鮮紅的嘴唇逍遙自在地走在大人的世界裏了。要長多大才算是一個自由自在、想幹什麼就幹什麼的大人呢？三毛想大約要到二十歲才行吧，那麼能活到二十歲就很幸福了，忍耐下去吧，她用這個目標鼓勵自己。

在眼淚、掙扎和忍耐中，兩年惡夢般的應考生活終於結束了，所幸三毛的聯考成績還不錯。學校發榜的那一天，父親從火熱的太陽下走回家來，滿臉欣喜，一邊擦著滿頭大汗，一邊笑道：「妹妹，恭喜！恭喜！妳要去念台灣最好的省女中了。」全家人都很高興，紛紛向她道賀，她內心卻是一片茫然。三毛並不認爲這有什麼値得特別高興的，拼命苦讀只是因爲大人們命令她必須這麼做，她從未把升學當回事，她讀書只爲取悅於老師、父母，自己是一點也不喜歡的。所以，此刻她心裏依然感覺不到半絲喜悅，只有那籠罩著濃濃黑霧的小學生活在心中聚集著，那團黑霧濃得化不開。

台灣省女子中學是一所有名的明星學校。十二歲那年的秋天，三毛走進了這所學校，成了一名初中生。新學校裏有了更多的同學，三毛接觸到更多的知識，視野開闊了，她的世界也變大了。生活正在漸漸向她展現自己的容顏，可並不全是明媚的笑臉，三毛慢慢長大的心裏，不知爲何積鬱著越來越多的愁絲。告別小學生活，還沒有從升學壓力中徹底釋放出來，立即又承受了更大的重負，進了這所明星中學，功課更加繁重，學業競爭越發激烈，因爲這裏儘是出類拔萃的學生。雖然她從未想去競爭什麼，但她好強不甘落後的個性、老師的要求、父母的期望，像一隻巨手壓向她。三毛一張黃黃瘦瘦的臉上已很難看到開心的笑。天空是鉛一樣的凝重，只有那舒卷的雲和四處吹蕩的風是自由快樂的，而自己只是一隻關在籠中的鳥兒，繼續著歲月的煎熬。

功課越學越難，眞有些應付不了，周圍的人也越來越不易溝通，一切像籠罩了一層霧，看也看不清。身外的世界漸去漸遠，在她眼中變得模糊起來，三毛躲在自己的角落裏沉默著，忍耐著。三毛是倔強而敏感的，她身上保存了太多嚮往自由、耽於幻想的天性，在成長的過程中，愈深入地接觸社會，就愈與社會扞格不入，成長的苦惱在她身上聚成了痛苦。本該是陽光燦爛、和風習習的季節，卻偏偏沒有快樂和歡笑，這時的三毛在大人的眼中有些古怪：易怒、喜樂無常、鬱鬱寡歡。這時的她更沉浸到書的世界中，去尋找快樂，「夢裏不知身是客，一晌貪歡」，自幼就愛讀書的三毛把書當成了自己避風的港灣。

讀小學時，三毛已讀了很多世界名著，像《基度山恩仇記》、《飄》、《簡愛》、《傲慢與偏見》等，最令她癡迷的書還是《紅樓夢》，讀起來愛不釋手，甚至在上課的時候，冒著極大的風險，把書藏在課桌底下偷偷地看。三毛總是很容易領略到人生悲劇的一面，《紅樓夢》裏令人心碎的愛情悲劇，繁華散盡人獨立的百般滋味，人生如夢的喟然感嘆，寶玉看破紅塵飄然而去的身影都令她憂傷不已，眞是看不盡的《紅樓夢》。有一次上課，她正看到寶玉與父親在異地的船上相逢的片斷，寶玉披著大紅斗篷從天而降，與父親拜別又匆匆離去。三毛被這情景深深感動了，抬起頭來看看坐滿同學的教室，老師還在上面講課，她竟茫然不知身在何處。她癡呆呆地坐著，任兩行淚水不停地流下，老師恰在這個時候問她問題，三毛連老師的問題都沒聽見，只是恍惚地直瞪著老師，那發直的目光讓老師都有些害怕了，破天荒沒有因她回答不上問題而罵她，而是走過來摸摸她的額頭，問道：「妳不舒服嗎？」三毛輕輕搖一搖頭，不知該怎樣回答。刹那間，她忽然看到了文學的至美境界，暗下決心，要把對這種美的追求作爲自己一生的追求，並且希望在她死後，只要爲她燒一本《紅樓夢》就足夠了，可見她是多麼深愛這部作品。

雖然面臨升學的巨大壓力，雖然有那麼繁重的功課，三毛還是不顧一切擠出時間看自己喜愛的書，甚至在畢業前最緊張的那個學期，還背著老師父母讀完了一大部金庸的武俠小說《射雕英雄傳》，從此變成了一個地地道道的「金庸迷」。升入初中後，三毛更把自己埋進了書堆裏。初一的時候，她從床底下拖出了爸爸的大書箱，如獲至寶。那裏有很多塵封已久的古典名著，有《水滸傳》、《儒林外史》等等，她貪婪地讀著，讓自己在書的天地裏上升到快樂的巓峰。初中二年級，她更是看書成癮，即便是在擠公共汽車去學校的路上，站在擁擠的車廂裏，她也抱著司機後面的那根柱子，一搖一晃地看著「閒書」。爲了有更多的時間看書，她甚至開始蹺課，跑到山上的墓地，躲在一個不易被人發現的地方，拿出喜歡的書慢慢看，不必擔心被人發現。下雨時，就躲在一個小山洞裏，伴著那淅瀝的細雨聲讀書。

進入中學後，三毛的作文成績更加突出了，她有特別突出的編故事才能，編出的故事洋洋灑灑、眞眞假假，連老師看了都會被深深吸引，感動得落淚。班上其他同學的作文寫不出的時候，就央求三毛替他們寫，三毛也就替他們捉刀，而且寫得每篇各異，一樣精彩。但也只有在作文課上，三毛的自信心才得到一些鼓舞，而其他功課的成績總是不好，提起數學、物理、化學的成績，她就感到自卑，她認爲自己無論如何也學不好那些課，也不喜歡去學。初中二年級的第一次月考，就有四門功課亮了紅燈——不及格，她眞是羞愧極了。三毛非常好強，感到在老師、同學和家人面前都抬不起頭來。家中的四個孩子，除了她以外成績都很好。姐姐不僅漂亮溫順，學習也特別出色，在學校裏一直擔任班長，父母都引以爲傲，兩個弟弟功課也很好，常常拿著好成績回來向父母報喜，爸爸媽媽開心的樣子讓三毛很受刺激。她覺得自己是世界上最笨的人，所有的人都不會喜歡像自己這樣笨的孩子。全家人坐在餐桌旁吃飯時，姐姐弟弟們會興高采烈地講學校裏的事情，每當這個時候，三毛就低頭數著自己碗裏的飯粒，一聲不吭，因爲她沒什麼好說的。她的自卑感有時表現爲近乎病態的自尊，在家裏稍有不滿意就和弟弟、姐姐爭吵，哭鬧不休，甚至動手打人。她還經常埋怨父母不疼自己，給她的愛太少，她甚而猜想自己不是父母的親生女兒，是外面撿回來的。家人拿她沒有辦法，只好小心地順從她、謙讓她，沒有意識到她幼小的心靈被嚴酷的現實壓迫得已有些扭曲，心理失去了健康。

這次四門功課不及格不止讓她感到羞愧，更是一個嚴重警告，再這樣下去，就要被迫留級了。三毛在一團迷霧中猛然驚醒了，開始苦下功夫去啃那一門門功課。數學，一向是她最頭痛的，那些公式、計算對她來說太抽象了，永遠都找不到那一扇通向那個世界的門。這回她採用了一個笨辦法，就是死背，把那些題目不管三七二十一地硬記下來。一連三次數學小考，三毛用這個方法都得了滿分。老師不明白爲什麼成績一直很差的學生忽然這麼出色，她滿心的狐疑，認爲很可能有什麼祕密在其中，她要尋個究竟。課間休息的時候，老師叫三毛到自己的辦公室去，三毛預感到有什麼禍事要降臨到自己頭上，嚇得心裏直打小鼓。老師把三毛叫到自己的辦公桌前，二話沒說，就把一張數學試卷扔到她面前，指定上面的一道題，限她在十分鐘內做出來。這是一張初中三年級用的試卷，上面的題目自然不在三毛所背的範圍內，這下三毛傻了，呆呆地坐了十分鐘後，只好向老師說：「對不起，我不會做。」老師的臉上並無什麼表情，只是揮揮手叫三毛回教室去。隨後，老師手裏拿著一支毛筆和一瓶墨水走進了教室，悻悻然地說：「我們班上裏有個同學，最喜歡吃鴨蛋，老師今天就請她吃兩個。」她又用手指著三毛：「陳平，妳上來。」三毛忐忑不安地走到老師面前，老師用粉筆在地上畫了兩個圓圈，命令她站在裏面不許動。之後，老師拿起蘸飽墨汁的筆，在三毛的眼睛上畫了兩個圓圈，像大熊貓一樣，冰涼的墨汁立刻流下來，像黑色的眼淚一直流進三毛緊閉的嘴角。老師命令三毛向後轉，將一張流著黑墨汁的臉對著大家，全班同學立刻哄堂大笑起來。老師仍不罷休，命令三毛帶著滿臉的墨汁站在教室一角，罰站一節課。下課後，又命令她帶著墨汁穿過學校走廊，到操場上環繞一圈。三毛臉上就這樣帶著像紅字一樣恥辱的符號——墨跡，乖乖地去示衆。其他同學跑出來爭相觀望，全校哄動……

這無疑是慘烈的一幕。我們姑且不去探究這個老師殘忍得近乎虐待狂的心理，我們只想一想幼小的三毛當時是多麼孤弱無助，如同一隻被擒住的小獸，被隨意戲耍，任自己的尊嚴被一片片撕碎，她該有多麼絕望啊！我們不知道後來三毛是怎樣洗掉臉上的墨汁走回家去的，一朵稚嫩的小花驟然間被粗暴的大手捻碎了，這是三毛人生中不堪回首的一幕。後來，她總是避免談起這件往事，被別人問及時也只淡淡地說沒什麼了不起的，對那個老師也表示了寬宏的諒解。但是，我們相信這一幕會變成三毛的一個噩夢，在黑夜裏隨時會讓她猛然一驚。

一個十三歲的孩子，似乎不應該有很強烈的自我意識，可是幼小的三毛卻有了自己的追求，她在追求著一種連自己也說不出來到底是什麼的情懷，她忤逆著，不肯在孝順的原則下，做父母要她做的事。自上學以來，她從未開心過，她不能像別的孩子，比如像她的姐姐那樣，永遠都在用心做功課，滿足於年年做班長，天天穿著一樣的校服快樂地去學校。這一切都讓她甚感厭煩、乏味。所以在老師、父母眼中，她從來都不是個好學生，從來不是個聽話的好孩子。在學校裏，老師的輕視會影響到三毛在同學中的形象，同學們也會輕視她，她感到自己就是那隻灰溜溜的醜小鴨，內心早已孕積著自卑和自尊。「墨汁事件」點燃了她內心所有的不滿和反抗，她不知道該怎樣保護自己不再受到粗暴的傷害，她只有遠離學校和人群。她開始逃學了，有時一連幾天都不去學校。每天早晨，她也像往常一樣背著書包出門，一個人跑到沒人會去的山上陰森的墓地，置身於那些躺在地下不能說話的人之中，她才會有點安全感，因為這些人不會來嘲笑她。三毛用這種方式靜靜地為自己療傷。最後，三毛徹底拒絕再去學校，無論父母如何勸說、懇求，甚至流淚都不能打動三毛。

那個想羞辱三毛的老師達到她的目的了，三毛臉上的墨汁雖早已洗淨，但她感覺恥辱的那印記怎麼也抹不掉了，似乎全世界的人都知道了這件事，她只有把自己完全藏起來，不被別人看到才行，因此她躲在自己的房間裏不肯出來。三毛的父母試著把她轉到另一所學校，那裏開設的課程不同常規學校中的那些固定課程，而是學習插花、鋼琴、繪畫什麼的。他們想用這種氛圍幫助自己的女兒淡忘所受到的傷害，讓她輕鬆愉快起來，糾正她厭惡學校的心理。可沒去幾次，三毛又拒絕去了。母親逼迫她，當她坐在門口的玄關穿鞋時，竟然往後一倒昏過去了。可見，她對學校懷著怎樣的恐懼。父母又送她去心理醫生那裏，接受一周一次的心理治療。被當作一個不正常的孩子送去接受特殊治療，這更讓三毛反感，她反抗得更厲害了，乾脆拒絕走出家門一步，最後把自己關在房裏，一步也不向外走，連吃飯都是由母親端到門口，在自己房間裏吃。因爲大家一起吃飯時，姐姐弟弟們總愛在飯桌上大談學校裏的趣聞，那也讓她很不自在。她不僅不肯走出房門，連話也不講了，嘴老是緊緊地閉著，只有眼淚在一天到晚地流。父母爲此焦慮萬分。父親到房間來跟她談話，問道：「妳這樣子怎麼辦？不上學，不說話，也不出門，妳打算怎麼辦？妳到底想要幹什麼？妳想要我們拿妳怎麼辦？妳到底開口說啊！……」父親的嗓門越來越高，充滿了絕望。三毛低著頭，一言不發，只一個勁地流淚。

父母的一切努力都無法敲開三毛緊閉的心扉，也不能阻止她一步步滑向心海深處，把自己溺死在其中。她要把自己從這個世界上抹掉，如果可以隱形的話，她也會讓自己的影子從這個世界上徹底消失。她爲自己築了一座監牢，把自己的心靈、情感、思想都鎖在裏面，再掛上厚厚的帷幕，遮攔住一切泄進的光亮。三毛以這樣剛烈的方式抗爭著，似要拼個你死我活。在經歷了半生憂患之後，三毛回首當年的這段經歷，仍是禁不住的心驚，那份剛烈啊！到底是爲什麼？一棵正在成長的幼苗，正是需要盡情汲取陽光、水份和空氣的時候，卻突然被冰凍，被窒息了，生命在一瞬間被驚天動地地凝固成了靜止的狀態。

這一關，就是三年。如花的年華本不該這樣度過，生命中原是歡樂不盡的三載盡付給了那「鐵窗、幽禁」，到底是爲什麼？多年後，三毛自己似乎才找到答案，「一個聰明敏感的孩子，在對生命探索和對生活價值的確立上，往往因過分執著，拼命探求，而得不到答案，於是一份不能輕視的哀傷，可能會占去他日後許許多多的年代，甚至永遠不能超脫。「三毛當年就這樣爲自己選擇了一條可能永不能超脫的路，以這樣激烈的方式，獲得了一點可憐的「自由」——她再也不必去管別人怎麼說，也不用按著別人的要求去做什麼了。她逃離了人們都在走的大路，拐上了一條只有她一個人的小道，兩邊的風光，無論是酸、甜、苦、辣，都屬於她自己的了。花開花落，春去秋來，三年的時光就這樣過去了。三毛始終躲在自己小小的「牢房」裏，不問桃紅李白，秋雨梧桐，對她來說，身處的世界已不存在了，時光的流逝也沒有了任何意義

當別的女孩子打扮得花枝招展，任青春風一般自由的時候，三毛的天地只有那幢小小的舊

式房子，以及自己的父母姐弟。就是這些親人，她也絕不主動去接觸。她唯一的活動是在寂靜的午後，穿上溜冰鞋，繞著小小的院子一圈圈地溜。陽光灑滿了整個院子，滿得似乎要溢出來，卻怎麼也照不進三毛封閉的心田；溜冰鞋在水泥地上發出刺耳聲響，卻透露不出三毛的半點心聲。除此以外，與三毛終日相伴的，乃是她最忠實的夥伴——書。

幸虧，還有書，否則三毛眞會徹底地完了。書成了她自救的唯一途徑。她把自己一點點小心聚集收藏起來的情感和靈魂，都寄託在書本之中，對於一個孤寂的靈魂來說，書，無疑是最好的安全地。三毛每天都以讀書來打發時光。以前在學校上學時，總是被大人們告誡，功課以外的書都是「閒書」，讀這些「閒書」是錯誤的。她只得偷偷摸摸地看。下雨天，一個人躲在墳地裏獨享讀書的快樂。上課時，千方百計把書藏在桌子底下看，戰戰兢兢的心情與讀書的喜悅交織在一起。晚上做功課時，把書放在作業本下很不盡興地看。如今，她可以有充足的時間，正大光明地讀自己想讀的書了，父母不再阻攔，反而鼓勵她多讀書。算起來，這也許是休學在家的唯一好處吧，也是她最大的收穫。正是有了這自閉苦讀爲她打下了厚實的文學底子，才會有日後的作家三毛。如果她一直在學校裏念下去，恐怕不會有如此充足的時間，隨個人的喜好去讀書，也許不會成爲一名作家吧。三毛後來也解釋說：「當時不去學校念書，就是爲了在家裏讀書。」其實，這並不是三毛當初休學的目的，但最後卻達到了這樣的效果。三毛幾乎讀遍了所有古典名著後，又轉向攻讀現代文學大家們的作品，魯迅、老舍、周作人、郁達夫等人的所有作品，她全部讀過。在現代作家中，她尤其喜歡張愛玲、沈從文，大概他們作品的風格正吻合了她的口味。

三毛的自閉，成了父母一塊大大的心病，整個家也因爲三毛籠罩著一層愁雲。母親對外人只說三毛身體不好，休學在家養病。三毛很怕別人聽到她休學後，用異樣的眼光打量她。有一次，她家所在的社區舉辦一個模範家庭評比活動，陳家也是被推薦的家庭之一。評委們來到陳家參觀，跟她的家人交談，感到很滿意。正在這時，三毛從客廳裏一閃而過，被評委們看到了，立即就問這麼大的女孩，爲什麼不去上學呢。一聽說有這麼個家庭成員生病在家，陳家的模範家庭就泡了湯。實際上，三毛的父母更爲女兒的前途著想，卻又無可奈何。那歎息、那無言的憂愁，使三毛更加神經過敏、自暴自棄。她認爲大家都在嫌棄她，把她看作怪物，如果她從這個家裏消失，大家都會高興的，整個家又會恢復昔日的幸福快樂。在這種心理支配下，她變得暴戾乖張，對父母姐弟動輒惡聲惡語、大哭大鬧，跟弟弟大打出手，在家裏放縱驕横。父母批評她，她就以自殺相威脅。三毛剛休學的第二年，鬧得最厲害，幾次試圖自殺，都被家人及時發現、制止。最嚴重的一次是用刀片割腕，險喪性命，幸好被家人及時送到醫院急救，在手腕上縫了二十八針，留下了一道長長的傷疤。這是她的第一次自殺記錄，這年，她剛剛十四歲。看著女兒這樣自毀前程，三毛的父母傷心透了。終日在焦急、憂慮、不安中度過，但他們並沒有放棄，而是加倍疼愛女兒，又想出種種辦法，儘量讓她健康成長，不甘心聽任女兒毀了自己的一切。

既然三毛不願意去學校讀書，那就在家裏繼續接受教育好了。自此，家庭成了三毛的學校，父母就成了三毛當然的老師。每天晚上，父親不顧一天工作的疲倦，在燈下教三毛學習國文，課本就是《唐詩》、《宋詞》、《古文觀止》等。父親嘗試著打破常規，用三毛感興趣的方式去教她知識。他把詩詞的內容、意境等等旁徵博引講解一番，順帶就介紹了中國的歷史和文化史，在廣闊的文化背景下，加深三毛的理解，然後留下作業，讓三毛反覆誦讀、抄寫這些詩詞文章，直至會默寫。這些作業留給她白天做，由母親監督完成，父親晚上回來則要檢查完成情況。父親的教育爲三毛打下了堅實深厚的中國文學基礎，使她獲益匪淺。她後來之所以走上文學道路，和父親這時的引導、幫助是分不開的。她在家庭學校所學的另一門功課是英文，當然也是由父親擔任教師的，所用的教材是由他精心挑選的一些原版英文小說，像《浮華世界》、《小婦人》、《小男兒》等等。這促使她精讀了大量優秀的英文小說，其實還是與文學有關聯。父親沒有因爲是在家裏上課就放鬆對三毛的要求，每天規定她必須背誦三篇英文課文。

除了知識的學習以外，三毛的父母還頗費苦心地想讓女兒學習一技之長，充分發掘她潛在的藝術天賦，並以此激發她沉睡著的對生活的熱愛，喚起她面對世界和人生的勇氣、自信，走出自我封閉的「牢籠」。

他們認爲女兒有文藝方面的天賦，就聘請鋼琴老師到家裏來教三毛學鋼琴。不管在外奔波一天後多麼疲勞，父親堅持每天坐在旁邊陪她練琴，練完琴後還會給她五塊錢作爲獎勵。剛開始時，三毛很積極，也表現出極大的興趣，可是學習一段時間後，她的興趣逐漸淡了，那枯燥的練習曲、指法……讓她覺得乏味，也就不想學了。他們並不強迫，隨她不了了之。之後，又送三毛去學畫畫，因爲三毛自幼就對美術表現出濃厚興趣，夢想有一日能成一個畫家。她先是拜畫家黃君璧爲師，學習畫山水，後來又師從邵幼軒先生，學習畫花鳥。他們不惜血本，幫給她繳交高昂的學費，又託人買來價格昂貴的精美畫冊，供她學習之用，還在一旁熱情地鼓勵和肯定她。但學習中國畫，一般都先從臨摹開始，老師畫一張，學生照著臨摹一張，不能隨便用手中的筆畫自己想畫的東西。三毛感到這樣畫畫約束了自己創造性的發揮和情感的表達，不能隨心所欲地潑墨揮毫，學習起來就無甚大興趣。事實上，經過一段時間的學習後，三毛的山水畫和花鳥畫都有了一定的功底，畫得像是那麼回事，如果堅持下去，必有出息。然而，三毛對任何事都是憑興趣，從未考慮過將此當做謀生立業的手段來看待，既然不感興趣也就放棄了，跟學鋼琴一樣，仍是半途而廢。在三毛看來，她雖然很喜歡畫畫，但畫畫卻還不是她所要尋找的，能夠充分表達她的生命感性的藝術形式。

三年過去了，三毛的父母想出了各種辦法，希望能把女兒從這種自我囚禁的狀態中解救出來，但是成效並不大，依然無法驅散她心上的陰雲，幫助她昂然地走向外面的世界。到了三毛與外界隔絕的第四個年頭，大家都以爲她或許會一直這麼生活下去了。這時候，一個改變三毛命運的人出現了，他就是顧祝同的兒子顧福生。顧福生是五月畫會的成員，是當時台灣很有名氣的畫家。他拯救了三毛，引導她走出那幽黑的暗道，來到了陽光下的世界。三毛始終奉他爲恩師，心中對他懷著一份特殊感情。三毛稱他是「擦亮了我的眼睛，打開了我的道路，在我已經自願淹沒的少年時代拉了我一把的恩師」。（三毛《驚夢三十年》）可以說沒有顧福生，就沒有三毛。沒有顧福生，三毛就仍找不到自己的生活道路，也許就此葬送掉自己的一生。三毛始終相信，她與顧福生的相識是一種機緣，是上天特意派他來拯救自己的靈魂的。

那是在姐姐的一個生日晚會上，姐姐的很多同學朋友都來祝賀，家裏熱鬧非凡，三毛遠遠地躲在一個陰暗的角落裏窺視著這場面。姐姐穿著雪白的連衣裙，紮著粉紅的絲帶，眞像個美麗的白雪公主。她在一群朋友的簇擁下開心地說笑著，是整個晚會的中心人物。三毛又羨慕又黯然神傷，她從來不認爲自己可以像姐姐那樣，那個世界不屬於她。她長到這麼大就從未開過這樣的生日舞會，也沒有過這麼多的朋友。她把自己緊緊地貼在牆角上，唯恐別人會看到自己這個舞會上的灰姑娘。那一大幫人在三毛的注視下正在高興地玩遊戲、吃東西。其中有一個高高大大的男孩子心血來潮地畫了一張畫。大家圍住這張畫評論了半天，然後就把它扔在地上跑開了。等大家散去後，三毛飛快地從角落裏溜出來，拾起那張畫。畫裏是一個戰爭場面，那生動傳神的戰馬、火焰、士兵立即吸引了她。這畫跟她以前所學的都不同，中國畫都是平面的，這張畫卻是立體的，那濃重的色彩更能宣泄心靈的激情，她認爲這正是自己所喜歡的那種畫法，她要學，她一定要學！經打聽，那個男孩的老師是顧福生。三毛向父母提出要跟顧福生去學畫，父母很高興，因爲這是三毛第一次表示對某個事物感興趣，主動提出學習的要求。他們趕緊託朋友去聯繫顧福生，請求他收下三毛做學生。終於，顧福生捎來口信，說同意收了，要她每周兩次去他的畫室學畫。

那是個微冷的冬天早晨，三毛夾著畫夾沿著牆根，低著頭一路走到了泰安街二巷二號的一所深宅大院門前，院子裏種著高大茂密的樹，闊大的樹葉一直越過院牆，伸展到了外面的馬路上。站在這陌生的大門外，她還不明白那扇大門一旦對她開啓，對她的人生命運將意味著什麼。她此刻懷著怯怯之情，那按門鈴的手舉起又放下，放下又舉起，心裏在拼命掙扎著：「趕快逃走！不，留下來，按門鈴！」今天出門之前，她已在家裏掙扎了兩天，她是鼓起了最大的勇氣才走到顧老師的門前的。她按響了門鈴，有人出來把她帶進院子，穿過開滿杜鵑花的小徑，走進了滿牆滿地都是油畫的畫室，只聽見背後的紗門一響，回首之際，一個非常年輕、溫和的男子正笑吟吟地望著她，這就是她的恩師——顧福生，直覺中三毛就已經接受了他：一個溫柔且可能瞭解自己的人。

學油畫也要先從畫素描開始。三毛左手緊緊抓著母親為她準備，用來擦炭筆的新鮮饅頭，右手握著炭筆，面對潔白的畫紙呆坐著，不知該怎樣下筆去畫。老師握著她的手耐心地教她。這一次，三毛是發自內心想學好，下決心不再半途退縮。但是，她下了很大功夫，苦學了兩個月的素描之後，仍是畫不成形。這時她又開始對自己失望了。經過太多的失敗和挫折後，她非常不自信、膽怯和自卑，別人一個不耐煩的表情，或者一句稍重些的話，都可能使她像受了驚嚇的小動物一樣，隨時跳起來逃跑，逃回自以為安全的洞穴去。所幸，顧福生是這樣好的一個老師，他極富耐心，總是那樣親切、溫和，讓人感到安全，這就給了三毛咬牙堅持學下去的動力。

三個月後，三毛雖然在畫畫上沒有什麼太的進步，但獨具慧眼的老師卻發現了三毛那深潛的才華和特殊的藝術氣質。一天，三毛忽然向老師提出以後不再來學畫了，她認爲自己在這方面並不是什麼可造就之才，她怕拖累老師，準備告別老師後，再次退回到長門深鎖的日子裏去。此刻，她的心裏絕望地吶喊著：「我也不要做畫家，那到底要幹什麼啊？我的一生該怎樣度過，難道就這樣一直鎖到死嗎？天哪，誰能幫幫我？」老師只是靜靜地望著她，微微含笑，並不回答三毛的請求。他領著她去看自己的畫，在三毛的感覺中，那些畫都在用線條、色彩傾訴著什麼，她能看得懂，就是不能像老師那樣得心應手地用這些色彩、線條來表達自己的心聲。老師在旁看著她臉上變幻的表情，似不經意地說：「妳的感覺很特別，雖然畫得不好。也許，妳可以試一試寫文章，妳沒有試過嗎？」「寫文章？」三毛心裏一動，自己連學也沒上多少，難道還可以寫文章嗎？老師似乎看出了她的疑慮，說：「我這裏有些書，妳可以拿回去看看，沒上過學，一樣可以寫文章的。」這天，三毛下課回家時，手裏抱著老師給她的一本《筆彙》合訂本和幾本《現代文學》雜誌。一回到家，她就把自己鎖在房裏，把這些書攤到地毯上，坐在那裏一本接一本地看起來，連飯也不肯吃，母親叫門也不開，家人還以爲三毛又發什麼怪脾氣了呢。已經看過很多古典小說、世界名著的三毛仍被這些雜誌深深迷住了，波特萊爾、卡繆、里爾克等等，這些是以前從未接觸過的，什麼自然主義、意識流、勞倫斯、愛倫坡、芥川龍之介、惠特曼……以排山倒海之勢席捲過三毛的心靈和思想，爲她打開一扇能通往那些同樣孤獨的靈魂的大門，在深深的震撼中感受到了文學的巨大力量，也聽到了文學逼近自己心靈的腳步聲。

再次見到顧老師時，三毛突然開朗起來，第一次在他面前說那麼多話，去描述看書後的感受。老師也不再讓她去畫那些沒有生命感的素描了，而是讓她去畫五顏六色，有生命色彩的水彩畫。興奮中的三毛也變得自信了，那支筆第一次聽話地跟著她的心走，畫出了一幅很不錯的水彩畫，連顧福生都表示滿意。三毛彷彿看到自己的生命也完全可以像手中的水彩一樣，煥發出鮮亮的色彩。受到莫大鼓舞後，三毛繼續去顧老師的畫室學畫，泰安街二巷二號已成了她的樂園。顧福生就這樣巧妙地運用書本加繪畫的方式，一點點開啓著三毛的心鎖。每次三毛回家時帶回去的功課，就是隨意從顧老師的書架上選的書。漸漸地，家人和三毛都明顯地感覺到她身上所發生的重大變化。雖然除了每周兩次去泰安街的畫室以外，她仍不肯外出，但她變得平靜和善了許多，不再跟家人吵鬧，臉上也有了笑容。

在顧福生耐心的指導下，三毛從所讀的雜誌中得到了直接啓發，她悟出文章原來可以這樣寫，自己不是也有許多這樣的故事可以寫嗎？於是產生了一股強烈的創作衝動。終於有一天，她按捺不住地拿起筆，寫下了自己的第一篇作品。這是一篇帶有意識流味道的心理小說，寫的是自己在病中迷失在《珍妮畫像》裏的幻覺，傾述了她內心所承受的重負。寫完之後，三毛第一次感到輕鬆了許多。她爲自己的處女作取名《惑》。她怯怯地把這篇小說交到了顧老師手上，懷著有如囚犯等待宣判一般的惴惴不安地等待著，她眞的再也經不起任何打擊了。幾次去上課，老師並不提起那篇小說，三毛也沉默著，似乎已經知道了結局。她又開始不去上課了，打算再次逃回自己黑暗的「牢」中去。她不知道老師暗中正爲她做著努力，顧福生非常清楚這篇文章對三毛來說意味著什麼，她太需要得到一次公開的肯定了，太需要有人幫助她鼓起信心和勇氣了。他找了自己的朋友，在《現代文學》工作的白先勇先生，對他說：「這是我的一個比較特殊的學生寫的一篇小說，她的文字還是很不錯的，你看一看吧。」白先勇看後，認爲雖有些稚嫩，可是卻有一種掩不住的靈秀之氣，對於第一次寫小說的人來說，已是十分難得，他決定將它刊發在《現代文學》上。

三毛再次出現在畫室時，無精打采、低垂著頭。顧老師淡淡地說：「妳的那篇文章，在白先勇那兒，他們準備下個月發表，妳同意嗎？」剎那間，老師那輕聲細語化作了隆隆春雷，一字字炸響在三毛的耳邊，她簡直不能相信自己。白先勇，就是那個寫過《玉卿嫂》、《謫仙記》的著名作家嗎？三毛對他並不陌生，他家與三毛家是近鄰，自小就認識他，可是從來就沒有跟他說過話，三毛因崇敬而有些怕他，常常遠遠地看著他在黃昏長滿衰草的小路上慢慢踱步，他是那樣一個神祕而不可高攀的人物。他竟然會喜歡自己的作品，而且同意發表在《現代文學》這樣的刊物上，得到這樣的肯定，簡直把她一下子從地上送到了滿是繁星的天空。

終於，三毛看到自己的名字變成鉛字，出現在雜誌上，她捧著那本《現代文學》，跌跌撞撞跑回家去，老遠就狂喊著：「爹爹，姆媽！爹爹……」受了這淒厲喊聲的驚嚇，父母慌慌張張迎到門口，準備承受什麼意外的打擊。「爹爹，姆媽，你們看，我寫的文章發表了！你們快看，這是我的名字！」三毛有些語無倫次了，驚愕中，父母接過那本雜誌，印成鉛字的「陳平」二字赫然躍入眼簾，雙親的眼中立即就有淚光閃閃。三毛一下子躲進自己房裏，把那本雜誌捂在胸前，撲倒在床上，緊緊壓制住那奔湧而出的淚水。經過了漫漫長夜之後，終於看見了屬於自己的那一點曙光；一個落水後隨波飄流的人，突然間踩到了陸地。有了那麼多次的探索和碰壁後，終於找到了一個可以盡情傾訴自己、讓自己實實在在感受到人生快樂和激情的方式。三毛本該就是屬於文學的，眞是「夢裏尋她千百度，驀然回首，那人卻在燈火闌珊處」，如果她早一點遇上一個像顧福生這樣循循善誘，慧眼識英才的老師，或許三毛的文學才能早就被發掘出來了，那她也就不會多走這段彎路了。

這一年，三毛十七歲，從此文學創作就跟她的人生緊密聯在一起，對她來說，文學是她走向新生的唯一途徑，是點綴生命的永遠亮色。三毛說：「對於別人，這是一件小事，對於當年的我，卻無意間種下了一生執著寫作的那顆種子。」有了與文學初次的碰撞之後，她的生活出現了轉折，她變得自信起來，慢慢地也會在黃昏的時候走出家門，一個人到行人稀少的馬路上去散散步，一顆沉睡已久的少女之心也漸漸甦醒了。在馬路上看到打扮得花枝招展，邁著輕快步子擦肩而過的同齡女孩子，三毛才突然發現自己穿得太不像樣子了，從頭到腳都灰不溜秋的，她要像她們那樣穿漂亮、鮮豔的衣服，她也要自己的臉蛋透出少女的光彩和紅暈。第一次，她羞怯地開口向母親要新衣服、新鞋子，母親帶她去訂做皮鞋，那雙淡玫瑰紅色的軟皮鞋真讓她愛不釋「腳」，雖然新鞋有些夾腳，每走一步都疼痛難忍，她仍不肯脫下來。不久她又得到了一件淡綠色的長毛絨上衣，配上那雙玫瑰紅的鞋子，走在去畫室的路上，她感到整個人都是光鮮、亮麗的，自信地抬頭望望太陽，彷彿多年來第一次感到它的存在，街風輕輕拂過面頰，把陽光的色彩深抹進她的微笑中，她從來未有過這樣燦爛的笑容，這笑容頓時令她美麗無比。

一個受到肯定和承認的人，陡然間會啓動無限的創造能力。三毛又寫出了第二篇作品《月河》，那是她編織出的一個夢幻般淒美的愛情故事。她悄悄地把它寄了出去。不久這篇小說又發表了，刊登在《皇冠》雜誌上。以後她又接連不斷地投稿，她的作品頻頻出現在《中央日報》、《現代文學》、《皇冠》這些報雜誌刊上，一顆文學新星正冉冉升起。正如三毛所說，自從開始寫作後，每投必中，還沒有被退過稿。這些早期的作品，在藝術上或許還不夠成熟，在內容上還有些蒼白，但它們眞實地記錄了三毛生命中的一段歷程——一個少年維特的成長歷程，當生命還是一枚青澀的果子時，那些內心曾有過的渴望與掙扎就是詩。這一時期，三毛作品的風格是憂鬱、細膩、纏綿，表達了她對人生的思考和追問，打下了一個雨季中苦苦掙扎的少女的心靈印記。

三毛用一篇接一篇的作品，一點點證實著自己的存在，用創造的喜悅慢慢沖淡苦澀的記憶，她一步步走了出來，走出了那自設的牢籠，走出了淒風冷雨的日子，來到了陽光下，靠的是自己的不斷努力。顧福生還有意介紹三毛去結識文藝界的一些人士。拿著顧老師寫的紙條，她敲開了女作家陳若曦的家門，常常去做客，與她成了好朋友。正當三毛越來越開心的時候，顧福生卻決定離開臺灣去巴黎定居，一下子，三毛眞有一種棄兒的感覺，顧老師已是她生活中不可缺少的人了，他走了，自己又該怎麼辦呢？那一段日子，三毛一直是失魂落魄的。到了顧福生遠行那一天，三毛很想去碼頭送，可心裏又被恐慌所占據，那怯怯的深情讓她舉步遲疑，等她匆匆趕到碼頭時，顧福生乘坐的「越南號」大輪船剛剛拋錨。三毛目送著漸漸遠去的輪船，默默地在心裏向老師告別，千言萬語只化作兩行淚水在風中飄散。她久久地佇立海風中，一直到輪船消失在視野中，還不願離去。此時，三毛才發覺自己對顧老師心懷一份特殊的情感，她特別希望讓他看到自己的才華和美麗，顧老師的每一點讚許都化成她的幸福，自卑的她總是仰望著恩師，從未發覺自己對他的那份深情。直到此刻，她才明白自己視爲唯一珍寶的玫瑰已經隨風飄走了。

十年後，三毛去美國的芝加哥，特意趕了兩百里的路去探望居住在那裏、當年改寫自己命運的人。在紛紛的落雪中，三毛站在一扇大門外，抬頭望見屋內溫馨的燈光映照在窗戶上，窗簾後面有人影在晃動。三毛在外面徘徊良久，最後也沒有去按響門鈴，面對恩師，她依然情怯，依然自卑，還是走吧，把一切都放在心裏去緬懷。漫天飛雪遮住了三毛遠去的背影。

顧福生走後，三毛心裏空蕩蕩的，泰安街二巷二號人去樓空，她常常不由自主地走到那裏，又滿心惆悵地回來。在去爲顧老師送行的時候，遇上了也去送別的白先勇，終於與他面對面打了個招呼，才算是眞正認識了。顧福生行前關照白先勇，希望他能夠多多關心三毛。白先勇也就很主動地去接近三毛，給她一些幫助，這給了三毛很大的安慰。《現代文學》雜誌社要舉行一個作家和畫家的聯誼活動，白先勇特地跑到三毛家來邀請她去參加。那天晚上，三毛穿著一件秋香綠的衣裙，緞子的腰帶上還別著一朵絨做的蘭花出現在舞會上，這身打扮給白先勇留下了深刻的印象，多年以後，他還能清晰地描述出三毛當時的模樣。三毛卻只記得自己當時非常緊張，畢竟第一次經歷這樣的場面，有些手足無措，也不知如何去與別人交談，她一個人站在一個冷落的地方。望著歡樂起舞的人群，但心裏已不再那麼黯淡、自卑了。三毛的視線終於越過了小院的圍牆，看到了外面精彩的世界，她該走出這個小院了。可自己該幹些什麼呢，三毛為此很茫然。顧福生走了，自己學畫的生涯隨之結束。在家裏一個人看看書，有興致時寫寫文章，要嘛就去陳若曦那兒坐坐，日子過得有些百無聊賴。

一天，她又去和陳若曦聊天，談起自己低落的心情，陳若曦對她說：「妳不能再這樣生活下去了，妳應該走出來，妳可以再去念書嗎？」這個建議讓三毛心中一動，離開學校這麼多年，自己很想重返校園繼續中斷的學業。可是，事情恐怕沒有那麼簡單，已經快二十歲了，再去讀高中已不可能，不參加聯考，又有哪個大學肯錄取自己呢。畢竟已隔絕了七年，再找到自己在生活中的位置還是很困難的。陳若曦又建議她給文化學院的創辦人張其昀先生寫封信，要求去文化學院做個選讀生。一團希望的火一下子在她胸中點燃了。她有了強烈重返校園的願望。思慮再三，她終於鼓起勇氣給張其昀先生寫了一封措辭懇切的信，介紹了自己的情況，提出了上學的要求，洋洋灑灑，真摯感人。三毛做夢也沒想到，就在信發出去的當天，她就收到了張先生的親筆回信，上面簡短地寫著：陳平同學，即刻來校報到註冊！

每一個字都化成了一張張熱切迎向她的笑臉，三毛反覆地看著，撫摸著它們，淚水順著臉頰流下來，滾燙滾燙的。

停止了七年的生命之舟，再一次拋錨，它要揚帆遠航了。

在那個令人難忘的秋天，三毛走進了文化學院位於陽明山上的華岡校園，胸前別上了鮮紅的大學校徽，清新的微風輕輕掠過三毛充滿喜悅的臉，將那對新生活的美好憧憬吹得愈發清亮、眩目。三毛成了文化學院哲學系的一名選讀生。為什麼一定選擇哲學呢？因為三毛認為研究哲學可以幫助自己弄明白一些問題，例如，人為什麼活著，人生的意義何在等。從此，在華岡的校園裏，處處都留下了三毛青春的身影，飄蕩著三毛歡快的笑聲。壓抑中積蓄已久的生命力一下子被釋放出來，如一朵沉默許久的花一朝綻放，它的明豔和美麗誰也比不上。三毛坐在明亮寬敞的大教室裏認真聽課，去圖書館啃書，在網球場上奔跑，跟衆多朋友圍坐在綠茵茵的草地上開心地聊天。她盡情張開雙臂擁抱著新生活，給自己一個青春的補償。她跟朋友們一起去電影院看電影，一起去山上郊遊，大家手挽手一字排開，馬路上留下了他們青春的歡笑。年輕眞好，做學生的感覺眞好。

當然，大學生活也有不順心的時候，休學在家時，儘管三毛一直沒有停止過讀書、學習，但畢竟沒有系統地學習過國文、歷史、哲學這些課程，有太多的欠缺。大一國文考試時，那些諸如《春秋》是什麼時候，誰寫的作品之類的問題，全答不上來，因此國文考試就不及格。但這時的三毛已學會坦然面對失敗了，她已經找到了證明自己才華的最好辦法。她跑到老師那裏爲自己辯護，她說：「老師，我是失學少年，不知道《春秋》是什麼時代修的，這應該是文學史上的問題。」老師說這是最基本的國文常識，都應該知道的。「對呀！我學過國文，知道很多知識，可都不是這一類的。」三毛繼續辯白。老師就要她參加一次補考，三毛回答說：「補考我肯定還會不及格，你看這個辦法行不行，我交一篇文章，代替國文考試，好吧？」老師有些吃驚地看了看她，點一點頭。

三毛寫了一篇洋洋灑灑三萬多字的文章，講述了一個關於自己家族的故事，穿插著一些虛構的浪漫愛情故事，眞眞假假，虛實難辨，她看了很得意，相信老師也一定會喜歡的。果然，老師第二天把她單獨叫到一邊，稱讚三毛是自己的學生中最有才華的一個。然後又有些好奇地問：「妳寫的這個故事都是眞的嗎？」三毛不置可否地一笑，只問：「你喜不喜歡這篇作品？」老師一個勁地說喜歡，自己看後很受感動，幾乎一夜都沒睡好。「寫得眞不錯。」老師最後由衷地稱讚道。三毛聽了更得意了。不消說，她的國文考試過關了。

第二章　陳家有女初長成

一隻由醜小鴨變成的美麗天鵝飛翔在華岡的上空，從前的自卑、憂傷、黯淡都已隨風逝去。後來，三毛寫道：「我再不要做一個河童了，我不會永遠這樣沉在河底的，雨季終將過去。總有一日，我要在一個充滿陽光的早晨醒來，那時我要躺在床上，靜靜地聽著窗外如洗的鳥聲，那是多麼安適而又快樂的一種甦醒。到時候，我早晨起來，對著鏡子，我會再度看見陽光駐留在我的臉上，我會一遍遍的告訴自己，雨季過了，雨季將不再來。我會覺得，在那一日早晨，當我出門的時候，我會穿著那雙清潔乾燥的黃球鞋，踏上一條充滿陽光的大道。那時候，我會說，看這陽光，雨季將不再來。」

一個人能夠發現自己，爲自己找到適合的事業，也就是爲自己找到了自信，找到了通向成功的道路。踏上文學之路的三毛，終於可以展翅飛翔了——這隻驕傲而美麗的白天鵝！

第三章

戀愛季節的愛情鳥

我的愛有多深，
我的牽掛和不捨便有多長。

第三章　戀愛季節的愛情鳥

走入花季的女孩子，也就走進了戀愛的季節，青春的背景下，放飛出一隻愛情鳥。每一個青春的女孩都會有一些美妙的故事，講起來像是一首首動聽的歌，在人生的歲月中悠悠迴盪。那心的悸動，焦慮不安的期待，那眼淚和注視也都會化成奇妙而浪漫的音符。但是，在這個季節裏，我們收穫的也許不是幸福的愛情之果，而只能是一段苦澀、傷感的記憶，每當想起，就會讓人有「到底意難平」之歎。正所謂「此情可待成追憶，只是當時已惘然」。

三毛的花季來得比較遲，可她的愛情故事早就開始了。當她還沉浸在淒迷的雨季中不能自拔時，即使沒有鮮豔的花朵裝飾她慘白的青春，但畢竟是少女初長成，在她不經意的時候，已經吸引了男孩子的目光。那是三毛十六歲的時候，一個家住在附近的大男孩不知怎麼注意到了三毛，也許是被她渾身散發出的憂鬱氣質所吸引，竟深深愛上了她。他在香港上大學，每周給三毛寫一封情書，那淡藍色精美漂亮的信封如同一隻小鳥，總會準時飛進三毛家的信箱，在同樣是淡藍色印著暗花的信紙上，寫滿了熱烈的情話。每到寒暑假，他都回台灣來探望三毛，看不到她出來，就在三毛家的小巷裏久久徘徊，希望能有機會看到她。當時的三毛正把一顆心深鎖在黑暗中，對身外的世界絕不理睬，連走路也低著頭不願看見人，怎麼有心情去理會這從天而降的愛情呢？她始終沒有回過一封信，也從未跟他說過一句話。然而這個男孩的愛卻是意想不到的執著而持久，很多年都沒有放棄，並把永久的許諾和期待留給了三毛。但他注定只能是三毛愛情之旅中一個擦肩而過的過客。

「埋我癡情終非我所願，只等到那一天，要把全部奉獻。」正像歌中所唱的那樣，三毛心中並非沒有對愛情的渴望和期待，只是將它們深埋在心底。已是華岡校園裏一名輕鬆活潑的女大學生的三毛，飄散著一頭濃黑順滑的長髮，顧盼間神采飛揚，自然會吸引更多愛慕的眼光。她周圍有一批異性朋友，有時也會把他們帶回家，介紹給父母。然而，三毛已不再是當年那個因爲靜靜地坐在同一條板凳上，就會熱烈地愛上匪兵甲的小女孩了。一顆逐漸成熟的心，不再那麼容易萌動，愛情理想已經有了一個比較清晰的模樣，一段煉獄般的生活更是塑造了她執著於自己理想的信念，「不負我心，不負我情」已成了她的生活信條，她靜靜等待著與自己的白馬王子相遇，等待那讓自己心動時刻的到來。

終於，愛情來到了她的門前，叩響了她的心扉，三毛的心立刻爲一個年輕人劇烈地跳動起來。愛情是怎樣來臨的？就像陽光照到臉上，到了那一刻，愛情自然走進了心田。

那是一個十分出色的青年，他高大英俊，溫文儒雅，氣質沉靜，正是三毛心目中，其實也是許多年輕女孩子心中夢想的那種偶像。他叫梁光明，是文化學院戲劇系二年級的高材生，已經出版了兩本文集，是整個華岡校園裏大名鼎鼎的才子。他有一個響亮而又詩意的筆名「舒凡」。同學們都捨其本名只叫他「舒凡」。剛進入文化學院不久，三毛就經常從同學那裏聽到這個名字，女孩子們更是把他當作談論的話題，甚至爲了他跟哪個女孩子顯得比較親密，他穿什麼樣的衣服最好看之類的細節，都要爭論半天。三毛聽得多了也就有了好奇心，開始留意起這個舒凡來。看其人果然是一表人材，舉手投足間都流露出一種不凡的氣質。她又跑到圖書館悄悄借來他的書，細細品讀。

寂靜的夜，三毛斜倚在床頭，一盞床頭燈將柔和的光罩住手中的書，那手中的書也用無形的光罩住了三毛，她邊看邊沉思，時而凝眉，時而微笑。這個舒凡果然名不虛傳，那優美的文筆，深沉的思緒，淵博的學識立刻讓三毛產生了愛慕之情。在青青的校園裏，三毛手持這本書，穿過芳草地，沿著潔白石子鋪成的小徑慢慢走來，她邊走邊看，時而抬起頭來環視充滿青春氣息的美麗校園，在青山翠峰的環抱中，更覺清新怡人。她在路邊的長椅上坐下來，凝望天邊一抹溫柔的夕陽，心中忽然升騰起從未有過的溫情。她剛剛探訪了一個男孩子的心靈，沿著那漂亮優雅的文字鋪就的小路，一直走進去，立刻就愛上了那個地方。癡愛文學藝術之美的三毛，無法不被這美的東西所吸引；最是傾慕才情的三毛，無法不對舒凡的才華頓生傾慕之心。她愛上了這文章，也愛上了寫這些文章的人，黃昏的風吹送來遠處的吉他聲，暮色朦朧中，有一樣東西一下子明晰起來，「我愛他！我愛上他了！」三毛心裏狂喊著，淚水順著臉龐流下來，她不知道自己爲什麼要哭，可心裏覺得很舒暢，她一路飛跑著去坐車，下山回家。

曾經，三毛的理想是做一個畫家的妻子，她夢中的愛人就是偉大的畢卡索。十三歲那年，她得到的第一本畫冊就是畢卡索，她迷戀畢卡索畫中對美的捕捉和表現，尤其是那些女人的形體畫得那麼美，三毛認爲畢卡索就是最懂得美的人，也是最懂得女人的人。她把畢卡索的一張照片掛在自己的房間裏，每天看著它，訴說自己的心願。她希望七十七歲的老畫家一定要等著自己長大，等她長大了就可以去西班牙，嫁給他做妻子，好好地去愛他、照顧他。這個夢想當然永遠都不可能實現了。年幼的三毛不知該怎樣表達自己渴望獻身於藝術文學，終其一生與藝術之美相伴的志向，她只能用這略顯幼稚的方式去表達了。她把自己對藝術和純美事物的癡愛轉化成對創作者的愛，也算是愛烏及屋吧。現在她又愛上一個作家，並打算去做這個作家的妻子了，同樣是不能抗拒這美的誘惑，同樣是出於對文學之美的癡情。

一段深深的愛就這樣悄悄植入心田。她把這一生所沒有交付出來的，除了父母、手足之外的另一種感情，固執地全部交付給他——讓她心動的舒凡。

一旦確立了愛的目標，三毛就開始苦苦地追求，這過程是漫長而艱難的，對於一個女孩子來說，甚至還有些屈辱。這也難怪，舒凡是被衆多女孩愛慕的對象，自恃才高，少不了幾分孤傲之氣，那冰冷的態度和目光冷卻了許多女孩熾熱的追求。三毛的女同學在一起議論時也都說舒凡太傲了，對所有的女孩都視而不見，只能把他當做偶像來遠遠地欣賞、崇拜，千萬別癡心妄想能走近他、得到他，如果還妄想讓他來愛上自己，將來嫁給他做太太，就是太傻了。三毛在一旁默默聽著，心裏並不氣餒。她大膽而有毅力地追求著。她放棄自己班的課不上，跑到戲劇系的教室去旁聽，坐在離他不遠的地方，悄悄凝望著他認眞聽課時，那專注的神情簡直讓她著迷。清晨或黃昏的校園裏，舒凡漫步在草地中間的小徑上讀書，三毛會及時出現，只爲在狹窄的小路上迎面相遇時，向他投去一個深深愛慕的眼神。圖書館裏，三毛尋找著那熟悉的身影，找到了就徑自走過去，坐在他的對面。公共汽車的站牌下，她癡癡地站著，等他一出現，就會毫不猶豫地跟著他上任何一輛車，不管它開向哪裡，只要他在上面就行。她開始挑剔自己的穿著打扮，並且從未像現在這樣不滿意於自己的長相，捧著鏡子照半天，只輕輕歎口氣，轉而又安慰自己，我的舒凡絕不會是那種只重相貌的淺薄男孩，他肯定會欣賞我的氣質，看到我的可愛之處的。

每天早晨，三毛坐車去學校的時候，迎著初升的太陽，心裏有一些欣喜，我馬上就可以見到他了！心中就會升起燦若朝霞般的希望，也許，他今天就會注意到她，主動來找自己說話的。可是，三四個月過去了，這一天還沒有到來。三毛心中的祕密已昭然，於是成了大家談論的話題，她也是校園中小有名氣的人物，這回有關兩個校園名人的消息在整個學校裏不脛而走，那個陳平愛上舒凡了，正滿校園裏拼命地追求他呢！每當三毛出現在舒凡身後時，她會注意到那些投向自己的目光，竊竊私語和輕笑。愛情讓三毛變得勇敢、無所畏懼了，她根本不在乎這些議論，讓她傷心、煩惱的是，爲什麼舒凡始終都不爲所動呢？甚至從未跟自己說過一句話。當三毛跟其他女同學一起碰到舒凡時，他跟別的女孩又說又笑，獨獨不睬三毛。這正說明他已經注意到自己了，對自己有了好感。有一個故事不是這樣說的嗎，在一個盛大的舞會上，一個男孩子請了所有在場的女孩跳舞，就是不去請那個一直坐在一邊的女孩跳，甚至眼睛都不朝她瞟一下。問題是，這個男孩到底愛哪一個女孩子呢？對了，就是他一直不理睬的那一個。三毛被自己的猜想興奮著。就這樣，她的心在失望和希望中煎熬著。她變得哭笑無常，神情恍惚，有時正在吃著飯，淚水慢慢流下來，父母小心翼翼地問道：「妹妹，妳怎麼了？出了什麼事？能告訴爹爹、姆媽嗎？」三毛就會丟下飯碗衝到自己房間裏，鎖上房門半天不出來。有時又會看到她常常捧著的那本書放在桌上，她手裏把玩著夾在裏面一支乾枯的紅玫瑰，目光落到了遙遠的地方。三毛的父母擔心極了，害怕她受了什麼刺激，又會舊病復發，但又不敢去問個明白。三毛就像個小炸彈，一碰到就爆發。

一個學期已經過去了，三毛和舒凡還沒有正式認識。

那一天，機會終於來了。第二學期開學不久的一天，三毛收到一筆稿費，三毛照例請了幾個同學在學校的小餐廳裏聚餐。買了一堆零食、飲料堆放在桌上，大家喝飲料、吃東西，開心極了。有個調皮的男生想出個好點子，模仿記者現場採訪，他拿著一隻細長的茶杯當作麥克風對著三毛，請她談談作爲一個作家的感受。大家鬧著要三毛快講，正當三毛站起來準備發表演講時，門被推開了，一個人走了進來，是他——舒凡。此時，他像戲中的男主角一樣登場了，大家把目光一致地投向他，其中一雙眼睛驀地一亮。之後，大家又馬上把目光對準了三毛，她低下頭去，一言不發。這時，那個機靈的男同學熱情招呼舒凡入座，跟大家一起玩，並告訴他今天是三毛請客。舒凡大大方方地坐下來，時而跟大家碰杯，時而大聲講著笑話，單單對三毛這個東道主不理不睬，就連投向她的目光，也是越過她的頭頂，落到很遠的地方。經過這麼長的時間，舒凡不可能不注意到三毛熱烈的追求，他早已感到那雙無時不在、充滿愛意的眼睛到處追逐著自己，那灼熱的注視燒得他常感到後背發燙。因此，在三毛面前他就顯得特別矜持，連一個含情眼神的回報都沒有，這怎能不讓三毛黯然情傷？吃下去的東西再也沒有了滋味，拼命忍著的淚水格外苦澀。吃完飯走出餐廳，大家互相道別，各自散去。正午的陽光熱烈奔放，三毛低著頭沒有方向地在校園裏走著，那些被壓抑的淚水悄悄流淌，她被傷心包圍著。這個舒凡，為什麼這樣對待我，為什麼從不肯好好看我一眼呢？今天是多好的機會，卻讓它溜走了，什麼時候我才能走進他的視線呢？

三毛胡亂想著，一抬頭，已來到一大塊草坪前，碧綠的草地在陽光的照耀下，華貴雍容。在草地的那一端立著一個熟悉的身影，潔白的襯衣束進藍布長褲裏，整潔簡樸，朝氣勃發，怎麼是他——舒凡？他也站在陽光下朝自己望著，臉上仍是一片漠然。三毛受到了嚴重的傷害，你這個傲慢的傢伙，憑什麼這樣對我，憑什麼無視我的感情和自尊？看我今天怎樣教訓你。她心裏憤怒地指責著舒凡，踩著厚厚的草坪大步向前走去，大有興師問罪之勢。舒凡迎著她的目光，一動沒動，這個女孩子讓他心裏充滿憐惜。雖然有很多女孩對他心生愛意，但舒凡立志在大學期間不談戀愛，他要出色地完成學業，將來到社會上去開創自己的事業，而且在文學的熏陶中早熟的他有一顆沉穩的心，他看不上那些天真得並不明白愛情是什麼的小女孩陶醉在風花雪月的戀愛中，他理想中的愛情並不是這樣的。三毛的出現也讓他沉靜的心有些萌動，還從未遇到過一個女孩如此大膽，不顧一切地追求自己。在他眼中，三毛雖算不上漂亮的女孩，但也有她的動人之處，而且她的文章寫得也不壞。看到今天中午自己讓她那麼傷心，舒凡的心裏眞有些不忍了。也許，自己應該接受她的愛，既然一個女孩子這麼渴望把愛獻給自己，為什麼不接受它，讓她因此而快樂呢。

三毛離他越來越近了，那目光中的怨憤漸漸被淒楚傷感所代替，淚水已湧了上來，她努力克制著，不讓它流下來，淚水蓄在眼睛裏，使得眼睛又大又亮，似一對黑葡萄，格外動人。她走到舒凡面前，就用這樣一雙眼睛凝視著他，千言萬語盡在這無言的哭訴中。正如舒婷的一句詩所描繪的那樣，「我眞想聚集起全部柔情，以一個無法申訴的眼神，使你終於醒悟。」舒凡一言不發，默默地承受著這一切，但他終於肯來正視三毛的這雙眼睛了。三毛相信，只要他肯好好地看看這雙眼睛，就一定會被打動的。慢慢地，那張讓她愛恨交加的臉在她的視線中變得模糊起來，淚水就要溢出眼眶了，三毛把視線從他臉上移開，不願讓他看到自己哭。舒凡插在上衣口袋上的一支鋼筆，在陽光下閃閃發亮，在三毛臉上折射出一個亮點。她忽然有了一種衝動。她伸手從他口袋裏拔出鋼筆，猛地拉起他的右手，用力握著。那手上的溫熱傳到她的手上，她心裏一陣陣顫慄著。三毛在舒凡的手心工整地寫下了幾個阿拉伯數字——她家的電話號碼，然後深深地看了他一眼，一轉身流著眼淚跑回家去。

整整一個下午，三毛都坐在客廳沙發上一動不動，癡癡地盯著那部電話，就像盯著舒凡的眼睛一樣。母親看到她沒有去上課，有些奇怪，再看她滿臉潮紅，眼睛哭得紅腫，忍不住問道：「妹妹，出了什麼事？」三毛搖搖頭不說話。非常瞭解女兒的母親知道不能再問下去了，歎口氣，默默走開了。三毛知道母親爲自己擔心，但她不願解釋什麼，她在專心致志地等著那個電話，心裏念叨著：舒凡，舒凡，快打電話，我連課也不上了，在等你的電話呢。你知道嗎？你這傢伙，快打電話。黃昏的時候，舒凡終於打來了電話，約三毛當晚七點半在台北車站鐵路餐廳門口見面。放下電話，三毛慌忙而又驚喜，舒凡終於打電話了，他終於要和自己約會了，夢想變成了現實，那個驕傲的白馬王子溫柔地低下了頭。她衝進臥室，在衣櫃裏亂翻一氣，把自己所有的衣服都擺在床上，不知該穿哪一套好，眼看時間快到了，她才匆匆穿上一件白色的絲綢襯衣和一條淡藍色的長裙，因爲她想起舒凡今天穿的是白襯衣藍褲子。三毛也不回答母親一連串的追問，如快樂的小鳥衝出家門，奔向約定地點。母親看見她高興的樣子也猜到了八九分，女兒大了，該有自己的心事了。

三毛一路上心裏唱著歡樂的歌，第一次約會就預示著一個愛情故事的開始。傍晚時分，路上的人行色匆匆，大家都趕著回家去，回到自己的溫馨、幸福中去。三毛卻朝外走著，她的幸福就在約好的地方等著她。舒凡早已等在餐廳門口了，他看著三毛從遠方款款向他走來，一頭長髮在晚風中輕輕飄起，披 身斜暉，在人群中格外動人。三毛並不是個如花似玉的女孩，卻有一種說不出的氣質。特別是那一雙會說話的眼睛，閃爍著三毛心靈深處的美和生命活力。中午的時候，這雙眼含淚凝視著他，三毛自己也不知道，她這個樣子美極了，猶如初開的梨花著了一場春雨。那眼中所訴說的悲傷讓他一顆善良的心生起無限憐憫之情，一個文弱的女孩子，自己爲何這樣殘忍地去傷害她呢？何不給她一個機會，讓她感到幸福呢。舒凡是出於這樣的感情才給三毛打電話的，他沒有想到，只有彼此相愛，才能讓對方幸福，只有付出而得不到回報的愛更令人痛苦；只是被動接受而未眞正動心去愛的情感也不是眞正的愛情，因爲愛情絕不等同於憐憫、同情。舒凡沒有想到他的同情會給三毛造成更大的傷害。

三毛來到了舒凡面前，害羞地低下頭去，舒凡拉住她的手，引著她向暮色深處的公園走去，把三毛帶向了甜蜜的夜。這個晚上，三毛有了自己的初吻，在銀白色的月光下，舒凡把她擁在懷裏，聽她訴說自己的深情，聽她訴說這麼多日子以來她的委屈。舒凡低頭去看月色下那深潭一般的眼睛，動人極了，他情不自禁地低下頭去，溫柔地吻了她的雙唇。世界一下子旋轉起來，初吻的甜蜜讓三毛顫慄得如同秋風中抖動的樹葉，她深深地偎進舒凡的懷抱，任幸福的淚水歡快地流淌。舒凡在她耳邊低低地說道：「平，妳不要哭，妳的淚水打濕了我的整個世界，以後不要再哭了，好嗎？」

接下來的日子過得飛快，舒凡和三毛出雙入對，形影不離。每天早晨，舒凡會在車站等著三毛，兩個人一起坐車到學校去，每天下課後，舒凡又會來到三毛的教學樓前，接三毛一起坐車下山。沒課的時候，兩人在校園裏漫步，坐在草地上一塊讀書，交流彼此的體會，兩人談得最多的是文學、藝術。舒凡是個樂觀、現實、腳踏實地的人，他對三毛產生了很大的影響，幫助三毛變得開朗、健康、向上，舒凡像一輪小太陽照進她略微幽暗的內心世界，他的明快驅散了縈繞著三毛的憂鬱、蒼白，爲她注入了新鮮的生命活力。舒凡勸告她不要糾纏於內心那些悲劇情結，要多去體會人生美好、快樂的一面。舒凡的關心令她體驗到愛情的美好，但是，她還是有一種不滿足感。三毛的愛是熾熱的、不加約束的，她付出了全部身心去愛，哪怕整個兒焚化了也在所不惜，她渴望舒凡像想像中的戀人那樣與自己親密無間，她渴望聽到熱烈的情話、溫情的愛撫，兩人的世界親暱無比。然而，在這方面，舒凡一直都很冷靜，也可說是冷淡，他跟三毛在一起時，更像是知心的朋友，而不像熱戀中的情人。從一開始，舒凡就是出於悲憫之情接受三毛的，兩人在一起的時候，他對三毛的情感仍沒有從憐憫轉向戀愛。三毛熱烈的愛緊緊抓住了他，她那麼多的淚水、憂傷讓他痛惜，可是這並不是眞正的愛，兩個人在一起的時間越長，這一點就越清楚地顯現出來。因爲沒有太多的感情投入，他就沒有那麼多的心思去揣摩、猜測三毛的每一個眼神和表情，想出各種浪漫新奇的點子去逗她開心。在兩個人相戀的過程中，舒凡一直是被動的、勉強的，也就顯得有些冷漠。三毛浪漫、任性的氣質使她的感情也是放任而濃烈的，其實，這份灼人的愛也會變成不堪承受的重負。舒凡漸漸感到吃不消了，他不可能像三毛那樣不顧一切地愛，把三毛視爲自己生命的全部。得不到相應回報的三毛，心中常被這種感覺折磨著，那就是舒凡不愛自己，憑直覺，她認爲眞正相愛就不該是這樣子。這令三毛心裏痛苦萬分，她無法向任何一個人傾吐自己心中的苦水，只是哭哭笑笑，神情恍惚。父母擔心地勸她不要投入太多感情，以免傷害自己，她對父母喊道：「我不管這件事有沒有結局，過程就是結局，讓我盡情地去！讓我盡情地去愛吧！不要管我，也不必爲我擔心……」像一個賭徒在賭桌押上了自己的全部財產，爲了這場戀愛，三毛傾盡了全部身心和情感，她要執著地走下去，看一看到底會是什麼結果。

兩年的時間在戀愛的風風雨雨中過去了，三毛進入大三，而舒凡則面臨畢業。他忙著寫畢業論文，並到處發求職信。這一段時間，他和三毛在一起談論的也都是這些話題。三毛看得出他很興奮，希望早一點畢業，到社會上大幹一番，憑著他的學識和才華闖出屬於自己的一片天空。三毛知道應該爲他的這番雄心壯志高興，可她就是高興不起來，反而隱隱地感到一點危險。在這場戀愛中，她一直感覺到舒凡跟自己存在一種距離，即便是在兩人最親密的時候，這距離仍沒有消失。他並不那麼愛自己，從一開始就是三毛不顧尊嚴和一切地付出，才贏得了舒凡的情感，而這情感的成份除了同情、憐惜、欣賞，就是沒有愛，他對於三毛更多的是懷著居高臨下的悲憫之情，卻沒有熱烈的愛。她拼命向他索取著愛，更像是一廂情願的導演，而舒凡不過是演技不高，但在愛情戲中不可缺少的男配角，不情願地配合著她的演出。敏感的三毛早就感覺到了這一點，她寧願相信舒凡是愛自己的，偶爾清醒的時候，想起這一點，就會傷心欲絕。舒凡並不愛她，這是她不願承認的事實。她認為只要舒凡肯接受自己的愛就行了，她畢竟那麼深深地愛著他，這畢竟是她的初戀，她不想失去他。可是這樣的愛情又總讓她感到不踏實，隱隱預感到終有一天，舒凡會離她而去。望著面前興高采烈、對未來充滿憧憬的舒凡，三毛充滿了憂慮，一旦他離開了學校，自己就不能形影不離跟他在一起了。走出校園的舒凡將面臨更多的選擇，視野更加開闊，一旦舒凡走出了自己的愛所能及的範圍，就可能離自己越來越遠，直至完全走出她的生活。

一天中午，兩個人吃過午飯後，坐在校門口的一家小咖啡館裏喝咖啡，舒凡興致高昂地講敘自己的畢業論文完成後，一定能順利通過，那他很快就可以去應聘了。三毛聽著，低頭慢慢攪著杯子裏的咖啡，臉上的表情陰鬱起來，舒凡並沒有注意，還在那裏起勁地說著。三毛心裏想：聽聽，都是他自己的未來，他的生活，他的事業。那我在他未來的生活中有沒有位置呢？他一次也沒有提到關於我在他生活中的計畫，看來，他並沒有把我考慮進去，那麼就是說，我們不會有共同的未來了。心中原有的疑慮越聚越大，三毛越來越相信自己的預感了。「我該怎麼辦？我該怎麼辦呢？」三毛問著自己。忽然，她抬起頭打斷了仍在滔滔不絕的舒凡：「凡，我們結婚吧。」「什麼，結婚，妳不要開玩笑了。」舒凡輕鬆地笑道，還順手拍了拍她的頭。三毛一下子伏在桌上嚶嚶地哭起來。立刻就引來了周圍的目光，舒凡很尷尬，他輕輕地拍打著三毛的後背，「喂，平平，喂，妳不要哭嘛，請妳別哭了。」他起身拉著三毛到大操場去。三毛仍在哭，舒凡發脾氣了，「妳不要這樣好不好，動不動就哭，還當著那麼多人，多難看呢！」

「對不起，我實在是忍不住了。」

「那麼妳眞的想要結婚？」

「是的，我們結婚吧。」

「妳不要這樣衝動，理智一點好不好？結婚可是人生大事，怎能視作兒戲呢？」

「我不是衝動，我眞的想跟你天天生活在一起，我是很認眞的，我愛你！我想在你離開學校以前，用結婚把我們的愛情固定下來，這樣我心裏才會踏實。我會照料你的生活，支援你的事業的，我會是個好妻子。」三毛一口氣把自己心裏的話都倒了出來。

舒凡皺著眉頭說道：「可是，妳不想想，我們現在有什麼條件結婚，怎樣建立家庭，妳的大學怎麼辦？我剛步入社會，沒有任何經濟基礎，結婚後怎麼生活，這些妳都認眞想過嗎？」

三毛拉住舒凡的手臂，懇求道：「凡，我可以放棄學業，我們可以去工作掙錢，只要跟你在一起，什麼樣的生活我都能過。」

「絕對不行，事業未成何以家爲？一個沒有事業的人，根本沒有結婚的資格。」舒凡冷靜、堅決地說。這跟三毛所期望的相去太遠了，她拉著舒凡的手又傷心地哭起來。舒凡說：「我很忙，沒有時間陪妳了，妳也不要再哭了，好好想想再說。」他轉身走了。三毛又氣又急，跺著腳大聲哭喊著：「舒凡，回來！舒凡……」可他已經頭也不回地走遠了。

三毛在操場上呆立許久，下午的課也沒去上。她躺在操場中央的草地上，仰望空中掠過的雲彩。多麼自由灑脫的雲啊！爲什麼會讓這份愛情把自己弄得這麼苦呢？三毛自問著。說到底，舒凡並不愛自己，那這場戀愛該怎樣收場呢？等著舒凡來跟自己說再見嗎？不，不能再扮演那可憐的角色了，不如自己先退出吧，也許更好些。三毛陷入紛擾的思緒中。突然，一個想法清晰起來：對，我可以出國，遠遠離開舒凡和台灣，那樣我就不會太傷心，太難堪了。也許舒凡會挽留我，同意跟我結婚呢，也可借機考驗他一下，就這麼辦。三毛從草地上一躍而起，下山回家去了。

晚上，一家人圍坐在桌旁吃晚飯，三毛漫不經心地說：「爹爹，姆媽，在台灣待得太久了，我覺得挺沒意思，這個地方太小了。我想出去走走，看看，學點東西。我想去西班牙，請你們答應我，支援我。」父母吃驚地放下飯碗，追問她爲什麼忽然要出國，到底出了什麼事？三毛堅持說：「不爲什麼，就是忽然想去，非去不可，你們不要阻擋。」父母一個勁地勸她，她執意要走，甚至不吃不喝，又哭又鬧，逼迫父母同意。父母也只好順從她，並爲她去辦理各種出國手續。三毛又找到舒凡，對他說自己在西班牙有個朋友，要是他畢了業不娶自己，那她就去西班牙找她的朋友，並告訴舒凡她正在辦理出國手續。舒凡並沒有說一句阻攔的話，也沒有表示任何挽留的意思，他認爲三毛只不過是在賭氣，耍小孩脾氣。出國申請、護照、簽證一樣樣辦好了，等三毛眞的拿到機票和護照時，兩個人都不知該如何面對了。三毛把自己逼上了一條飄泊的路。

臨行的前一天晚上，三毛最後一次去見舒凡，手裏拿著機票和護照。她多希望他此時此刻能說一句：「別走了，留下吧！」那她就會立即撲向舒凡的懷抱，告訴他，自己只想和他在一起，並不想去什麼西班牙。舒凡長時間沉默著，最後抬起頭，眼裏第一次含滿了淚水，他握了握三毛的手說：「祝妳旅途愉快！」然後轉身走開了。三毛的心碎了！拼盡了全力要得到的東西，還是這樣失去了。人的一生會失去很多，直到後來，人們才會明白，失去的原本就不是該屬於我們的。天性驕傲的三毛不能接受別人這樣輕慢自己眞心的付出。她傷心欲絕，台灣是不能再待下去了。高傲的她也不想廢棄遠行讓別人恥笑，開弓沒有回頭箭，她只有走了，捨棄了沒有完成的學業和牽掛她的親人，她要用遠別這把利劍斬斷那綿綿情絲。

第二天，三毛如期登上了飛往馬德里的班機。在台北松山機場，三毛倔強地含笑向父母告別，而轉過身去的一剎那，便止不住淚如雨下，爲了這離別，更爲了自己被埋葬了的愛情。一段刻骨銘心的初戀就這樣結束了，愛的浪漫篇章也隨之永遠地掀過去了。這以後，三毛再也沒有如此熱烈地愛過，跟親愛的荷西之間是另外一種感情，是在平淡的相廝相守中生出的綿長、悠遠的愛，少女熱烈的愛只有這一回。

初戀的歌永不能忘記，經歷過人世滄桑後的三毛依然承認，「我不否認我愛過人，一個是我的初戀，他是一個影響我很重要的人。」許多年後的一天，兩個人在一個巷口猛然相遇，三毛靜如止水般的心，還是忍不住爲之一動，那無限惆悵之情被她用一首歌詞記錄了下來：

說時依舊，說時依舊。

第三章　戀愛季節的愛情鳥

重逢無意中，相對心如麻。
對面問安好，不提回頭路。
提起當年事，淚眼笑荒唐。
我是真的真的真的愛過你。
說時依舊淚如傾，
星星白髮又少年，
這句話請你放在心底。
不要告訴任何人你往哪裡去，
不要不要跟我來。
家中孩兒等著你，
等著爸爸回家把飯開。

「我是眞的眞的眞的愛過你」，這是三毛想讓舒凡明白的。已是功成名就的舒凡在談及這件事時，顯得非常平淡。他說三毛是個浪漫到骨子裏的人，什麼都要最好、最高，是個絕對的完美主義者，而他自己更願意過平常的生活，不喜歡山野漁樵式的浪漫，更怡然自得於漫步城市的霓虹燈下，看看電影，吃吃小吃。他和三毛，一個迷戀於紅塵俗世的生活，一個卻要在紅塵中活出詩的氣質和意韻，這樣的兩個人永遠是兩條平行線。也許多年以後，他們才明白，原本他們就不是一類人，他們生活在不同的層面上。

初戀雖然失敗了，但也促使三毛成熟起來，體驗到了眞正的人生，讓她的情感變得深厚起來。三毛自己說過，她的生活觀就是她的愛情觀，要想獲得眞愛，她還須走更遠的路，過更多的河。無論如何，經歷這次戀愛的三毛，沿著她攀向人生至境的路向上大大地躍了一層。

是的，初戀無悔。

一九六七年的秋天，二十四歲的三毛爲了那一段傷心的戀情，逃離故鄉，奔向西班牙，並就此開始了她四年海外漂泊的生涯。雖然這次遠行並非她所願，但選擇西班牙卻是出於她心底的熱愛和多年的嚮往。爲什麼一定是西班牙呢？因爲那裏是她所熱愛的畢卡索的故鄉。當她還只有十三歲的時候，就立志長大後要去西班牙，去做畢卡索的妻子。如今，畢卡索先生早已作古了，可是西班牙仍是她夢想的地方。那裏有浪漫多情的古典吉他，三毛最喜歡聽的一張唱片就是西班牙的古典吉他曲，她常常一邊聽那優美的旋律，一面遐想著西班牙遍布綠野的小白屋，一望無際的葡萄園，在田野奔跑著的小毛驢，眞是無限的風情在其中。西班牙讓她喜歡的還有身穿紅斗篷的鬥牛士，熱情奔放的西班牙舞，夜晚在姑娘窗下伴著吉他唱起的小夜曲，這是一個多麼浪漫的國度呀，所有的夢想都會在那裏找到安身之處。對於像三毛這樣一個生活在浪漫中的人來說，或許西班牙是最適合她的地方了。事實證明確實如此，浪漫風雅的西班牙讓三毛有如魚得水之感。她一生對這個國家充滿了熱愛，不僅因爲她在這裏找到了愛情，更因爲這裏是她精神的家園。

但是，當三毛口袋裏僅揣著父親給的幾百美元，踏上這片神往已久的土地時，她對它還是很陌生的。她一句西班牙語也不會講，一下飛機就變成了瞎子、聾子。父親的一個朋友徐伯伯到機場接她，然後就去了馬德里的文哲學院，住進一個叫「書院」的女生宿舍。一個年輕的女孩子，第一次遠渡重洋，跑到一個完全陌生的地方，離開了父母親朋，內心的孤獨是可以想見的，更何況她剛剛從那場失敗的戀愛中走出來，心上的傷口還在滲血。住在大學宿舍裏，既不認識什麼人，語言也不通，唯一的依靠就是家信，收不到家信就流淚，收到了家信就關起房門來不停地寫回信。夜晚，躺在異鄉的睡床上，怎麼也不能入睡，回想起剛剛離開的故土的一切，想得最多的還是舒凡。離開他後，三毛才弄明白，自己原來這樣愛他，兩年中在一起的許多情景總會不時地從她眼前閃過。不知此時此刻，舒凡正在幹什麼？是不是也會想到自己呢？想到這裏，她便迅速從床上爬起來，打開檯燈，急促地給他寫信，訴說自己綿綿的相思。舒凡也回了信，客氣而冷淡，他說不想再與三毛保持任何聯繫，請她以後不要再寫信了。多麼絕情的人啊！三毛捧著信，透過淚眼遙望故鄉，才相信這段感情眞的就這樣完結了。

緊張忙碌的學習生活漸漸沖淡了她的煩惱，西班牙溫暖燦爛的陽光醫治了她心靈的創傷。三毛拼命攻讀西班牙文。苦讀三個月後，已能聽懂基本的生活用語，漸漸可以較清楚地表達，就正式開始去上課了。三毛攻的仍是哲學專業，她用功學習，成績很好。這裏沒有國內那種刻板、機械的考試。這裏的學習生活讓她感到輕鬆自由。三毛繼續利用課餘時間閱讀大量的書，又根據自己的興趣選讀了「現代詩」、「藝術史」、「西班牙文學」、「人文地理」等課程，甚至還興致勃勃地去研讀中世紀神學家聖多瑪斯的著作。讀書、學習讓三毛增長了豐富的知識。

起初，三毛只知道讀書，除了讀書，不知道如何建立自己的新生活，怎樣安排自己的一切。剛住進學校宿舍時，三毛很不習慣，因爲她從未有過這樣的經驗，而且還是和這樣一群外國女孩朝夕相對，中西文化背景的差異使她們在相互理解上總是有隔閡。其實，三毛身上潛藏著良好的適應能力，這也就是她以後能四海爲家反倒怡然自得的原因吧。她很快明白要想在這裏生活得愉快，就要處理好與同學的關係。在與人交往這方面，一直是三毛的弱點，她從小就不怎麼合群，再加上幾年自閉的生活，更是讓她不知道該怎樣與這些外國人相處。然而她本來就有的熱情、善良、純眞的天性幫了她很大的忙，彌補了她在交際技巧上的不足。因爲三毛的大方、坦誠、待人眞誠、不拘小節，在西班牙這個國度裏是很受歡迎的。經過一段時間以後，她與大家相處得日益融洽。三毛發現「洋鬼子」其實比中國人單純得多，也更易相處。很快的，三毛交上了很多朋友，朋友們都叫她Echo，這是她爲自己取的英文名字。

Echo的英文意思就是回音、回聲、附和者、應聲蟲等等。這是希臘神話中一個森林女神的名字。森林女神美貌無比，引起了天后的嫉妒，她處罰森林女神不能說話，只能跟在別人後面重覆別人的最後三個字。有一天，Echo在森林中邂逅了英俊高傲的美男子納西瑟斯，女神Echo對他一見鍾情，熱烈地愛上了他，可是卻無法向他表達心中的愛戀。她緊跟在他的身後，希望能讓他看到自己眼中如醉如癡的愛，進而並接受她，納西瑟斯注意到有人跟在自己身後，就回頭大喊：「誰在這裏？」女神Echo只能回答：「在這裏。」他又說：「不要這樣，我寧願死也不願讓你占有我！」Echo回答：「占有我。」他聽了不屑一顧地掉頭離去。女神Echo羞愧難當，痛苦神傷。傲慢的納西瑟斯後來受到了宙斯的懲罰，讓他變成了一個狂熱的自戀者，他呆立在水邊欣賞著自己的倒影，變成了一株兀自開放、自我欣賞，又孤獨凋零的水仙花。當年十幾歲的三毛看到這個故事時，深深爲之感動。她同情那個女神Echo，決定以Echo做爲自己的英文名字。一九六一年，她在自己的第一幅油畫習作的角落上，寫下了這個名字，以表達她對老師顧福生的愛慕和崇拜，那時還只是她用來悄悄稱呼自己的。現在它已取代「陳平」成了她正式的名字，後來又成了荷西對她的愛稱，比起「陳平」來，她更喜歡自己是Echo。

在西班牙生活了半年之後，她更愛上了這個地方。西班牙人的熱情浪漫深深地感染了她。這裏的人們永遠富有激情，對生活充滿熱愛。他們聽見音樂就會隨時隨地翩翩起舞，自如奔放，從不壓抑自己的熱情。她們會在街頭的陽光下與自己的朋友、戀人熱烈擁抱，忘情地親吻，絲毫不掩飾自己的情感。她欣賞這樣的民族性格，並受到了感染，不知不覺也將西班牙人熱情的天性融入了自己的血液。當三毛學著他們的樣子去生活時，她骨了裏一直被環境壓抑著的浪漫天性被釋放了出來，在內心深處一直躁動不安的激情盡情地揮灑起來。她變得異常開朗、活潑，甚至有些狂放。三毛喜歡坐在馬德里街頭的露天咖啡館裏，手捧一杯咖啡享受溫暖的陽光，看街上的行人從容自得地來來往往。臉上都帶著燦若陽光的微笑。她也會和朋友們坐在小酒館裏，捧著高腳酒杯，大口喝紅葡萄酒，不停地吸著煙，操著熟練的西班牙語大聲地說笑話。偶爾，三毛也會穿起新潮的裝扮，跟大夥一起去參加狂歡的舞會。她最喜歡的還是和朋友們穿起牛仔服，背上旅行包，利用短暫的假期搭便車去旅行，深入西班牙鄉村，去參觀葡萄園，看鄉村裏穿著繡花衣服的男人、女人們跳歡快的舞蹈。那濃郁的西班牙風情，就像濃烈的紅葡萄酒一樣讓人沉醉，像西班牙女郎愛穿的火紅衣裙一樣讓人心動。在那些流光溢彩的馬德里之夜，她也會穿上漂亮的晚禮服，挽起高貴、美麗的髮髻，耳朵上綴起長長的、亮閃閃的耳飾，打扮得華貴、典雅地去歌劇院聽歌劇。在馬德里的天空下，三毛盡情舒展著自己，在異鄉的土地上，她學會了享受生活，也學會了享受自由。

然而，戀愛季節的女孩子，無論走到哪裡，都會有愛情相伴。原來是為了忘卻一段感情逃到西班牙的，但很快的，三毛又被拉進了愛情的故事裏。情挫台北之後，對待感情，三毛格外的小心，不想再去隨便觸及。她既不能止住青春的心去渴望愛情，又不肯輕易再去愛，在這樣一個邊緣地帶，三毛有了各式各樣的男朋友，她則跟他們保持著若即若離的關係，並不鍾情於哪一個。在西班牙生活半年之後，三毛的氣質有了很大的改變，原來就有來自於文學藝術熏陶的清雅、超脫的氣質中，又混進了西班牙式的熱情爽朗，灑脫不羈，一雙與眾不同的大眼睛常常笑意盈盈，猶如盛開在清晨裏帶著露珠的兩朵鮮花。她喜愛穿有濃郁藝術氣質的優雅長裙，色彩熱烈，多為鮮豔如火的紅色，或明快的綠色。這時的三毛從外形到氣質已完全藝術化了。東方人的外形，西方人的氣質，使得三毛格外迷人，在馬德里大學她成了最受大家寵愛的東方公主。每天晚上，校園裏都活躍著由一些西班牙男同學組成的情歌隊，他們懷抱吉他，來到女生宿舍窗下，唱起一支支動聽的情歌。而最後一首往往都是指名獻給三毛的。每到這時，三毛就會身穿白色的長睡袍款款出現在陽台上，披著一身銀色月光，倚著欄杆，面帶微笑地望著這些小夥子們。那披散的長髮，唇齒間深含的笑意，和一對水汪汪的眼睛被夜色勾勒出來，猶如高貴的公主，下面的小夥子們則向著三毛拼命吹起響亮的口哨喝彩。

在她衆多的男友中，有一個日本男同學對三毛特別傾慕，他家境富裕，在馬德里有一家生意興隆的豪華餐館。他用最俗的一種方式追求三毛，拼命買東西送她，以取悅芳心。對於男孩子的禮物，三毛有自己的原則，她頂多收一些無傷大雅的小禮物，像鮮花、巧克力什麼的，對貴重的禮物一律拒收。交了這個日本男孩後，三毛經常收到鮮花、糖果。她與同宿舍的女友分享著這些東西，引得她們羨慕不已，三毛那女孩的虛榮心也因此得到很大滿足。可是有一天，這男孩竟然開來了一輛嶄新的豪華轎車，要作爲定婚禮物送給三毛。這回，三毛被嚇到了，她絕不會因金錢的收買而不忠於自己的愛情，但她又不知眼前的事情如何收場。她不能欺騙自己，又不想傷害別人，爲難之際，她只是一個勁地哭。她哭起來的樣子眞叫人心疼，那男孩子果然被她的眼淚嚇住了，反而一個勁請求三毛原諒，他再也不會提什麼情感要求了。但是，這個善良、可愛的日本男孩還是受了很大的刺激，傷心到要切腹自殺。三毛也因爲這件事內疚了很久。但他注定只能成為三毛眾多愛情故事裏的一個收藏品。

那時，也正有一份感情注定會成為她生命中的至愛，只是當時的三毛並沒有察覺到命運的安排，輕易放開了它。

那是一個耶誕節的夜晚，三毛到徐伯伯家過耶誕節。大家聚在一起喝酒、吃蛋糕、跳舞，氣氛非常熱烈。三毛穿一襲火紅的衣裙、黑色的長統靴，開心地大笑著，臉上有兩抹深深的紅暈。按照西班牙的風俗，在平安夜，當鍾敲響十二下時，鄰居之間要互道平安。在大家熱烈的期盼中，新年的鐘聲敲響了。三毛第一個衝出門去，要向周圍的人家去道平安。她一出門正好撞上了一個剛剛從樓上跑下來的男孩，三毛歡快地道一聲：「平安！」那男孩怔怔地看著三毛，嘴裏應著「平安！」一瞥之下，三毛竟有一種觸電的感覺。這個男孩子實在太漂亮了，高高的個子，方正的臉龐上長著挺拔的鼻梁，一雙炯炯的眼睛，眉宇之間有一股勃發的英氣。她心中有一念閃過：哪個女人能嫁給這樣一個男人，在虛榮心上也該是一種滿足吧。可再仔細看，他好像還是個孩子呢，自己有多可笑啊，三毛哈哈笑著跑開了，只留下一串清朗的笑聲，給這個還呆立在原地望著她的男孩子。隨後出來的徐伯伯看見他笑道：「Jose，平安！」然後把他拉進屋一起參加聖誕夜的狂歡。Jose是個人緣不錯的男孩，每個人都上來擁抱他祝賀新歲。他坐在一邊興高采烈地看大家跳舞。三毛好奇地走過去，坐在他旁邊說：「你叫Jose？我是Echo，你好！」「妳好，Echo，我是徐先生的鄰居，就住在他家樓上。」Jose握了握三毛的手做自我介紹。兩人攀談起來，三毛知道了他今年上高三，還不滿十八歲。家裏有兄弟姊妹八個，他排行第七。他對三毛很好奇，問了很多關於中國的問題，對神祕的東方非常嚮往，認爲東方女孩的這種長相眞是漂亮極了。他禁不住問三毛東方女孩是不是都長得跟她一樣漂亮，三毛又哈哈大笑起來，她告訴Jose那些女孩比自己還要漂亮，Jose瞪大了眼睛，表現出了大大的驚奇。三毛想這個男孩眞有意思，純眞而又溫和，熱情而又羞澀，可愛極了。

兩個人就這樣相識了，以後三毛到徐伯伯家去也會常常碰到他。Jose非常喜歡運動，踢足球，打棒球無所不能，偏偏三毛對這些男孩子的活動也非常傾心，看到Jose和夥伴們在樓下的大院裏玩，就忍不住跑過去摻和，跟他們一起塵土飛揚地來回奔跑，大喊大叫。她總算找到能這樣陪她玩的夥伴了。三毛開始專門去找Jose玩了，常常去找他們打棒球或踢足球，下雪的時候就在院裏堆雪人、打雪仗，開心極了。兩個人玩得很投機，成了好朋友。三毛感覺到跟Jose在一起玩得很痛快，也充滿了青春活力，忘記了一切煩惱，甚至也忘了自己的年齡。Jose總是那樣溫和、耐心，她非常喜歡這個男孩。有一天，兩個人打完棒球坐在地上休息，一邊胡亂聊著天，三毛忽然說：「Jose，我給你取個中文名字，怎麼樣？」Jose一聽高興地跳起來，催促三毛快說是什麼名字。三毛想了想，就順手在地上寫出了「和曦」兩個字，因爲Jose是親切、隨和，讓人輕鬆，愉快的，三毛把這個名字的意思講給Jose聽，並教他寫這個名字。她發現這個「曦」的筆劃太多，恐怕Jose寫不了，就想乾脆簡化點，取其音而寫成「荷西」好了。從此Jose就變成荷西，這個名字在許多中國讀者的心中也是一樣的響亮，一樣的可親。

在三毛眼裏，荷西只是個小弟弟，是個可愛的大男孩，她喜歡他，喜歡跟他一起玩，見了他會很高興，不見的時候也不想念。但漸漸的，三毛卻從荷西的眼中看到了一個男孩對自己的愛情。爲了有更多的時間跟三毛在一起，他開始蹺課了，每天下午的兩節課不上了，跑到三毛的學校去找她。不敢進會客室去等別人通知三毛，就站在她宿舍樓的窗戶下，大聲地喊：「Echo，Echo！」三毛探身一看，荷西正站在一棵樹下抬頭望著，手裏緊張地捏著頂法國棒球帽，一看到她就說：「Echo，我有幾塊錢，我們一起去看電影吧。」他有錢的時候並不多，但他依舊會來找三毛，在窗戶下大聲地喊。每次荷西喊她，三毛都會跑下樓去，要嘛跟他去看電影，要嘛去舊貨市場轉轉，到公園裏盪盪鞦韆，哪怕只是兩個人在街上東遊西蕩地閒逛，荷西也要跟三毛一起消磨掉下午的時間。依戀之情一天天加深，荷西覺得一天不見到三毛都不行。三毛早看出了這一點，但又不知該怎樣來處理這件事，也不忍拒絕他，就這樣每天下午繼續著和荷西的約會，弄得同學們都來打趣她，每次荷西在下邊一喊，她們就齊聲叫道：「表弟又來！Echo，妳的表弟真英俊！他愛上妳了吧！」三毛在大家的哄笑聲中跑下樓去，就板著臉對荷西說：「你不要總來找我了，影響你的學習，我也沒那麼多時間陪你，別人都笑我們了。」荷西聽了顯出很難過的樣子，低頭擺弄著手中的帽子，一臉的委屈。三毛又心軟了，拉著荷西的手說：「走，我們去舊貨市場看看去。」他馬上又高興起來，跟著三毛就走。

這天晚上，兩個人分手時，荷西依舊一邊倒著向後跑，一邊向她揮舞著棒球帽，喊道：「Echo，再見，明天見！」看著他漸漸消失在暮色中的身影，三毛陷入了沉思，自己曾經熱烈地愛過，體驗過深愛一個人時的滋味，她一眼就看出荷西內心深處正積聚著對自己一日濃於一日的愛意。他不知道怎樣表達，只要看到她，就會用羞怯而又熱烈的眼神看著三毛。哦，這是一份多麼純真而讓人心動的情感，一個男孩子美好的初戀。三毛不出想起了自己的初戀，自己對舒凡那刻骨銘心的愛戀，荷西大概跟當時的自己是一樣的，多麼渴望得到愛的回報啊。能得到這樣一份純潔如百合花般的情感，實在是應該珍視的。可是，他們之間無論如何是不可能的，自己的心已蒼老，而他還是個孩子，這對他實在不公平。她受傷太深，已不太相信愛情，自己也恐怕拿不出荷西所渴望的年輕而熾熱的愛給他，還是儘早了斷這份友情吧，以免使荷西受到殘酷的傷害，那會使她痛苦的。

三毛一個人在街上緩緩地走著，將雙手插在褲子口袋裏，一想到將要失去荷西這樣一個朋友，不知怎的，她心裏就空蕩蕩的，就像這空蕩蕩的馬路，她深深地吸了一口寒冷的空氣，長歎一聲，就這樣決定了。

第二天晚上，下起了大雪，三毛約荷西出來，他非常興奮，受到鼓舞而勇氣大增，兩個人坐在馬德里公園的長椅上，他大膽地將胳膊搭在三毛的肩頭，把她攏在自己身旁，讓她更暖和些，三毛穿著大衣，將領子豎起來，掩住嘴巴和鼻子，只露出一雙大眼睛充滿愛憐地望著荷西。兩個人就這麼坐著。良久，三毛才輕輕地說：「荷西，以後你不要再來找我了，我也不會再跟你出去了，我有功課要做，還有其他的男朋友要交往，不能只為跟你在一起，疏遠了他們。」荷西立即就明白了什麼，他低下頭去，將手中的手套脫下來，又戴上去，半天才低低地說：「Echo，我，我……你知道，我十三歲的時候，看到一本畫冊上一張東方女孩子的照片，心裏喜歡極了，過生日吹蠟燭許願時，我就悄悄許了一個願，長大了能娶一個東方女孩為妻子。我一直想等我大學畢業了，就去東方。現在，我遇到了妳，我知道這是上帝把妳派到我身邊來的，妳就是我要娶的那個東方女孩……」

「不，荷西，不要說了，那太幼稚了。」

「Echo，我知道自己還沒資格跟妳說這些，可是請妳一定等我，好嗎？」

「等你？」

「是，我現在上高三，請妳再等我六年，那時我大學畢業後，也服完兵役了，我可以找份工作，跟妳結婚，我們可以買間房子，我去上班，妳在家裏等我回來……」荷西已在描述未來的美好生活了。

「荷西，你不要說了，我不想聽。」她不耐煩地打斷他，站起來背過身去，只爲不讓荷西看到自己眼中滾動的淚水，「荷西，你聽著，我不會等你，也不會跟你結婚，六年的時間太長了，我會變成老太婆的。我只請你以後不要再來纏我，你再來纏我，我會討厭你的。」三毛非常生硬地說。荷西也站起來，聲音有些顫抖地說：「Echo，妳不要煩惱，以後我再也不會來纏妳了。」他轉身走了，很快又轉過身來，一面倒退著向後跑，一邊揮著手中的法國帽喊道：「Echo，再見！Echo，再見……」雪光映照下，三毛看見他使勁保持著微笑，可眼中卻含滿了淚水。那漫天紛紛的大雪很快模糊了荷西的笑臉和身影，「哦，荷西，你這可憐的孩子！」三毛呆立在雪地中，將荷西那傾訴著無盡惆悵和傷感的身影深深地印在心底。從那以後，荷西果然遵守諾言，再也沒有來找過三毛，偶爾在街頭相遇，他會親切地問候三毛，而且還會握住她男伴的手，彬彬有禮地說一句「你好。」這一段友情就這樣結束了，三毛心裏的騷動平息了，她以為這只不過是又一次萍水相逢，過眼煙雲。

兩年的時間很快過去了，馬德里大學文哲學院的學習已圓滿結束。三毛又失去了生活的目標，向前看一片茫茫。父母來信，一個勁地催促她立即回台灣去，可是她已習慣了這種自由自在的生活，一想到台灣，她就感到壓抑、束縛，此刻，她並不想回去。思考了許久，她決定去德國。為了不再給家裏增加經濟負擔，她沒有向父母要旅費。她想去打工掙點錢，自己節省一點，只要有麵包吃，有水喝就夠了。她想完全放掉繫在自己手上的那根風箏線，獨自去走四方，闖天下。她到一個島上去做導遊，據說是蕭邦和喬治・桑住過的一個小島，是當地的一個旅遊景點。打工三個月賺夠了一張飛機票的錢和一點可憐的旅費，她就揮手告別了美麗的馬德里，向著新的未知的征程飛去。

到了德國柏林後，三毛拿著她在馬德里大學文哲學院獲得的結業證書，去西柏林自由大學申請在哲學系就讀。校方審查了她的所有文件，認為她的一切條件都符合要求，可以接受入學，但是提出一個要求，要她快速進入「歌德語文學院」學習德語，先通過語言這一關。如果在一年之內，能夠一級級地考上去，最後拿到高級德文班畢業證書，就可以進入自由大學開始哲學課程的學習了。

三毛別無選擇，只有先進入歌德語文學院學習德文。學校的學費極其昂貴，採用的是密集快速的轟炸式教學法。每天在學校上完五六個小時的課以後，回到宿舍還要趴在書桌上，用近十個小時完成那些作業和背誦。這樣一天就有十六個小時在啃德文，還要應付那些沒完沒了的考試，從早晨睁開眼睛開始，到晚上上床睡覺，生活的全部內容就是學德文，似乎她到德國的唯一目的就是死啃德文。西柏林的留學生活完全沒有了西班牙生活的色彩和輕鬆，她好像一下子跌入了另一個世界。其實，三毛並不想讓學德文把自己搞得這麼緊張，但她一想到那高昂的學費，想到父親伏案拼命工作的辛苦，就覺得如果自己不用功，學得不好，簡直是在犯罪。三毛又是十分要強的人，無論是作業和考試都不願落在別人後面。因此，無論多麼累，多麼不心甘情願，三毛一點都不敢放鬆，就是晚上睡覺時，也要聽著德文錄音睡去。那些日子回想起來沒有一點歡樂，也沒有一點亮色，只是一片沉重的灰色。

由於經濟十分拮据，日子過得也相當艱苦。三毛常常是用餅乾或黑麵包泡湯來打發一日三餐。即使是在零下十九度的大雪天，她也只能穿著一雙鞋底有洞的鞋子踩著厚厚的積雪去上課，雖然她煞費苦心地在腳上套幾層塑膠袋，但雪水還是會滲進鞋裏，三毛腳上終於凍出了凍瘡。同學們都笑她愛美不要命，竟然為了漂亮不肯穿笨重的靴子，他們哪裡知道，三毛是捨不得花那麼多錢去為自己尺碼太小的腳訂做一雙合適的靴子。周圍沒有知心、投緣的朋友，日子也過得非常寂寞。三毛是個離不開朋友的人，可是到了德國，沒有一個相識的人，自己又埋在書堆裏，根本就沒有時間去交新的朋友。她從未像現在這樣孤獨過。唯一的男友，是在西班牙認識的男同學約根，他是德國人，三毛就是跟著他來到德國的，他也在自由大學攻讀學位。約根是個典型的德國人，他嚴肅、刻板而傲慢，自以為是，他有一個野心，就是要進入德國外交部工作，去做大使。此時，他正忙著寫論文，根本顧不上三毛，兩人很少見面，就是在一起也只談論功課。唯一的約會是有時他把一盞檯燈移到窗前，向三毛發出信號：妳可以過來一起讀書。在寂寞淒苦的夜晚，三毛就希望那盞燈能亮起來，可以沖淡自己的孤獨無依感，但這樣的時候很少。約根很喜歡三毛，三毛大概也不討厭他，否則也不會跟著他去德國，可是她實在受不了他在感情方面的傲慢和自以為是，兩人最終鬧翻了。三毛徹底陷入了孤獨之中，而內心的苦又不敢向故鄉的親人傾吐，只有關起門來，放聲大哭一場了事。

到了耶誕節，獨自一人呆坐在窗前的書桌旁，任那淒苦一點點淹上來，眼淚也流得差不多了，還是無法排遣那內心的苦楚，她走出房門，來到街上漫無目的地閒逛。忽然她有了一個想法，自己一直想去柏林圍牆那邊的東柏林看一看，爲什麼不現在去呢，反正一個人無事可做。她於是登上去東柏林的火車。在東柏林的邊界檢查站卻因爲她持的台灣護照受到了阻攔，正在爲難之際，一名年輕英俊的軍官幫了她，他那友善、誠摯、關切的態度，使三毛覺得他愛上了自己，而自己對他也一見傾心。三毛在東柏林的街上逛了一天，再經過邊界檢查站返回西柏林，又和那位軍官相遇了，這回三毛更確定彼此是一見鍾情了，雖然萍水相逢，但永生難忘，只有片刻的相聚，這瞬間定格的永恒，正是最能打動三毛的浪漫。這注定沒有結果的愛情美麗又淒傷。這個故事是這次東柏林之行的眞實經歷呢？還是三毛的浪漫幻景？同樣的故事，我們曾在她早年的小說《異國之戀》中讀到過，眞實與否，我們無從考證，但是我們卻可以從中發現，這時的三毛多麼寂寞，她渴望被愛的溫暖包圍、撫慰。外表已很堅強的三毛，內心依舊柔弱。

九個月的時間就在這艱苦的攻讀中過去了，三毛一口氣從初級班讀到中級班，最後終於取得了高級德文班畢業證書，而且還獲得了德文教師資格，對於一個從未接觸過德語的外國女孩子來說，這樣的成績簡直是太輝煌了。拿到高級德文證書後，三毛似乎才從那苦讀中猛然清醒過來，自己什麼時候在乎過學歷、證書？自己到德國來難道不是爲了去瞭解德國，開闊視野，尋找一些新鮮的事，認識不同的人嗎？可是自己到德國快一年了，對德國的認識只限於去學校的路和幾個博物館，對德國其他地方，對德國人什麼也說不上來，不該爲什麼高級證書和一口標準的德語而放棄了有趣的事和經歷。她感到，德國並不適合自己。也許是因爲這段生活帶給她太多的苦澀，她並沒有按計畫進入自由大學哲學系去按部就班地學習，她又想離去了。千辛萬苦地讀德語，就是爲了進大學學習，可三毛是隨心所欲的，她去意已決，其他就再也不考慮了。

這時，正好有一個去美國伊利諾州立大學主修陶瓷的機會，她又跑到一家百貨公司，披上紅肩帶，站在大廳裏爲化妝品公司做推銷小姐，賣了十天香水賺了兩百美金。然後，她帶著這兩百美元，提著自己的兩只大皮箱去了美國芝加哥。

一九七一年夏天，三毛到了美國伊利諾州立大學，住在請朋友事先租好的房子裏，身上只剩下一點點生活費。因爲經校方審查，三毛不符合主修陶瓷的條件。於是在這裏的居留就成了大問題。先要解決生計問題。三毛到處找事做，開始是沒有一點著落，前途一片渺茫，內心焦急萬分。一個月後，她終於謀到了一個職位，在伊利諾州立大學法律系的圖書館裏負責英美法圖書分類。在美國的堂兄託付一位也在伊利諾州立大學攻讀化學博士的好朋友照顧三毛，這位博士非常盡心盡責，每天中午吃飯的時候，他就拿著一個放著三明治和水果的紙袋，來到三毛工作的圖書館給她送午飯，兩個人坐在圖書館外的臺階上，他注視著三毛一口一口吃下三明治和水果，如果三毛吃得少，他就會格外心疼，一個勁地勸她再吃點，三毛就這樣一天天在他的關照下吃午飯。

忽然有一天，那雙注視的眼睛裏有了淚水，他說：「現在我照顧妳，將來有一天妳肯下廚為我和我們的孩子煮飯吃嗎？」這是一個含蓄、務實又理性的人的求婚詞，這樣的求婚所展示的未來生活，沒有絲毫的浪漫可言，當然不能打動三毛，雖然堂兄從中極力撮合，三毛也覺得他人不壞，是個適合結婚的對象，但她要的是愛情，並不是婚姻，她始終不肯屈服。當三毛離開美國臨上飛機前，那個博士仍然深情地握住她的手再次求婚，三毛只笑了笑，順手替他拉好大衣領子，揮手告別。三毛是個純眞的人，容不得半點虛假，對待感情更是如此。

獨自在外闖蕩了四年，身心都感到疲憊，且找不到下一步的方向時，三毛聽到了從大洋彼岸頻頻傳來雙親急切的呼喚，倦鳥知歸，她要回家了。

四年的時間到了三個國家，讀書，交友，打工，雖然沒有拿到一個什麼正經八百的學位，但她的收穫是很大的。四年的漂泊，三毛的行囊裏裝下了多少故事，那形形色色的人及各種各樣的人生，都充實了三毛原來有些單薄、狹小的生活，她的視野變得開闊，心也變得寬闊起來。感性的三毛需要的是生活經驗，知識經驗幫不了她，而生活把她教育出來了。出國前，三毛的個性很不開放，總是糾纏在生與死的選擇中不能自拔，總是喜歡冥想那些形而上的人生問題，人爲什麼而活，爲什麼？現在，那個蒼白、柔弱、孤僻、冷漠的三毛不見了，取而代之的是一個獨立、堅強、自信、開朗、明快的三毛，對於對人生不抱任何功利目的的三毛來說，這些收穫比什麼學位、專業都要重要，她的人生追求是一種說不清楚的情懷。

在台北松山機場，三毛一下飛機就撲向了父母的懷抱，他們流著淚使勁擁抱著女兒，女兒有一個全然不同的樣子了，使他們感到有些陌生、新奇。

回到台灣的三毛，重新投入了父母那久違的懷抱，盡情享受著家庭生活的溫馨，也算是給自己一個補償吧。

早晨醒來，躺在鬆軟、舒服的床上，房間裏一切擺設整潔、親切，一股飯菜的香味從廚房裏飄過來，三毛深深地吸一口：回家的感覺眞好。母親爲她做各樣好吃的，在飯桌上一個勁的往她碗裏挾菜，一邊心疼地說：「多吃點，在國外四年可憐死了，什麼也吃不到，那些牛排呀，烤雞呀都半生不熟的，怎麼能吃呢。」三毛一邊吃一邊笑，一邊抗議：「姆媽，妳要把我餵成小胖豬了。」母親總是嫌三毛太瘦了，總是希望她能胖一點。

回國後，三毛一直過著安靜、溫暖、閒適的家居生活，每天除了吃飯、睡覺，就是陪姆媽、爹爹聊天，幫著幹家務，看看書，很少外出，生活無憂無慮。但時間一長，三毛又有些耐不住了，自己已經二十六歲了，該怎樣安排今後的生活呢？這麼多年一直靠父母生活，什麼時候才能完全獨立呢？總不能靠父母生活一輩子。那要先找一個工作，可是能幹什麼呢？在台灣上了三年大學，又去海外留學四年，三毛一直學的都是哲學，這是三毛一個浪漫的人生選擇，因爲她一直在追問著人生的意義和價值，她認爲哲學可以解答自己的這些疑惑，她要到哲學研究中去尋找答案，她從來沒有考慮過哲學有沒有實際功用，能不能幫她找一份好職業，那麼現在該怎麼辦呢？

正在這時，當年破例接受三毛入學的文化學院院長張其昀先生，又將一紙聘書送到三毛手上，誠邀她去已更名的文化大學德文系、哲學系任教。三毛又回到了自己熟悉的華岡校園。校園裏綠草、小徑，青山秀水，一切依舊，可是，物是人非，在青青校園裏，昨日之情，昨日之人都已成逝去的黃花，找不到一絲蹤跡。漫步在校園中，那一草一木無不勾起她對那個人的思念——舒凡。一想到他，心中還是隱隱作痛，自己還在愛他。跟過去的朋友相聚，大家都小心翼翼地不提到那個名字，其實三毛很想知道他的消息，又不好開口去問，她只知道舒凡現在成了作家，作品很受歡迎。自己沒有看錯，舒凡肯定會有今天的，可這又與自己有什麼關係呢？

她把一份深深的惆悵和失落藏在心底。

有了一份安穩的工作，三毛過起平靜的日子。每天去學校上課，沒有課的時候就待在家裏讀書、聽音樂。閒來無事，她還翻出了過去學畫時用的畫架、畫板和筆，有興致時就去塗抹幾筆，文章倒沒有再寫。有時，她也會踱出家門，在大街小巷隨意逛逛，瀏覽街景和行人，走累了就去咖啡館坐一會兒，喝一杯咖啡，跟店裏的老闆隨便聊聊天。她發現了一家非常雅致的「明星」咖啡屋，它坐落在武昌街上，布置得很別致，牆上有精美的油畫和雕塑裝飾物，白色的圓桌布上鋪著藍綠相間的小格方巾，咖啡器具也精美得如同藝術品，坐在裏面，聽著輕曼、柔和的音樂，喝著咖啡眞是妙極了。難怪很多台北文藝界的人士喜歡出入這家咖啡屋，其中不乏一些知名人士，他們聚在一起，高談闊論文學、藝術，像是個文藝沙龍。白先勇、陳映眞也是那兒的常客。三毛很喜歡那兒的氣氛，也很高興在那兒結識一些文藝界的新朋友，她也成了那裏的常客，幾乎每天都要去坐一會兒，去的次數多了，也就結識了一些比較固定的常客，其中有一個畫家，他渾身上下都洋溢著濃郁的藝術家氣質，瘦瘦的臉上，骨節突出，棱角鮮明，嘴唇緊抿處透出剛毅之氣，及肩的長髮，隨意的穿著，瘦高的身材都顯出一種落拓不羈的藝術氣質，一雙修長的手安靜地交握著，蒼白、憂鬱，顯示出他的職業氣質。三毛對他的印象不壞，每次去咖啡屋似乎都會遇上他，兩個人從見面點頭開始漸漸熟識起來，也會坐在一起聊天，談的都是有關人生、藝術、文學的話題。三毛發覺他談吐不俗，對什麼都有自己精到的見解，很有才華和靈氣。三毛對他的印象就更加好了。兩個人都喜歡坐在臨街窗下的那張桌子旁，手裏捧著一杯濃香的咖啡，隔桌相對，低聲交談，彼此感到非常投機，非常愉快。

漸漸地，不知從什麼時候開始，不管是誰先到，都會坐在那張固定的桌旁，叫一杯咖啡等著對方的到來。後來，他每次出現時，手裏便多了一枝鮮紅的玫瑰，送給三毛。三毛知道這是一個信號，她有些驚喜又有些遲疑。三毛自小就跟美術結下了不解之緣，能成爲畫家的妻子也曾經是她的夢想，難道自己所等待的那個人已經到來了嗎？三毛癡迷於一切藝術的美和氣質，也癡迷於有著藝術氣質、創造藝術美的人。獨身一人在海外漂泊的倦怠還沒有消失，內心深處對初戀的懷念讓她的情感變得脆弱，她非常想在一個寬大、堅實的肩膀上靠一靠。他雖然有些瘦弱，但他的堅毅、成熟、沉穩給她一種安全感、可依賴感。她已經二十六歲了。她也想像其他女人那樣戀愛，結婚，有一個丈夫，過家庭生活。

在畫家越來越強的愛情攻勢下，一向謹慎小心的三毛漸漸接受了他的愛，並獻出自己的愛作爲回報。要讓三毛愛上一個人是不太容易的。可一旦愛上之後，她是非常癡情的。她下決心爲他放棄一切不切實際的念頭，心甘情願做一個相夫教子的賢妻良母，圍起圍裙下廚房爲他操持一切家務。

兩個人在相識的咖啡屋舉行了一個隆重的訂婚儀式，許多藝術界的朋友做了他們婚戀的見證人，在衆人面前，他們彼此許下愛情的誓言。一時之間，在文藝界傳爲一段佳話。三毛終於找到了自己追求的愛情和幸福，這只疲憊的小船就要駛入一個安靜、溫暖的港灣了，她對未來的婚姻生活充滿了幸福的憧憬。一家人，特別是父母都爲三毛感到高興，他們歡天喜地張羅著三毛的婚禮，布置新房，散發喜帖，預定酒宴，忙得不亦樂乎。終於，一切準備就緒了，三毛試穿了婚紗，從鏡子中她看到的是一個美麗的新娘，她終於要出嫁了。

就在這時，三毛才突然發現自己被欺騙了，那個對她山盟海誓，信誓旦旦的畫家，其實早已有了妻室，他把所有的人都蒙在鼓裏。三毛一開始就對他充滿信任，相信他所說的一切，從未懷疑過。他們在一起談論的也都是一些不著邊際的浪漫話題，三毛從未打聽過他的底細，她眞是太純眞了，她痛恨一切謊言和虛僞，就相信別人也會像她一樣的眞誠、純潔，她對人也不設防。這消息猶如晴天霹靂驚碎了三毛的美麗幻影，生性高傲的她怎能忍受這樣的羞辱，她要去殺掉那個無恥的騙子，她要殺死傻瓜一樣的自己。父母死命地拉住她，每天一步不離地看護著她。更令人氣憤的是，那個騙子竟然還因爲陳家取消了婚禮，向陳家索賠。爲了不再讓三毛受到更大的刺激和傷害，陳嗣慶將自己買了送給女兒結婚用的一幢房子，白白送給他，才算打發了這個無賴，徹底了結這件事。這一段婚戀鮮爲人知，因爲三毛從未向人提及，也從未在文章中透露過一點，這一段往事她寧願從來沒有發生過。又一次愛的追尋失敗了，這回留給三毛的不僅是傷心，更有抹不掉的恥辱。

這件事幾乎將三毛徹底毀掉，剛剛建立起來的新生活也被破壞了，三毛一直躲在家裏，不願出門。是父母深切的愛，硬把三毛從再一次崩潰毀滅的邊緣拉回來。

陰冷、多雨的冬天已經過去，春天漸漸甦醒。爲了鼓勵三毛多出去走走，曬曬太陽，父親帶三毛打網球。又走出家門的三毛眞有大病初癒的感覺，陽光很暖和地照在身上，小鳥在吐露新綠的枝頭嘰嘰喳喳。揮舞著球拍，在球場上來回奔跑，眼睛盯著那只小小的球，只想著把它打過去，打過去，什麼煩惱痛苦都丟在眞是從沒有過的輕鬆和舒暢。三毛從心底感謝父親爲自己找到了一個醫治創傷的良方，也深深地愛上了打網球這項運動。

父親積極地鼓勵、支援她，特意爲她買了一套嶄新的球拍和網球衣。爲了方便她去網球場，還送給她一輛嶄新漂亮的輕便腳踏車，三毛喜歡極了，車身線條精巧玲瓏，棗紅色摻和著銀粉漆的亮光，透出無比的典雅和華貴，騎在上面風光無限，整個人都變得明麗、輕快。每天早晨，她穿著一身潔白的球衣、白色的運動T恤、白色的網球短裙、白色的短襪套進白色的運動鞋，頭戴一頂白色的棒球帽，腦後束著一個高高的馬尾巴辮，從帽子後洞裏穿出來，披散在肩上，這一身打扮清爽極了。她斜背著網球拍，騎上心愛的「公主車」，沿著平坦的林蔭大道，迎著初升的朝陽飛快地駛去，像一隻白色的鴿子從行人身邊一掠而過，吸引了許多欣賞讚美的眼光。三毛喜歡在路上飛快地騎車子，享受那種飛起來的感覺，她知道自己這個樣子很帥氣，越發得意。三毛心裏又有了面對新生活的信心。每天在球場上奔跑，她的腳步越來越輕快，又能爽朗地大笑了，她已漸漸地從那個騙子的惡夢中走了出來。

因爲無法消除掉那件事帶給她的惡劣影響，三毛無法繼續在文化大學任教了，她辭去了那裏的工作，又轉到家專和政工幹校去教書。除了工作以外，三毛深居簡出，每天去網球場是必不可少的，三毛已經離不開這項運動了。有時父親會陪她一起去。父親工作時，她就一個人去，也不愁找不到對打的同伴，三毛在網球場上同樣是受歡迎的人。網球場上，三毛那灑脫清雅的氣質，清脆開朗的笑聲，散發出迷人的魅力。很多人，特別是一些單身男子都喜歡與三毛一起打球。

在她衆多的球友中，有一個人比較特別，因爲他是個高大的外國人。這個四十多歲的德裔男子高大英俊，紳士派頭十足，渾身散發著成熟男人的魅力。他在一所大學教德語，也很喜歡打網球，三毛幾乎天天在此碰上他。因爲他也總是一個人，所以三毛常常跟他配對打球。其實，三毛是很喜歡跟他一起打球的。他的球技很好，又善於關心體貼人，總是那樣溫和親切。比如打球的時候，他盡量不過猛扣殺，以免三毛接起來吃力，每次球打飛了，他都搶著去撿。打完球後，他已搶先一步拿過大毛巾遞在你手上，等你擦完汗，喝完他遞上來的飲料，回頭一看，他已經把你的球拍裝好了。這樣無言的照顧讓人感到特別舒服，三毛對他印象很好。

兩人熟識以後，除了打球，也坐下來聊聊天，所談的話題漸漸從網球談到別的，三毛一口純正帶柏林口音的德語讓他驚訝，三毛也會把德語教學中遇到的一些問題跟他切磋，兩人漸漸成了無話不談的朋友。其實他在心底早已愛上了三毛，只是一個中年人的矜持和穩重讓他難以開口去表達自己的愛。每天看著三毛在球場的另一端歡快地奔跑，猶如一隻白色的蝴蝶翩翩起舞，他的內心就充滿了愛。那陽光下燦爛的笑臉，裸露出的古銅色健美肌膚，柔美靈活的身姿，脆生生的笑聲，無不讓他心動，每當這時，他眞想丟下球拍跑過去緊緊擁抱她。他壓抑著自己的愛，因爲他看到三毛眼睛裏的一抹憂鬱，他不想嚇壞她，那樣她就會立刻從自己眼前消失。已經到中年的他，從未見過像三毛這樣特別的女孩子，她既有小孩子的天眞純情，又有成熟女人的風情和韻味，再加上一個聰明、智慧的頭腦，他對三毛的感情裏有欣賞，有憐惜，有疼愛，也有熱烈的愛情。他眞正看到了三毛特別的美麗，深深地、深深地愛上了她，願意爲她獻上自己的一切，能讓她生活得幸福是他最大的心願。心裏有了愛情，眼睛裏就會流露出來，他含情的注視，無比溫柔的微笑，輕柔的話語，都讓三毛感受到了愛情的熱度和溫暖，這使她很欣慰，她喜歡這樣一個男人來愛自己，因爲他是懂得愛的。

三毛第一次從一個男人的愛情中體會到甜蜜和愉悅，他的溫柔體貼恰到好處，愛的暖流包裹著三毛的全身，正可撫慰三毛那顆受傷的心，他的成熟、沉穩讓三毛有一種特別的安全感和可依賴感。

兩個人開始有了網球場以外的約會，三毛把他當成知心朋友。在一個夏日的夜晚，兩人坐在公園的長椅上，三毛告訴他自己以前的故事，告訴他自己爲愛所受的傷害，他默默地爲三毛擦去淚水，緊緊地把她擁在懷裏，似乎要用自己寬闊溫暖的胸膛將她保護起來。三毛在這溫暖的懷中痛暢地哭了起來，任鬱積的淚水奔湧而出，打濕了他的衣服，他無比溫柔地哄著她，在她哭夠了以後，講一個幽默的笑話逗她開心，三毛禁不住笑起來。這時，他輕輕抬起她的下巴，深情地看著她的眼睛說：「Echo，我愛妳，我再也不會讓妳受到一點委屈和傷害了，相信我。」他低下頭去，深深地吻住了三毛的雙唇，三毛閉上了雙眼，放心地把自己交付給他，任由他將自己帶到幸福的樂園。經過了那個夜晚，三毛再也離不開他了，深深的依戀變成了深深的愛。兩個人在幸福的相處中度過了一年。秋天又到了，在一個星光閃爍的夜晚，兩個人漫步走到了初識的網球場，回憶起相識相愛的往事。他擁住她，含情脈脈地望著她說：「Echo，親愛的，我們結婚好嗎？」三毛點了點頭，毫不猶豫的，兩人的手緊緊握在一起，在星空下相依相偎，靜默無語，三毛把臉深深埋在他的胸前，聽著那輕輕的心跳。幸福凝固了周圍的一切，似乎連空氣都不流動了。只有星星在空中一眨一眨地閃著光。

第二天一早，他們相約來到了一家印刷廠，要求訂做兩個人名字並列的名片，一面德文，一面中文。他們精心挑選了半天，準備從這裏開始他們的共同生活。可是這名片永遠也用不著了。因爲就在那天晚上，他突發心臟病，倒在三毛的懷中，在幸福中離開了這個世界。三毛拼命地喊著他的名字，吻著他還有餘溫的雙唇，但再也無法喚醒那個深愛著自己的人，相信在他離開世界的最後一刻，深深牽掛的就是三毛，因爲他緊緊地握著三毛的手。

命運再一次跟三毛開了一個殘酷的玩笑，這次它動用了死神的力量，從三毛手中奪走了她已經握住的幸福，她怎能承受這樣的打擊？在人的一生中，能夠遇到一個你愛他，他也愛你的人是多麼不容易，這對於女人來說更是一生難求的幸福。三毛一生遇人無數，歷歷數來眞正所愛的只有三人：一個是她的初戀，再就是這個德籍未婚夫，當然還有荷西，可這是後話。對於初戀，三毛癡心地愛了，對方並不愛自己，留給她的是更多傷害和痛苦。唯有這一個眞心愛她，又為她所愛，可是卻又這樣步履匆匆地離去，難道是上天在懲罰自己嗎？三毛哭乾了眼淚，也喪失了生的意志，她偷偷地準備好了一瓶安眠藥，要隨未婚夫一起到天國去。葬禮的那天，三毛眼看著所愛的人一錘錘被釘入棺材中，那一聲聲的錘聲猶如帶刺的木頭直刺入她的心，刺得她鮮血淋漓，三毛什麼都不知道了，眼前一片漆黑，只是狂喊著，最後也喊不出聲了，只任來人、朋友們將她帶回家，安置在床上。等她恢復了一點力氣後，從枕下摸出了早已準備好的藥瓶，趁人不備，一把全吞了下去。家人趕緊送她去醫院急救。也許是三毛的情緣未了，她又被救活了，可是卻落下了嚴重的胃病，嚴重地影響了她的健康。

經歷了這一次全心全意愛著的人的死亡，使三毛一夜間又長大了許多，所愛的人用自己的死教育三毛，使她看到生死一念間，其實死原本也可以看得很淡。台灣再次變成了三毛的傷心地，一顆破碎的心怎麼也拼不起來了，只有遠離這一切，遠離這個地方，才可能繼續生活下去。她向父母提出了自己的想法，父親母親放下手中的筷子，紅了眼圈，他們不捨得讓女兒孤獨走異鄉，又不知該怎樣才能挽留住她。回來兩年的時間，台灣帶給她的除了傷害還是傷害，也許她真的不適合在這裏生活，那還是走吧，走出去調適一下心情也是好的。

一九七二年底，三毛帶著一顆破碎的心，穿著一身黑衣，再次告別了台灣和親人，又飛去了西班牙，她要去那個曾帶給自己快樂的地方，慢慢地療傷。

再一次置身在西班牙燦爛的陽光下，三毛感到一種深深的安慰，西班牙又一次張開溫暖的懷抱，迎接這個需要撫慰的孩子。那些昔日的朋友紛紛前來探望，她們緊緊地擁抱三毛，不知該怎樣表達自己對她的同情和歡迎。她跟三個西班牙女友合租了一間寬敞、舒適的房子，三個女友性格都很開朗，跟三毛很投緣。她們不斷地想出很多好玩的花樣，要三毛開心。她們一起逛學生區，逛舊貨市場，翻揀那些商品，跟老闆狠狠地殺價。有時並不買什麼，只是看看這個，看著那個，評頭論足一番。她們也拉著三毛上小館子，坐在吧台前一杯接一杯地喝葡萄酒，還帶著她去參加盛大的舞會，每個人挑選一個男孩做舞伴，盡情地跳交際舞。跟她們在一起天天都有歡笑，直至晚上上床睡覺了，四個女孩子還要打鬧一番，瘋做一團。有了她們的陪伴，三毛漸漸淡忘那些傷心事，憂鬱的臉上又有了歡快，往日的快樂生活似乎又回來了。三毛找了幾份家教，教別人學英文，另外，她還替台灣的《實業世界》雜誌寫寫文章，每月交一篇兩三千字的文章，賺取一些稿費，再加上父親的資助，維持日常生活足夠了，她喜歡這種恬淡、寧靜的生活，打算在這裏長住下去。

回到西班牙後的一天，她去徐伯伯家拜訪，走到樓下的院子裏，有一個漂亮的女孩子在一棵樹下，拼命地向她招手：「Echo，Echo。」三毛走過去，似乎並不認識她，那女孩子卻熱烈地上來擁抱她：「Echo，妳回來，太好了！歡迎妳回來！」三毛只是禮貌地笑笑說：「謝謝！」那女孩子驚叫起來：「Echo，難道妳不認識我了嗎？我是……」「啊，妳是伊絲帖，眞認不出來了，都長成這麼美麗的姑娘了！」三毛熱情地擁抱她。她是荷西的妹妹伊絲帖，六年的時間，她已從一個不起眼的小女孩長成了迷人的姑娘。

「Echo，妳還是那麼美，一點也沒變樣。妳回來我哥哥該有多高興啊，他可想妳了。」

「妳哥哥他好嗎？」

「妳沒有告訴他妳回來了嗎？妳不知道他在服兵役嗎？」她急急地問。

一提到荷西，六年前那個在雪夜中傷心奔跑的身影立刻浮上心頭。回到台灣以後，她曾收到過荷西的來信。他託一個從西班牙來台灣的朋友，將一封信親手交到三毛的手上。信中有一張照片，上面有一個留著大鬍子的年輕人站在海裏抓魚，儼然是希臘神話裏的海神，難道他就是荷西嗎？就是那個怯怯的少年嗎？他爲什麼蓄起了大鬍子？荷西在信中向三毛訴說了自己的一段心事，在馬德里的那個雪夜，那個被拒絕的少年傷心地跑回家去，伏在枕頭上流了一夜的淚水，絕望中甚至產生了自殺的念頭。他又向三毛提出了那個六年之約，說他已經上大四了，還有兩年這個相約就要實現了，請三毛無論如何一定等他。最後他說：「妳不要再把我當成小孩子了，妳看我現在是不是已經長大了，已經跟妳一樣大了？」三毛心裏恍然大悟，荷西留起鬍子是爲了讓自己看起來成熟些，不再被三毛看成小孩子，一個多麼天眞又固執的男孩，眞是固執得可愛，他似乎很有把握地相信到時三毛一定會去赴約的。

三毛仔細一想，自己恰巧是在離開西班牙六年後再回到這裏的，這是她絕沒有預料到的，眞是人算不如天算。其實「六」這個數位跟三毛和荷西有不解之緣。他們相互等了六年，而在一起生活的時間也恰恰是六年。也許荷西要用一生去換那六年的幸福時光吧！因此他的六年之約就特別靈驗！這一切似乎都是命中注定的。想到這裏，三毛不禁心頭一震，難道眞是冥冥之中有什麼安排嗎？難道自己再次到西班牙來眞是爲了來赴那個六年之約嗎？她使勁搖搖頭，想將這個念頭趕走。伊絲帖告訴三毛，荷西現在正在南方服兵役，只剩下最後一個月了，很快就會回來。她一個勁催促三毛給荷西寫信，三毛推託自己不知道地址，也不知該寫些什麼。伊絲帖立刻飛奔上樓，拿著一個寫好地址的信封跑下來，她把信封塞給三毛說：「Echo，妳只要往裏面塡字就行了，求妳了！」三毛在一張紙上用英文只簡短地寫下了一句話：「荷西，我回來了，我是Echo，我的地址是×××。」這封信由伊絲帖發走了。

荷西收到信後，知道是三毛寄的，但其他的字就看不懂了，不知到底寫的是什麼，荷西跑遍了整個營區，也沒有找到一個懂英文的人，急得他什麼似的。在回信中，他不知道應對來信寫些什麼，就從畫報上剪了很多潛水者的漫畫貼在信紙上，並在旁邊注上「這是我。」他急於告訴三毛自己現在的情況。後來荷西從妹妹那裏得知了三毛的電話號碼，從南部打了長途電話來找三毛，告訴她自己哪一天回來，請三毛一定等他。

可是到了那一天，三毛已經完全把這件事忘記了，那一天，她和幾個朋友跑到附近山區的一個小鎮上去玩了一天，一直到天黑了才回到家。一到家就有朋友告訴她，有一個男孩子一天打了十幾個電話，瘋了似地找她，會是誰呢？三毛想了幾遍也沒有想出他會是誰。正在這時又有電話找三毛，原來是她昔日馬德里大學的一個女友，她急急忙忙地請三毛立即去她家。

三毛以為出了什麼事，慌裏慌張跑去了，朋友迎上來不等她開口問什麼就讓她閉起眼睛來，她滿心懷疑地照辦了。忽然，有一雙粗壯有力的臂膀抱住了自己，睜開眼睛一看，天哪！是荷西。他正生龍活虎地站在自己面前，一雙明亮的大眼睛興奮地望著自己，依稀還有六年前的模樣，可他的確已長成威武的男子漢了，那一把大鬍子更是威風凜凜，站在他面前的三毛顯得那樣嬌小。分別了六年的朋友再次重逢自是非常高興，他把三毛高高地舉起來，三毛大聲笑著拍打著他的肩膀，在場的人看著他們都開心地笑著。

從此，三毛周圍又多了一個朋友，荷西像六年前一樣，天天來找三毛，而三毛總是有意躲著他，因爲她知道荷西愛著自己。在經歷了一場讓她又羞又恨的情變和一場痛徹心肺的愛情的生死離別後，她實在是害怕聽到「愛情」這個詞，也打從心底拒絕愛情。她不想在自己最混亂最不清醒的時候，再犯什麼感情錯誤，害了自己，也傷了別人。雖然荷西已經長大了，他是爲她而長大的，可是他仍是個純潔得像一張白紙一樣的人，而自己一身的滄桑，滿心的破碎，他能理解嗎？他能包容嗎？他能給自己靈魂上的撫慰嗎？如果兩個人在靈魂上，在精神上，在人生境界上不能彼此溝通，心領神會，愛情又建立在什麼上面呢？自己前面的三次愛情，起碼都是建立在這個基礎上的，而跟荷西之間似乎缺少這樣一個基礎。

此後的一個黃昏，荷西硬把三毛拉到自己家裏，說有東西給她看。到了荷西的房間，三毛一下子呆住了，只見在一整面牆上貼滿了自己放大了的黑白照片，有在德國拍的，有在美國拍的，也有很多是回到台灣拍的，有的剪著短髮，有的長髮披肩。黃昏溫柔的光正透過百葉窗照在照片上的臉上，顯得或溫柔或憂鬱。三毛走過去一張張仔細看著，照片在牆上貼得時間很久了，已經有些泛黃了。三毛默默無語了許久，自己並沒有給荷西寄過一張照片，他怎麼會有這些照片呢？

荷西在她的追問下坦白交待了，原來都是他偷的。他到樓下徐伯伯家玩，就跟他要三毛寄給他的照片看，然後趁他不注意的時候把照片拿出來，送到照相館去請人家做成底片，然後再放大。之後，再把那些照片悄悄地送回徐家。這滿牆的照片都是這樣得來的。在六年的時間裏，這些照片陪伴著他，安慰他無盡的思念，也催促著他快快長大，去赴那個六年之約。三毛看著這些照片，再看看荷西，眞不知該說什麼好。這男孩子的深情眞是讓她感動，她沒有想到荷西對自己用情竟如此之深，可是自己……三毛心中還沒有完全癒合的創傷被這深切的情感猛地碰撞了一下，心裏像打翻了五味瓶。荷西，我回來了，可是我的心已碎成了一片片丟在地下，再也撿不起來了。她伏在這面照片牆上，放聲地哭起來，荷西嚇壞了，他走過來將三毛的頭放在自己肩上，輕輕拍打著她的後背不停地安慰：「Echo，別哭了，Echo，不要哭了，告訴我出了什麼事，一定告訴我，好嗎？」她忍不住傾吐了自己在台灣的愛情經歷，荷西聽了也很爲她難過，他說：「Echo，妳的心碎了，不要緊，我們可以把它補起來，若是不行，我這裏還有一顆心，妳拿去吧，把妳碎了的心交給我。」一句話說得三毛的眼淚又流下來了。荷西什麼都明白，他有一顆金子般的心，自己怎麼能夠拒絕呢？

在馬德里的街頭，又經常可以看見兩個人一起散步的身影了。六年前中斷的故事重新開始了。兩個人還像以前那樣在一起聊天，很是投機，荷西的確長大了，他變得很健談，他知道的事情也很多。六年前跟他在一起，三毛時時能感到自己在年齡、閱歷、知識上都比他優越，明顯地自己是大姐姐，而他只是小弟弟，可是現在三毛已感受不到這種差距，在他的溫柔關懷下，自己倒變成了一個小女孩。荷西是個興趣十分廣泛的人，他在大學裏學的是工程，可他卻愛上了潛水，以後又選擇了潛水作爲自己的職業。在這個世界上他最愛的除了三毛，就是大海了。跟三毛在一起他聊得最多的就是海，什麼海底生物啦，魚類啦，他的潛水奇遇啦。當他向三毛講述自己怎樣在海底同章魚嬉戲時，三毛看著他眉飛色舞的樣子，心裏感歎這是一個多麼可愛的男人啊，他的世界裏一片純淨，看不到一絲邪惡。荷西熱愛大自然，熱愛戶外活動，他還對天文，星座感興趣，講起有關的知識來也讓三毛聽得十分入迷。三毛發現他跟自己一樣地富於幻想，熱愛自由，充滿了童眞。跟他相處最是輕鬆、愉快。三毛跟以前的男友在一起時，儘是談論些文學、藝術、人生這樣的話題，讓三毛覺得很脫俗、高雅、深沉，可是跟荷西卻無從談起這樣的話題，荷西對這些並不感興趣，這不能不讓癡愛藝術和文學的三毛感到一點缺憾。

一天早晨，三毛又和荷西一起漫步在一個公園裏，心裏想著自己的一篇稿子，編輯部一個勁地催她交稿，明天就是最後期限了，自己一個字也沒寫出來？怎麼辦呢？眞是煩死了。她告訴荷西明天不能跟他一起出來了，她要趕寫文章，哪怕一夜不睡也要把文章寫出來。荷西就說：「妳關在屋子裏不一定就能寫出文章來，明天早晨妳還是跟我到公園裏走走，說不定走著走著文章就出來了。」看著三毛愁眉苦臉的樣子，他就指著那些樹上和地下忙碌修剪樹枝的園丁讓她看。他們一雙手飛快地動著，被剪下的樹枝灑落下新鮮的露水，有一種好聞的青草味。兩人看了半天，荷西忽然說：「我寧願像這些園丁一樣，呼吸著大自然的新鮮空氣，在太陽下，在藍天下辛苦地工作，也不願被關在四四方方、密不透風、不見天日的辦公室裏，每天和那些枯燥的數字、文件打交道，那眞讓人煩透了。」三毛不禁有所觸動，用一種新奇的眼光看著荷西。荷西又說：「妳寫不出文章就不必寫嘛，幹嘛非逼自己去幹不喜歡的事，讓自己煩惱呢？」

是啊，何必爲了賺一點零用錢，每個月都被逼著搜腸刮肚地寫自己不太願意寫的文章呢？不是很可憐嗎。荷西的哲學很簡單，不喜歡的事情就不去做，卻是完全正確的。自己以前把人生想得過於複雜，整天冥想，追問它的價値意義。其實生活原本就該這樣簡單。她回到宿舍立刻給編輯部寫了一封信：「對不起，下個月的專欄要開天窗了，我不寫了。」這件事讓三毛對荷西有了新認識，他天性渾厚，有很高的悟性，對生活和世界有自己的看法。他按照自己的原則去生活，他的世界是一個看似簡單的世界，可跟這簡單相比，自己的複雜是多餘的，是矯情的、不深厚的。三毛從荷西身上受到的這種影響是很大的，跟荷西在一起，她的人生觀也漸漸地發生了改變。

轉眼間，一九七二年的冬天到了，在一個寒冷的早晨，荷西和三毛坐在馬德里公園的長椅上，悠閒地聊天，三毛穿著一件大衣，將領子拉起來擋住眼睛以下的部位，呵出的熱氣立刻變成一團白霧，幾隻小麻雀嘰嘰喳喳地落在她的腳邊，瑟縮著身子覓食，三毛就把手中的麵包一點點搓碎了，丟在腳邊讓那些可憐的麻雀來吃。荷西將自己縮在一件厚厚的大外套中，手上拿著一本航海的書。

他告訴三毛他準備明年夏天跟幾個朋友駕著帆船去航海，到希臘的愛琴海潛水去，好不容易念完了書，服完了兵役，要去幹一件自己喜歡的事。他邀請三毛跟他們一起去，做他們的廚子兼管家，這個計畫眞的吸引了三毛，想想駕著船在大海上航行多麼刺激啊。可是她早已有了自己的計畫，她想在復活節後去西屬撒哈拉沙漠旅行。她要在那住上一年半載的，好好認識一下沙漠。不記得是在哪一年了，三毛偶爾從美國《國家地理》雜誌上看到了關於撒哈拉沙漠的報導，照片上火紅的太陽正照著無垠的漠漠黃沙，那燃燒一般的色彩立刻迷住了她，她當時就想，將來有一天，我一定要去這個地方看看。從那以後，她就對那片神祕的土地懷著一種無法解釋的，似乎是屬於前世的鄉愁。這次回到西班牙，她就一直醞釀著去西屬撒哈拉沙漠的旅行，在這之前，她曾獨自去非洲的阿爾及利亞旅行過。當她把她的計畫告訴其他朋友時，大家都當笑話聽。她——一個年輕的中國女孩子，竟要去萬里迢迢的地方去闖那荒漠的世界！好在三毛並不在乎別人說什麼，好在她還有一個知音，她的父親。她的父親很支援她，並在經濟上給以大力資助。荷西聽了她的計畫後，並未表現出任何吃驚的樣子，這是最讓三毛喜歡的一點。天生愛幻想，腦子裏總有無數千奇百怪念頭的三毛，在別人眼裏有時簡直是不可理喻的瘋子。可無論她說出多麼瘋狂的想法，荷西都會認爲是合情合理的，他一定會認眞對待並想辦法幫助她，這眞讓三毛感到愉快，能跟她這樣合拍的人，捨荷西其誰？因爲他們根本就是同類。這正像三毛的父親陳嗣慶後來對她所說的，「妳的丈夫跟妳的性格相同，所以你們相處起來彼此欣賞。」

荷西聽了三毛的計畫只是有些不高興，他非常想跟三毛一起去航行，無論幹什麼他都把三毛考慮進自己的生活，可三毛沒有這樣的想法，她想丟下他一個人去沙漠，她這一去就是一年，自己什麼時候才能把這匹小野馬拴在身旁，跟她形影不離呢？那麼最好的辦法就是跟她一起去，不管是沙漠還是其他地方。荷西非常瞭解三毛，她想去什麼地方就一定會去的，阻擋沒有什麼用。他只大聲說了一聲「好」就沉默不語了。

三毛哪裡知道，荷西正在暗地裏緊張地謀劃著一個新的計畫。過了新年之後，荷西突然從三毛眼前消失了，不知他在忙什麼，三毛並沒有在意。可是忽然有一天，她收到荷西從沙漠裏寄來的一封信，真讓她大吃一驚。荷西告訴她他已在西班牙沙漠裏的一家磷礦公司申請到了一個職位，他會安排好一切，等三毛去沙漠時好照顧她。三毛再一次被這男人的深情感動了，他爲了愛情竟然放棄了自己夢想的航海，而跑到沙漠裏去受苦。質樸的荷西不會說什麼甜言蜜語，但他這實實在在的愛更讓三毛無言以對。她寫信勸告荷西：「你實在沒有必要爲了我而去沙漠裏受苦，況且我就是去了，大半時間也會在各處旅行，無法常常見到你……」荷西很快回信，他說：「我想得很清楚，要留住妳在我身邊，只有跟妳結婚，要不然我的心永遠不能減去這份痛楚的感覺。我們夏天結婚好嗎？我在沙漠裏等著妳。」三毛沒有想到他會在信中提出求婚，雖然他們之間很親密，但從來沒有談論過這個問題，因爲三毛感覺他們的感情還沒有熱烈到要結婚的程度。他們之間的關係親密而又有些平淡，更像兩個好朋友，而不像一對戀人。

三毛把信反覆看了十多遍，然後將它揣進口袋出了家門。外面正是月明風清的夜晚，喧鬧的街頭已漸漸寧靜，明亮的路燈照在寬敞的馬路上，三毛將手插進褲子口袋，悠閒地踱著步子，我就要跟荷西結婚了嗎？不知道。三毛輕輕搖了搖頭。

自己一直嚮往著結婚，從愛上那個小男生匪兵甲開始，每一次愛上一個男人，她都希望能做他的妻子，那是熱烈愛後很明確的想法。現在對荷西從沒有過結婚的想法，也許是沒有熱烈愛過的緣故吧，這樣的婚姻可靠嗎？想到這，她又苦笑著搖搖頭，自己熱烈地愛過三次，初戀的舒凡拒絕結婚，那個無恥的騙子在結婚前狠狠地刺了自己一刀，那個德籍未婚夫本來可以給她一段幸福美滿的婚姻，可是他卻匆匆忙忙地去了天國。有了愛情又怎樣，還不是同樣不可靠？難道自己注定此生沒有婚姻嗎？那麼荷西呢，她用手摸摸口袋裏的信，心裏有一種異樣的溫情，愛上一個人應是臉紅心跳的，我為什麼這麼安靜，安詳呢，也許這反而是一種靠得住的婚姻，還是去試一試吧：婚姻原本就是一場賭博，自己可不願在幸福面前做膽小鬼，一切就這樣決定了。她眞想騎上一輛摩托車在這空曠的街道上瘋狂一下。這是近來她經常玩的一個驚險節目。

三毛迅速地處理好一切事務，給同住的女友留下房租和一封短信：走了，結婚去了，珍重，再見！然後關上房門，將過去的一切都關在這扇門中，奔向了神往的沙漠，奔向了自己的新生活。三毛一生總在出發，她喜歡去探尋未知的前方有什麼等待著自己。她期待著，那裏有一雙粗壯有力的臂膀和一個寬闊溫暖的胸膛，那裏有大鬍子荷西。

從此，流浪不再孤獨。

第四章

生命的華彩樂章

落日時分，
一群群野羚羊在火紅的殘陽下奔馳，
撒哈拉居民的炊煙從散落的帳篷中升起，
在一望無邊的荒涼沙漠上裊裊起舞……

第四章 生命的華彩樂章

三毛提著簡單的行李走下飛機時，黃昏的落日正把無邊的沙漠染成淒迷的血紅色，沙漠毫無遮攔地撲面而來，不，是她一直走進了它的懷抱中。迎接她的除了荷西，還有那無拘無束橫掃大沙漠嗚咽著的悲風。三個月的沙漠生活已使荷西大變了模樣：一把大鬍子上落滿了灰塵，粗獷的風已將他臉上吹出深深淺淺的皺紋，臉是焦乾的紅色，嘴唇乾裂著，三毛看了覺得觸目驚心，她立刻聯想到沙漠裏的艱苦生活。三毛是懷著浪漫情懷去沙漠的，她想成為第一個踏上撒哈拉土地的中國女孩子，結果一下飛機，沙漠就給她來了個下馬威，似在提醒她做好充分的心理準備。在沙漠裏生活，光有浪漫的想法是不夠的。

好在還有荷西，他緊緊地擁抱，讓三毛感覺到一個堅實有力的依靠。他對三毛說：「歡迎妳來到沙漠，妳的沙漠，現在妳在他的懷裏了。」是啊，大沙漠，我多年的夢想，我來了。飛機停落的阿雍機場是用活動房子搭成的。荷西已提前在阿雍城外租好了一間房子，那裏將是三毛在沙漠裏的家。她跟著荷西走出機場，沿著沙漠中一條塵土飛揚的路一直向前走去，荷西扛著她的大箱子邁著大步走在前頭，三毛背著背包緊跟在後頭，一直走了四十多分鐘才看見有炊煙裊裊升起，才看見幾十個千瘡百孔的大帳篷，還有鐵皮做的小屋。在一條長街旁有一排排用空心磚壘成的四四方方的房子。荷西一直把她帶到一幢有長圓形拱門的房子前停下來，對三毛說：「到家了，這就是我們的家，讓我抱妳過門檻吧，我的新娘，這就是我們的第一個家。」他猛地從後面把三毛抱起來進了房門，三毛笑著大叫著，從荷西的懷中掙扎下地。荷西還是拉住她不放，滿臉都是幸福的表情，他興奮地說：「那麼，我們可以結婚了。」三毛告訴他現在還不行，要給她三個月的時間讓她先去看看她的沙漠，結了婚可就沒那麼自由了。以前，她一想起沙漠就會想起看到的那幅畫，那太陽，那沙漠，全是浪漫，全是美的幻象，從來沒有想過沙漠人過的是什麼生活。如今，沙漠生活實實在在地擺在面前，那些浪漫的幻想紛紛隱去了，只剩下了簡直都不能用「艱苦」二字不足以形容的生活。

還是讓我們先來參觀一下三毛的家吧。這是一間極其窄小和簡陋的住房，屋前正衝著一個大垃圾場，屋後就是一個堆滿了亂石和硬土塊的山坡。一條短短的小走廊連著兩個不大的房間，再加上一個小小的廚房和浴室，就是這間房子的全部構成。屋子裏除了凹凸不平的水泥地和裸露著空心磚的牆壁，和一個孤零零吊在屋中間的小燈泡外，空空蕩蕩什麼也沒有。房子中間還有一個抬頭可見天的大洞，每到風起，黃沙就會從天而降，生了鏽的水龍頭怎麼也擰不出一滴水來，荷西告訴她，水要到鎮上去買，那價錢跟油價差不多。三毛坐在只鋪了一張草席的水泥地上，望著這一切，心灰了一大半，這哪裡像個家的樣子？自己難道就在這裏開始新婚生活嗎？她一時很難從一種「文化驚駭」中醒過來，兩天前還在馬德里的公寓裏，坐在地毯上，喝著咖啡聽著音樂，溫馨的燈光灑滿整個屋子，現在好像到了另一個世界。一想到自己今後要跟當地人過同樣的生活，她有些後悔。荷西在旁邊不安地搓著手，陪笑道：「房子是小了點，但還是不錯的，是嗎？」三毛不想讓他看出自己的失望，因爲到沙漠來畢竟是自己的選擇呀，她隨口應道：「是啊，我會把它布置好的，一切都會布置好的。」

來到了自己神往已久的大沙漠，卻顧不上風花雪月了，三毛要面對的首先是生存，沙漠逼迫她換一個角度來看自己，只有這樣才會眞正懂得沙漠之美。來不及多愁善感了，她和荷西立即齊心協力投入了在沙漠上白手成家的艱苦創業。首先要讓家裏先有生活必備的用具，除了購買鍋碗瓢盆、日用雜物，還要有一套家具。要去買的話，那價格太昂貴了，還是自己動手做吧。本來三毛有一筆父親給的經費，數目不小，她把這些錢裝在一個枕頭套裏，緊緊抓在手上帶到沙漠，算是她的嫁妝吧，可是荷西卻堅持用自己的錢來建設他們的家，他要自己掙錢養活太太，他告訴三毛，要想在沙漠裏待下去，就要有勇氣去過當地人那樣艱苦的生活，這讓三毛對荷西這個男子漢肅然起敬，同時心裏也有點委屈不服氣：「我根本不是那種愛慕虛榮的女人，難道你不知道？哼，走著瞧吧，看我能不能在沙漠裏待下去。」

惡劣的生存條件反而激發了三毛生命的韌性和潛在的創造力，從來很少過問柴米油鹽的三毛，這時儼然成了一個善於持家的小婦人。她精打細算，因陋就簡，發揮全部聰明才智，盡量布置著自己的家。荷西仍住在他工作的公司宿舍，往返近一百公里，他每天都回來看她，但吃完飯就要趕交通車回去，因爲第二天一大早要去上班。荷西沒有結婚，公司還沒有發給他早上的乘車證。只有周末他才能住在家裏。家中許多工作都要由三毛獨自去完成。她來回步行，往返於小鎮和家之間，像燕子築巢一樣，一點點往回搬東西。她買來日用品，鍋碗瓢盆，買來當地的大草席鋪在地上，買來有彩色條紋的沙漠痲布做成窗簾掛在臥室裏，當她從一家雜貨店裏討來一大堆木板時眞是欣喜若狂，後來才明白店老闆何以那麼大方，原來這些木板是包棺材用的，別人都認爲不吉利，沒有人要。荷西、三毛並不以爲然。周末的時候，荷西自己動手畫好設計圖，照著樣子，一件件把這些木板做成家具，桌子、書架、炊事台、掛衣櫃……

荷西不在家時，一些粗重的活也只能由三毛自己去幹。去鎭上買淡水，提著十公斤水步行回家，火熱的太陽炙烤著沙漠，三毛提著沉重的水桶艱難地往回走，汗如雨下，渾身被汗水濕透了，走幾步就要停下來歇一會兒，晃眼的陽光下，路是沒有盡頭的，而家好像是永遠不能到達的地方。一回到家裏，她立刻就癱在席子上，大口地喘氣。煤氣用完了，她實在沒有力氣將煤氣包拖到小鎭上去換，只得借鄰居家的鐵皮小炭爐，蹲在門外用一把小扇子扇火，煤煙嗆得她眼淚直流，她不由想到遠在台灣的母親，疼愛自己的母親如果看到自己這個樣子，該是怎樣的辛酸難過啊。創業是艱難的，白手成家的艱辛是三毛從未嘗過的。生活的艱苦還可以忍受，而那孤獨無助的情感空虛卻讓三毛難以承受，荒漠裏荷西是三毛唯一的親人，一向獨立的三毛這時卻無比依賴荷西，在生活上，在感情上。結婚前，荷西爲了多賺一點錢，拼命地加班，幾乎很少回家來。三毛一天到晚獨自一人坐在簡陋的家裏，沒有書報，沒有收音機，也沒有電視機，陪伴她的只有沙漠上吹過的風聲，白天寂寞，晚上更是寂寞難耐。沒有電的時候只能點一支白蠟燭，枯坐在屋子中間，周圍的黑暗中似乎隱藏著無數的鬼魅，她恐懼到絕望。心裏苦盼著荷西早一點回家來，每次站在天台上，遠遠地看到荷西向家裏走來，她就飛快地奔出去，撲進荷西的懷抱，像是受苦的孩子見到了親人。而每次荷西離家時，三毛就會緊緊地抱住荷西哀求他留下來，荷西也會難過得眼圈發紅，摟著三毛，安慰她等結婚以後，就不會這樣拼命加班，可以天天在家陪著她，然後轉身離去。

三毛和荷西的結婚申請需要三個月才能辦下來，因爲有很多手續要辦。三毛充分利用這三個月的時間，一邊布置他們的小家，一邊跟著賣水的大卡車去附近方圓幾百里的沙漠裏奔馳，開始去尋她的沙漠夢。她身背水壺、背包和照相機，從一個遊牧帳篷到另一個遊牧帳篷，去參觀、體驗撒哈拉人的生活。爲了接近他們，博得他們的好感，三毛還會隨身攜帶一些白糖、尼龍魚線、藥品之類的東西作爲禮物送給他們。她跟每一個帳篷裏的人友好交談，她誠懇親切的態度使一些沙漠人很快成了她的朋友。她也開始跟這些撒哈拉朋友學習阿拉伯文。三毛把自己看到的許多不同的、色彩各異的奇異風俗記錄下來，用筆記或拍成幻燈片。三毛並不是一個到沙漠裏單純爲了獵奇的旅遊者，她要尋找的是那些多年來纏繞在心中關於沙漠的夢想。當她的眼睛已經適應了沙漠上沒有花，沒有樹，沒有綠色的荒涼之後，開始發覺沙漠有一種特別的美：沙漠上的日出日落那樣的壯觀，天空似乎都在熱烈地燃燒；夜晚的星空那麼純淨，一顆顆像玻璃般透亮的星星離自己那樣近，似乎伸手可及。落日時分，一群群野羚羊在如血的殘陽下奔馳，撒哈拉居民的炊煙從散落的帳篷中升起，在一望無邊的荒涼沙漠上裊裊起舞，三毛看到這幅從未見過的圖畫，心裏有說不出的感動。哦，哦，我的沙漠，這不正是我要尋找的東西嗎？多年來自己一直在追求說不清到底是什麼的情懷，在這裏似乎有了答案和歸宿，那是什麼呢？那就是生命，是生命在自然和生活中顯現出的，無與倫比的美麗和活力。越是深入沙漠，她就越是淡忘了沙漠生活的枯燥乏味，慢慢地愛上沙漠。她發覺只要她在思想上做一次小小的調整，現實的沙漠和她夢想中的沙漠就吻合了。

經過三個月拼命的工作，他們的家已基本像個家的樣子了，當然，要把它建設成沙漠裏「美麗的羅馬城」還有許多工作要做。跟荷西一起建設家園的過程，讓兩個人的心貼得更緊了。一種相依為命的感覺深厚了他們的愛情。白手成家是個艱苦的過程，箇中的苦澀艱辛只有三毛自己清楚，可是也有甜蜜和幸福，眼看著這個家在自己的手中從一窮二白到像模像樣，三毛的內心被一種成就感所充實著。

三個月後炎熱的一天，三毛走去鎮上，到郵局租用的信箱去拿信，順便拐繞到法院去打聽他們結婚證件的申請進度。這些日子，三毛幾乎天天到法院去，跟很多人都成了朋友。她去見了祕書先生，祕書先生告訴她，她和荷西結婚的消息已按照法律規定，在馬德里公告三個月，時間已經結束，她和荷西可以結婚了。根據荷西當時提出越快越好的要求，他已替他們將結婚日子定在明天下午六點鍾。

這眞讓三毛措手不及，她不知該幹些什麼，趕快託人將這個消息轉告還在公司上班的荷西。第二天，新郎還要上班，等他下班坐車趕回家中，再跟三毛一起去鎮上的法院公證結婚。終於可以結婚了，兩個人都很平靜地迎接這一幸福時刻的到來。那麼多次熱烈且無結局的愛情一次次磨礪了三毛的愛情觀，她終於明白相愛是赤裸裸的一顆心對另一顆心的「門當戶對」。如果是在十八歲的時候遇到荷西，三毛是絕對不會嫁給他的，因為她會認為荷西沒有情調，不解風情。同樣，現在的她也絕不會再去嫁給那個初戀的舒凡了。在今天的她看來更覺得荷西身上有一種他所沒有的風度和智慧。的確，荷西並不是她原來浪漫愛情童話裏的男主角，卻是她現實中最佳的愛情拍檔。他的天眞、單純、善良、豐富、對生活的熱愛，無一不跟三毛合拍。唯有荷西才會讓她心無拘束地生活，因爲他從未想過用婚姻的俗套束縛她。荷西正是她要找的仙境裏的伴侶，而她以前的愛跟荷西相比，都只能算是世俗裏的愛，這一點她也是在以後的日子裏才漸漸明白的，是荷西讓她獲得了對世俗的最後自由。除了荷西，誰會把一付從沙漠中找來的駱駝的慘白頭骨送給三毛作爲新婚禮物，而讓她欣喜若狂呢？除了荷西，有誰會欣賞三毛那一身簡樸、優雅，帽子上別一把香菜當做裝飾的結婚禮服呢。看，在空曠的漫漫黃沙中走來一對奇特的新人，沒有婚紗禮服，沒有鮮花，沒有親人的祝福，兩個人手挽著手走在黃昏溫柔的斜陽中去舉行他們的沙漠婚禮。傳奇中的三毛正應該有這樣一個浪漫的婚禮。憑著直覺的愛，做出了一個感性的選擇，三毛懷著絕對的信心，把自己的手交到荷西的手中。年輕的法官問她：「三毛女士，妳願意做荷西的妻子嗎？」三毛人聲說：「好！」而不像許多新娘子規規矩矩地說「是。」這是她對自己婚姻的由衷評價。他們是在當地法院公證結婚的第一對新人，法院的工作人員從祕書到法官都如臨大敵似的，在這悶熱的天氣他們都穿著黑色的西裝，打著領結，顧不上汗如雨下。三毛和荷西倒像是來看熱鬧的人。一場不同尋常的、帶有強烈喜劇色彩的婚禮很快結束了。這對新人穿過沙地，一路走回他們的家去。朋友們送了一個大大的蛋糕給他們，兩個人分吃蛋糕時，荷西才想起忘了給三毛戴結婚戒指，他拿出一隻很普通的戒指套在三毛的手上，從此，這個婚戒就像她對荷西的愛情一樣陪伴了她的一生，成了她最鍾愛的東西，再也沒有摘下來過，即使是在荷西去世多年以後。

三毛終於把自己嫁出去了，遠在台灣的父母聽到這個消息，止不住熱淚雙流，他們知道三毛爲了愛吃了多少苦。在他們遙遠的祝福聲中，三毛開始了她此生唯一而短暫的婚姻生活。三毛終於在他鄉找到了愛，她擁有了兩個愛人——大沙漠和荷西，開始了她人生中最幸福的一段時光。

他們的新婚蜜月是在橫貫大沙漠的旅行中度過的。荷西的好朋友自願替他代班，再加上婚假，他們有了足足一個月的時間，於是便租了一輛吉普車，雇了一個嚮導，一直向西開始了橫穿整個撒哈拉大沙漠的旅行，度過了一個快樂而難忘的蜜月。三毛終於圓了自己的沙漠夢。經過這次旅行，三毛和荷西雙雙墜入了沙漠的情網，他們感到自己再也離不開這片沒有花朵的荒原了。

第一次開車真正進入大沙漠，使三毛對大沙漠又有了進一步的瞭解。沙漠女神漸漸掀開了她的面紗，向三毛袒露出它美麗的容顏：那如夢幻般神祕的海市蜃樓，連綿起伏橫亙著的沙丘似美麗溫柔的女性胴體；直刺向天空的仙人掌是浪漫的沙漠詩人，那枯乾了的河床，焦裂的土塊，布滿亂石的荒野，頭頂上似乎凝固了的永遠是深藍的天空，這一幅幅美不勝收的畫，進入三毛善於尋覓美的眼睛。三毛看了個眼花撩亂，捧著照相機不停地拍呀，拍呀，一邊不停地驚歎。沙漠所展示的美是令人震撼的，是超凡脫俗的，領略這樣的景致，怎不讓人頓生出「念天地之悠悠，獨愴然而涕下」的人生感悟？

來到大西洋沿海的沙漠，那景象更加奇特而動人。純白的大漠邊上鑲著深藍色的海，一大群紅鶴從天邊飛來，似一片雲霞撒落在海灘上，三毛屏住呼吸，悄悄地走近，要讓這美麗的畫面停格。紅鶴忽然飛起，在藍天碧海之間燃燒起來，這瞬間的美麗化爲三毛心底永恆的風景。

更令三毛感動的還是人，那些世世代代生活在貧瘠土地上的撒哈拉人，他們永遠只穿著一種顏色的衣服——他們酷愛的深藍色，他們吃駱駝肉——貧乏而單一的食物，住在破舊的帳篷裏生兒育女，守著這寸草不生，一無所有的大沙漠。在別人看來，他們是可憐的，可他們卻是幸福的一群。沒有見過外面的繁華世界並不是缺憾，他們也就沒有了名利的紛擾，獲得了永遠的寧靜，純淨得像撒哈拉的天空。他們有自己的精神生活——恪守終生的宗教，這足以支撐他們的靈魂和人生，更重要的是他們善於自得其樂，這是最低境界的快樂，也是最高境界的快樂。他們守著摯愛的沙漠，無所求，也無所失。從他們身上，三毛才明白，生活可以這樣簡單，生活原本也應該這麼簡單，人類在讓生活複雜化的同時迷失了快樂的真諦。淡泊，這是三毛在沙漠裏學到最大的一門功課。

從沙漠裏歸來，三毛和荷西更堅定在這裏定居下來的想法。他們還要把家建設得更美、更舒適，在這荒涼的地方搭起一個溫暖的安樂窩。

蜜月歸來的第一件事就是粉刷房子。去鎮上買來塗料，兩個人挽起衣袖，每人頭上頂一個用報紙折成的帽子，揮動刷子把房子的裏裏外外粉刷了一番。立刻，一個美麗整潔的小白屋出現了，在眾多破舊的房子中真有鶴立雞群的味道。

由於結婚，給他們的經濟上也帶來很大的實惠。荷西的公司給兩萬塊的家具補助費，還有房租津貼，另外還給他加薪，減稅，三毛知道結婚能有這樣大的好處，真是由衷讚美起結婚來了。到了月底發薪水時，荷西抱著一堆鈔票一路跑回家，將那些錢往地上一堆，三毛吃驚地張開了嘴巴，這麼多錢啊，這對於草創時期的家庭來說，真是及時雨，畢竟這個家唯一的經濟來源就是荷西的薪水。他們趴在地上望著那堆錢頗似見錢眼開的拜金者。荷西表現出一家之主的風度和氣勢，拒絕將這筆錢挪做他用，而是統統交給三毛，由她來繼續裝扮他們的家。三毛謹遵夫命，不負重任，把自己所有的藝術天賦，聰明智慧都調動起來，投入了對家庭的第二期建設中，決心把它建設成沙漠中最美的家。她旺盛的創造力讓她有一種化腐朽爲神奇的力量。

她可以用隨處可見的空心磚、從雜貨店討來的包棺材的外板、海綿墊子和當地的彩色條紋麻布做成十分漂亮、舒適的長沙發，成爲家裏一道亮麗的風景。從小愛拾荒的她，這回可派上了用場。她從住家對面的垃圾場裏拾來廢棄的汽車外胎，沖洗乾淨，放在席子上，在中間塡上一個紅布縫成的坐墊，就變成了一個人見人愛的坐椅。快腐爛的羊皮拾回來處理一番也可以做成很好的坐墊，就連汽水瓶子，三毛給它們畫上圖案、塗上油彩後，也就變成了藝術品，用來裝飾著書架。她的父母朋友也紛紛伸出援助之手，從四面八方向沙漠中寄來各種藝術品、裝飾物、書籍等等。母親的細竹簾卷，中國棉紙糊的燈罩，還有陶土的茶具，現代的版畫。平鑫濤先生航空郵寄來的大箱皇冠叢書，有了這些東西，再加上三毛的巧手布置，他們的家變得越來越溫馨，越來越透出高雅的藝術氣質。

還差點綠色。可是在這個寸草不生的沙漠上，要搞到綠色植物談何容易？只有去總督家裏找，那裏有一個花園，種著各種花草。這麼上門去要當然是沒有可能的，只有翻牆越院去偷了。在一個月黑風高的晚上，兩個偷花賊翻進了花園，趁人不備，摸著黑去挖花草，誰料被荷槍實彈的衛兵發現，眼看就要被人擒拿。還是三毛腦子靈活，急中生智，緊緊地擁吻荷西，扮成一對談情說愛的戀人，才躲過了搜查，蒙混過關，將花夾在兩人之間溜之大吉。這回家裏更加生機盎然了。閒來無事，三毛自在地往那沙發上一坐，隨手從放滿了書的書架上抽出一本書隨便翻看，抬頭望，雪白的牆上有林懷民的墨寶「雲門舞集」四個龍飛鳳舞的中國書法，母親的燈罩做成了一盞優雅的檯燈，放在鋪著白布和細竹簾卷的桌子上。深綠色的大水瓶裏插著一叢怒放的野地荊棘，奇形怪狀的風沙聚合的石頭——沙漠玫瑰，還有她從墳場一個刻石頭的老人那裏得來的形象各異、生動精美的石刻像，它們點綴著整個屋子，使家的每一個角落、每一個細節都散發著說不出的氣氛和情調。房子中間的大方洞也被荷西用大塊的玻璃蓋上了，底下放上幾盆綠色植物和花。陽光透過玻璃照進來，落在那綠色的植物上，像是一個露天室內花房，看著看著就讓人忘記是置身於沙漠之中了。

當她把到「外籍兵團」福利社買菜省出的錢，買回答錄機和錄音帶時，這個家又有了音樂。經過一年多的精心裝扮，三毛的家已成了一個眞正的藝術宮殿，坐在這個宮殿裏向外看沙漠，覺得沙漠更嫵媚了。三毛也常常反省，甚至在嘲笑自己，爲什麼在這風沙荒漠中，仍忘不了風花雪月的情調？爲什麼不能像當地人一樣安然地過粗糙一點的生活？可能是她骨子裏已成了不可救藥的文明人了，那天生的浪漫情懷也使她總想讓自己置身於一種氣氛中，才會覺得這樣才是生活。

美麗的沙漠城堡建成了，三毛陶醉在其中，儼然一個女王。這個美麗的沙漠城堡是開放的，每一個來過的人都不相信自己是在沙漠中，這裏簡直是個世外桃源，使人忘了黃沙漠漠就在門外。荷西的單身同事們比荷西還愛戀這個家，每到放假，他們就老遠跑來待上一天，就如同回國度假一樣了，可以享受到一切文明。來沙漠採訪的外國通訊社記者也慕名而來，他們連連發出驚歎，一個勁地拍照，讚美三毛把美麗的羅馬城建成了。每次聽到這樣的讚譽，三毛心裏就得意極了，早把一年多白手成家的辛酸苦澀丟到腦後了，但也許正是因爲親手創造了這樣一個家，她才感到格外的喜悅和有成就感。知女莫若父，陳嗣慶在給女兒的一封信中說：「在一個普通而安適的環境裏，像妳這種族類，卻可以把日子搞得甚富情趣，也可以無風起浪，演出你們的內心突破劇，不肯庸庸碌碌過日子，自甘把自己走向大化。我不知，這到底是太愛生命，還是什麼旁的東西。」在沙漠這樣一個普通到惡劣的環境裏，卻把日子搞得這般富有情趣，正是出於對生命的一種摯愛。在這種平凡平淡的生活裏，卻可以無風起浪，全無庸庸碌碌之感，這正是三毛詩意品格的隨意旁溢。滲透了激情和熱愛的生活永遠都會是生動而有色彩的，哪怕是柴米油鹽，俗到不能再俗的一日三餐。話說一個家庭主婦的第一要務就是下廚房，選擇了做人家妻子的三毛自然要把做飯當做最重要的工作。對於西餐，三毛雖然吃了許多年也已經適應了，但是無論怎樣還是不甚熱愛，也不能顯出三毛高超的技藝，那色香味俱佳，猶如一件藝術品的中餐方能顯出三毛愛好文學、藝術，全身上下滿是「藝術細胞」的「英雄本色」。疼愛她的父母，隔著千山萬水掛念著女兒的胃口，就不計金錢地源源不斷地空運來三毛從小最愛的中國食品：粉絲、紫菜、冬菇、豬肉乾。這回三毛的中國飯店可以開張了。

美麗的沙漠城堡已建好，三毛被丈夫、朋友讚爲善於持家的傑出家庭主婦，頗有點功成名就意味的三毛，又把所有的藝術才華和創造熱情轉向了經營她的「中國飯店」。當然，食客都是不付餐費的。第一食客當然是這個家的男主人荷西。荷西每天早上坐車去工地上班，下午下班回到家裏，已是饑腸碌碌，話也不說就往餐桌邊一坐，大叫開飯來。三毛的菜單上有「粉絲煮雞湯」、「螞蟻上樹」、「夾餡合子餅」、「日本壽司」。她只能利用有限的材料，最大限度地施展和發揮。一樣粉絲能做出三道完全不同的菜，讓荷西半信半疑地認爲自己吃的是春天高山上第一場雨凍成的「春雨絲」，一會兒又認爲吃的是釣魚的白色尼龍線，最絕的是他吃著拌進餡子裏的粉絲末時，認爲是貴重的沙魚翅。好在是面對這樣一個對中國博大精深的吃文化全然不通的外國丈夫，全憑三毛隨口亂說。三毛在做飯之外又得到了另一種樂趣。每當看著荷西邊吃邊猜疑的表情，她就會樂得哈哈大笑。

美麗的城堡裏有美味的飯菜，還有美麗慷慨的女主人，該是多麼有吸引力啊！三毛「中國飯店」裏的食客漸漸就不止荷西一個人了，而是越來越多，排起了長隊。一傳十，十傳百，荷西的很多同事、朋友都等待著被三毛邀請來她的「中國飯店」吃飯，三毛也就一一地讓他們一飽口福。最後連荷西的上司都被驚動了，他找到荷西嚴肅地談了一回話，內容就是全公司的同事都被請到他家裏去吃過飯了，爲什麼獨獨不請他。他在等待著被邀請。當然，他也是衝著三毛著名的「中國飯店」去的，而且還點了一道菜「筍片炒冬菇」。這倒讓三毛不禁刮目相看，他是「中國飯店」第一個自己點菜的食客，到底是老闆，總歸多些見識。家裏正好沒有筍片，這也難不倒三毛。到了那天晚上，一桌色香味俱全的中國宴擺出來了，賓主盡歡，上司連連稱讚三毛的手藝。並說自己生平第一次吃到這麼好的「嫩筍片炒冬菇」。等客人走後，大惑不解的荷西追問三毛那筍片到底是從哪裡來的，謎底這才揭穿，原來不過是小黃瓜冒充了筍片。荷西簡直找不到什麼合適的詞來讚美她了，直叫她是那隻會七十二變的中國猴子。

三毛是一個成功的家庭主婦，其實更成功的還是她和荷西的婚姻，這是她在結婚之前沒有想到的。對於這個婚姻，說實在的，三毛還是抱著試一試的態度，如同總在河邊徘徊的人始終下不了決心過河，這回才決定下水試試深淺。在結婚之前，她已把自己的疑慮統統告訴了荷西。他們倆國籍不同，存在著文化上的巨大差異，年齡也相差甚多，更主要的是兩個人的個性完全不相同，婚後有可能不和諧，會吵架甚至打架。不過荷西要跟她結婚的信念可謂堅定不移，他說：「我知道妳脾氣不好，心地卻是很好的，吵架打架都可能發生，不過我們還是要結婚。」三毛又強調自己不願因結婚而放棄獨立的人格和內心的自由，變成丈夫和婚姻的附屬品，結婚之後依然要我行我素，否則便不結婚。在三毛心中，自由高於一切，「不自由毋寧死」，為了自由生命都可以付出，更何談婚姻呢？對於這一點荷西完全理解。他很有氣度地說：「我就是要妳『妳行妳素』，失去了妳的個性和風格，我何必娶妳呢！」原來他愛的就是這樣一個與眾不同、特立獨行的三毛。在荷西的眼中，三毛的魅力恰恰在於此，他怎麼會用婚姻去束縛她呢。這樣，兩個人在對婚姻的理解上達成了共識。他們是完全獨立的人結合在一起的，都不想借助婚姻對對方提出過分的要求和占領，不想讓婚姻變成對彼此心靈的入侵。他們只不過是希望在人生的道路上結伴同行，這種結伴同行更多的是指在精神上、情感上的互相依扶，而不是世人所理解的找個伴好過日子。三毛選擇荷西並不是為了尋找一種安全感，或是害怕孤單，這兩件事對於三毛來說並不成問題。荷西認定三毛，也並不是為了有一個洗衣煮飯生孩子的女人。他們要在心靈和精神上相互需要和依賴。他們並不認為兩人時刻不離、如膠似漆就是恩愛夫妻。

結婚後，他們仍各自保留著一塊私人領地。荷西在婚後無論是在外面還是家裏，仍是那樣自由來去，吹著輕鬆的口哨，一點也看不出是有了家室的人。三毛仍是那副輕鬆散漫的模樣，舊牛仔裝一套，全不像個已婚的家庭婦女。他們各自做自己喜歡的事。荷西喜歡跟朋友在一起，跟他們一起喝酒聊天，或者一起爬上屋頂修修補補，在汽車底下爬進爬出，互相大聲地喊叫著，彼此開著粗魯的玩笑。三毛喜歡獨處，她喜歡一個人不被打擾地靜靜看書，聽音樂，或者照著時裝書興致勃勃地裁剪衣服。想出去散步就對荷西說一聲走了，獨自一人步出家門，在外面隨意閒逛。

甚至在感情上，三毛也用開放的方式去處理。他們後來離開沙漠住到加納利島上以後，荷西要回西班牙去接受十幾天的「深海潛水」再訓練。爲了節省路費，三毛沒有同去。十幾天內荷西每天與她電話聯繫，一切正常。可是等他回家後卻坦率地告訴三毛，這次他認識了一個女孩，差點陷入情網，如果不是已經結婚的話，他就會跟她相愛的。三毛聽後並沒有責怪丈夫，從荷西黯然的表情中，看出他們彼此是眞心相愛了。三毛思考許久，誠懇地向荷西提出一個建議：要不自己先去台灣住一年，讓他和那女孩一起生活一陣子，如果美滿，她就主動退出。如果不行，只要荷西一個電報，她馬上就會飛回來。荷西聽了，直撲上來抱住三毛流淚了，三毛也哭了，他們都爲美好的情感而感動。此後兩個人更加相愛了。

這種總是處在自由狀態的婚姻，避開了碰撞衝突、雞毛蒜皮，保護了婚姻浪漫優雅的初衷和內涵。兩個心靈自由的人，因爲留有自己的一方天地，可以時時清醒理智地對待自己和對方，更益於情感的交流與溝通。

當然，這樣的婚姻需要用心、用理性去經營，只有愛情是不夠的，絕不可在婚姻的保護下放縱自己的個性和情感，這是三毛從自己的婚姻中體會到的。剛剛結婚的三毛在感情的適應上遇到了很大問題。雖然事先有充分的心理準備，但眞正接觸婚姻時，三毛還是有些不適應。她像一塊滾石，總是不安分地滾來滾去，尋找著自己的新方向，她小心翼翼地不讓平淡乏味的生活來侵蝕自己的浪漫和情調，從心底裏拒絕過平淡的生活。定居沙漠後，她很自然地變成了一個家庭主婦，面對這單調乏味的重覆，她難免會生出說不出的厭煩和瑣碎感，她那不耐平淡的毛病又復發了，她不斷反省自己結婚後是否變得庸俗了。荷西下班回家跟她說的也都是些雞零狗碎的事，諸如報告早上停水，去隔壁提了水；買了便宜的西瓜啦，東西又漲價了等等。這讓三毛感到害怕，認爲這是自己情趣枯竭的表現，原來那些常掛在嘴邊的人生、藝術之類的話題她一句也不會說了，多麼可怕，自己變成了一個嘮叨、平庸的家庭婦女了。婚姻讓她感到失望，情緒低落到極點，她感到非常苦悶。

婚姻的獨立性雖然是三毛苦心追求的，但荷西把它發揮到極致時，三毛又有些忍受不了了。從本性上說，每個女人都希望自己的丈夫是溫柔多情、善於體貼的人。她們希望自己的丈夫在婚姻生活中能細緻入微地注意到自己的每一個表情，每一聲語調的變化，並能正確揣摩出其中的含義，然後做出讓自己滿意的回應，渴望丈夫溫柔、親暱、纏綿地表達出對自己的愛。三毛雖然不是那樣的一個小女人，但情感豐富而細膩的她也期待荷西的善解人意和體貼入微。可是荷西一直是大大咧咧的人，在情感上也難免有些粗糙，他從來不會對三毛陪小心，更不會甜言蜜語，甚至當三毛提著一大堆東西時，他也管自在前面走而把她忘記了。他會突然帶朋友回家吃飯，倉促中三毛只好一頭栽進廚房，使出渾身解數變出飯菜。荷西和朋友們在外面盡情地飲酒談天，卻把她一個人淡忘在廚房裏，甚至等她出來收拾桌子，端碗盤去洗時，他都忘了問一問她吃飯了沒有。這些事令三毛感到委屈和不快。對荷西也難免有點說不出來的失望，轉而對他們的婚姻也開始失望。荷西去上班了，她把自己封閉在家中，封閉在無邊的寂寞虛空裏，只有那熱風似火般燃燒。她猶如困獸一般幾乎陷入了絕境，一度想和荷西分開，從這個婚姻中逃走。

我們在三毛的文章中，從她跟別人的交往中，看到的是一個豁達、開朗的人。但三毛在生活中也有脾氣暴躁、氣量狹小的一面。她常常用這種態度去對待她身邊最親近的人，尤其是在她情緒不好的時候，就會不加控制地亂發脾氣。在這方面三毛應該說從小就是個壞孩子。現在火力完全集中到了荷西一個人身上。她缺少理智地跟他大吵大鬧，有時歇斯底里。荷西要去上班，她把門一關擋住他的去路，對他大叫：「不許去，你一定不許去，你去，我就拿刀殺你。」但不管她怎樣打罵吵鬧，對荷西呼來喝去，荷西都逆來順受，什麼話也沒有。在荷西的冷靜、寬容面前，三毛深入地反省自己，感到羞愧。因爲在此以前三毛認爲愛絕不是包容，要發洩就發洩，不能忍受就分手。三毛是個善於自省的人，這是她最可貴的地方。她買了很多有關已婚婦女的心理學書籍來看，發現很多問題出在自己身上，她對自己說：「我作了這個選擇，就要全部付出，而且沒有退路。」一旦想到沒有退路，三毛就只有一個觀念：把它做得最好。在愛情的前提下，原本很有個性的荷西包容了自己的一切，爲什麼自己不能包容他呢？荷西在家裏這樣自由不正是自己所追求的獨立婚姻嗎？要是讓他處處陪小心，依著自己，那他就會全無男子漢的魅力，相比之下她寧願他在她面前是個完全自由的人。一個男人在外工作承受各種壓力，回到家裏就應該充分自由，這也是對他最好的愛的表現，可是，爲什麼要求荷西一定要做一個藝術家呢，難道累了一天回家來看一場電視偵探片就是膚淺嗎？她知道荷西是個胸懷海洋般寬廣不拘小節、純厚的男人，爲什麼還要求他一定要對自己甜言蜜語呢？

她慢慢改變了自己的觀念，同時也矯正了自己對於平凡的家庭生活的態度。平凡的生活中依然能夠尋找出浪漫，心平氣和後換一個角度去看平淡的家居生活，才發覺一切也可以同樣有趣。關鍵在於你怎麼做，抱著什麼樣的心情去做。

對於婚姻，可以說是荷西改變了她，三毛曾有一個十分生動形象的比喻，她說：「女人是一架鋼琴，遇到一位名家來彈，奏出來的是一支名曲。如果是一個普通人來彈，也許會奏出一出流行曲。要是碰上了不會彈琴的人，恐怕就不成歌了。」也許荷西就是位技藝高超卻又不顯山露水的名家吧。與荷西的婚姻徹底洗去了那纏繞著她的陰霾，平靜了一池總被四面來的風吹的心湖，賦予了她明麗如鏡、平和似水的心境。不再浮躁的三毛用平常心慢慢去過每一天的生活，從容地品味出平凡中別樣的詩意，眞正體驗到「絢爛之極歸於平淡」、「平平淡淡才是眞」的美妙境界。她和荷西生活的時間越長，越是生發出一種深遠綿長的感情，他們互相依戀再也分不開了，像一杯美酒會隨著歲月變老越來越醇厚、濃烈。三毛和她心愛的丈夫在沙漠中新建起的美好家園裏，像是神話裏生活在世外桃源中的神仙眷侶。

在平靜中日子似流水飛快地滑過，當初激起的朵朵浪花也歸於平靜後，就感覺到了歲月的漫長。長久地被封閉在一個只有一條街的阿雍小鎮上，就好像一個斷了腿的人偏偏住在一條沒有出口的巷子裏一樣寂寞。千篇一律的生活最讓喜歡新鮮、變化的人不能忍受。沒有大喜也無大悲的生活，就像織布機上的經緯，一匹匹的歲月都織出來了，而花色還是一個樣子的單調，三毛想出很多花樣來娛樂自己，好往自己的那一匹布上塗點花色。

她閒居久了開始關注起鄰居來，看到周圍那些大大小小的女孩個個都是沒有文化、沒有見識、沒有頭腦的人，她忍不住動了惻隱之心，要用文明爲她們啓蒙，在家中開辦免費女子學校，教她們認字數數，給她們上衛生課，講一些生活常識，可是她們並不關心什麼字呀數的，也不在意學習衛生知識。她們來的目的是用三毛的口紅、眉筆、化妝品在臉上亂塗一氣，再不就是借她的衣服、鞋子穿。或者集體躺在三毛家鬆軟整潔的床上。看到喜歡的圖片就從雜誌上撕走，衣服也會被偷偷地穿走。談起電影明星來如數家珍，比三毛知道的還多，總之，每次她們一來，清潔整齊的家就大亂了，猶如世界末日一般，三毛也就灰心了。啓蒙者的偉大抱負宣告破產，免費女子學校也只有關門大吉了。

等到他們終於買來了一輛汽車後，單調的生活似乎又增加了一些色彩，變得活潑一點了。他們猶如忽然間生出翅膀的小鳥，每到周末假日，就再也不肯老實在家待著了，常常開著車深入沙漠作長途旅行，看到美景就拍照，或者到沙堆裏去翻找動物化石，有時露宿在自帶的小帳篷裏，置身在漆黑寂靜的沙漠裏，望著明淨的星空，點亮一堆小小的營火，讓一點生命的氣息和活力躍動在空曠寂寞的沙漠裏。有時他們就住在沙哈拉威人的帳篷裏，認識了更多的人，瞭解到更多新奇有趣的風俗人情。有時候，他們也會約上幾個朋友，帶足了啤酒飲料、食品、帳篷，一直開到海邊去過周末。到海裏抓了魚放在燒烤架上燒烤，圍坐在海邊的星空下，喝酒談天，不亦樂乎。平日荷西上班不在家時，三毛又多了一個娛樂節目。每天午後，她會頂著很高的氣溫，開著車在毒辣刺眼的陽光下，到野外去狂奔兜風。沿著狹長的柏油路，掠過散落在路兩旁的帳篷，視線所及的地方除了寂寂黃沙別無他物。飛馳在這安靜得讓人恐怖的大荒原上，心裏忍不住會生出寂寥之感，但一想到在這無限廣大的天地之間，只有自己孤零零的一個人也是十分自由的事，心裏就不再會感到如空曠沙漠般的虛空了。在路上若遇到在陽光下艱難跋涉的行人，三毛常常會忍不住停下車來搭載他們。不管是牽著羊的老沙哈拉威，還是騎著自行車的小兵，形形色色的乘客，會讓三毛體驗到他們的人生，感悟到許多。

三毛就這樣在沙漠中自尋著歡樂。她認眞地生活著，不是以一個過客的心態去看待沙漠，而是把沙漠當作了自己的家。三毛一直執著地探索著生命的眞諦和生活的眞理，冥想著人生的價値與意義，心裏鬱積著許多的疑惑而久久找不到答案，這讓她痛苦不安，躁動不休，自我折磨。她一度曾把希望寄託在對哲學的研究上，因爲哲學就是直接解答人生的，所以無論是在台北上大學還是去海外學習，她選擇的專業一直是哲學。但是哲學只讓她學會了分析而沒有給她所期待的答案，因爲學者的經驗不能成爲她的經驗。而沙漠卻給了她一直在追問不休的人生問題的答案。在這惡劣的環境裏，生命被凸顯在天地之間，抗拒著自然的貧乏和艱苦，一樣煥發出生動和激情，在連花都不會盛開的荒原上，生命卻依舊有歡樂，依舊欣欣向榮。摯愛生命，學會在平凡中有意義地生活，這就是沙漠給予三毛的答案，她此時的心裏正充滿了對衆生的熱愛，「每一粒沙地裏的石子，我尚且知道珍惜它，每一次日出和日落，我都捨不得忘懷，更何況，這一張張活生生的臉孔，我又如何能在回憶裏抹去他們。」

從沙漠中走來的三毛總喜歡穿白色上衣、藍色牛仔褲。手腕上套著一對凹凸雕刻的銀鐲，脖子上掛著一個用腳踏車零件、琉璃珠子、銀塊做成的別緻項鏈，顯示出大漠裏粗獷奔放的風情，活像個印第安女子。一張略帶風塵的臉上掩不住慧黠、靈秀之氣，舉手投足之間顯出俏皮、坦然、練達。三毛一格格辛苦地爬著，終於達到了這樣一個高度：滿江風月，青山綠水，盡入眼前。摯愛生命就是要品味生命的喜悅，帶著這樣的情懷，三毛細細地回味自己在沙漠中所生活的每一日，結識的每一個人，碰到的每一顆沙子，每一株小草，這些枝枝葉葉無不在栩栩如生地呼喚著她的情感，她的感受。終於，按捺不住的她拿起了那支被她擱置了十年的筆，寫下了沙漠生活中的第一個故事《中國飯店》，將自己與荷西的家庭生活細節娓娓道來。《中國飯店》讀來饒有興味，令人忍俊不禁。文章寫好寄出去之前，她忽然想到爲自己取一個筆名。以前發表作品時，她都以本名「陳平」署名。相隔十年，她和她的作品已是全新的了，也要有一個新的名字去面對世人。取個什麼名字呢？小時候看過的《三毛流浪記》裏那個頭上長著三根毛的形象——三毛，立刻浮現在腦海中。這個名字多麼新奇、有趣！自己不正是個喜歡四處流浪的「三毛」嗎？另外，三毛也是一個最簡單、通俗的名字。因爲大毛、二毛誰家都可能有，這止符合了她此時的心境，「我要自己很平凡。」同時還蘊含著這樣一個意思：她的口袋裏只有三毛錢——追求簡單的生活。就是它了——三毛。她把這個名字署在了文章前面，然後寄給了台灣的《聯合報》。

文章寄出去後，三毛有些不安地等待著消息，她拿不準自己的這篇作品會不會被採用。因爲在文章寫完後，她就有一個直接的反應：這不是文學，這跟自己以前的作品完全不一樣了。是自己變了嗎？不會寫東西了嗎？她忽然有種說不出的傷感，這不再是她過去關心的人生了，所寫的完全是自己的生活。她自覺寫作技巧並不成熟，只是平鋪直敘描述生活。沒想到，文章寄出才十天，就收到了《聯合報》的航空版。文章已經登出來了！三毛簡直不敢相信自己的眼睛。她興奮地跑到荷西的工地上，跟他一起分享自己的喜悅。荷西則像個孩子似的，在沙地上跳起了歡快的舞。從此，一個叫三毛的作家帶著她新鮮、有趣、生動的文章醒目地出現在讀者的面前。她熱愛的大沙漠爲她提供了無拘無束、自由廣闊、激揚文字的空間。信手拈來，沙漠生活的一枝一葉皆可入文，在愛的梳理下，柴米油鹽也能煥發出詩情畫意。很快，她又寫出了《結婚記》、《懸壺濟世》、《娃娃新娘》……一篇篇作品，在讀者面前打開了一個神奇的沙漠世界，越來越深入地把讀者引入了她的生活，與她一起分享著生活的喜悅。她的筆下流淌出來的是歡快、明麗，勾勒出的是一個走在陽光下的形象。

三毛解釋說自己再次寫作的原因，是為了娛樂父母，以回報他們多年來對自己的愛，同時也是為了娛樂自己，將個人的生活做一個記錄而已。她把寫作當成了一種「愉悅我心」的方式，沒想到卻也愉悅了廣大讀者。她在這邊一篇篇地寫，讀者就在那邊迫不及待地等著讀。三毛坐在遠在沙漠中的「廚房」裏揮舞著筆，興致勃勃地做著一道道「快樂速食」，餵飽那些「貪吃」的讀者。隨著越來越多作品的發表，三毛這個名字在台灣已是家喻戶曉了，一下子冒出了許多三毛迷，在台灣刮起了強勁的三毛旋風。

三毛作為一名知名作家，迅速在文壇上確立了自己的位置。對此，也是三毛本人始料不及的，然而這個結果看則偶然，實則是醞釀已久。多年的漂泊，生活的磨礪，對於生命持久的思考和探索，對自己不斷的反省自新，所有這些累積成三毛豐富的生活閱歷和情感世界。她張開雙臂擁抱生活，努力地讓自己向著理想的人生境界飛去。種下去的花兒總要盛開，終會有一吐清芳的那一天；樹上青澀的果子也總會成熟，終有甘甜豐美的那一天。到了這一天，三毛終於破繭而出，幻化成一隻美麗的蝴蝶。

從一九七四年至一九七六年，三毛寫了一系列關於撒哈拉的故事。一九七六年結集出版了一本《撒哈拉的故事》，這是她的成名作，也是她的代表作，標誌著她的創作進入了一個豐收期。之後她又將自己從十七歲到二十二歲陸續發表的一些作品整理出版一本《雨季不再來》，以滿足廣大三毛迷對她的好奇心，也是爲了讓大家認識一個完整的三毛。一九七七年，她又一口氣出版了《稻草人手記》、《哭泣的駱駝》兩部作品集，繼續著《撒哈拉的故事》那樣的風格，寫自己的生活中令自己感動的故事，並以此感動讀者，每一本都成爲暢銷書。常常，在夜裏，在荷西睡了以後，三毛把自己關在屋裏，點燃一支香煙，旁邊放著一杯清茶，伴著一盞孤燈，伏在桌子上辛勤地筆耕。這樣的日子持續了五年，忽然有一天，三毛發覺自己在夜晚的寫作已經嚴重地影響到了荷西的生活，自己在晚上寫作時，荷西從來就沒有睡好過，但他一直隱忍著沒有吭聲。三毛尋問原因，原來是因爲自從兩人結婚以後，每個夜晚，荷西一定要握著三毛的手才能安然睡去。三毛把自己的夜晚交付給燈下筆耕後，荷西一人在床上輾轉不能入眠。三毛聽了又感動又內疚，自己忽略了荷西，也漠視了他的情感，她立即下定決心停筆不寫了。一九七九年，三毛又出版了一本《溫柔的夜》後，果然停筆不再寫了。此時，正是三毛創作的巔峰時期，也是她最紅的時候。很多人感到疑惑不解，也有種種猜測。只有三毛自己心裏最清楚，在她心裏，生活遠遠勝過寫作，她最看重的是自己的生活，而寫作是生活中並不重要的一部分，是蛋糕最上面的那顆櫻桃，寫作只是人生的一種遊戲，是認識生命過程的記錄，如果寫作影響到了自己幸福的生活，她就會毫不猶豫地放棄它。這一停，直到荷西離去，三毛的創作暫告一個段落。

一九七六年十月，撒哈拉沙漠裏的形勢驟然緊張起來。摩洛哥和毛利塔尼亞要瓜分西屬撒哈拉，而撒哈拉人則要求民族自決，組成了遊擊隊對抗西班牙人，爭取獨立於西班牙人的殖民統治之外。各種軍事勢力在這裏相持，原本寧靜的沙漠一下子變成了風雲地帶，大批的外國記者也攜帶著各種照相器材湧入撒哈拉。眼看一場混亂的戰爭就要爆發了，居住在撒哈拉的人們自然十分慌亂，很多人都慌慌張張地離去了。荷西工作的磷礦公司雖然還沒有撤離，但許多家屬都已撤離。三毛本來想留下來跟荷西守在一起，但考慮到如果戰爭真的爆發，自己會成爲荷西的累贅，連累他逃命，不如先撤離。三毛坐飛機到沙漠對面屬於大西洋中的西屬加納利群島，在大加納利島上租了一間房子暫時住下來。整整十五天，沒有荷西在沙漠裏的任何消息，三毛簡直焦慮到瘋狂的程度，每天一早她就跑到飛機場上去，碰到剛從沙漠裏過來的人，就拉住人家打聽那邊的情況，問有沒有人看到荷西。她急得吃不下飯，睡不著覺，每天只是一根接一根地抽煙，一天要抽掉三包煙。過了十五天，荷西終於飛到島上來跟她團聚，她的心才放下，身體卻一下子垮下來。其實在沙漠的時候，她的身體就不太好了，總有一些小毛病。這次因爲焦慮、擔心，身體就全垮了。荷西在島上的家住了一陣子之後，沒有了經濟收入，兩個人生活立刻面臨困境。沒有辦法，看看沙漠裏的戰爭還沒爆發，荷西又冒著很大的風險回沙漠裏的磷礦去上班了，留下三毛一人在家裏爲他擔心。每到周末荷西會坐飛機過海來與三毛相聚。愛人身處戰亂之中，怎能不牽腸掛肚呢？雖然是短暫的分離，可是每到周末荷西回家，對她就像一個重大的節日，提前兩天她就興奮得像什麼似的。荷西一回來，三毛便飛快地迎上去，而荷西則撲在她身上，抱住她的腿，將頭埋在她的牛仔褲上半天不肯抬起來，三毛感到了他在偷偷地流淚。戰亂離散，讓他們之間更加依戀和深愛。

這時三毛的健康狀況很糟，下身出血不止，原因是子宮內膜異位引起的子宮瘤，造成情緒性出血。荷西不在家裏時，三毛病得只能躺在床上，墊上兩條大毛巾，任那血不停地流。她不願讓荷西擔心，只告訴他自己很健康，一個人過得挺好。事實上，重病之中孤身一人，她的情緒很不穩定。結果終於出事了，她開車外出時，出了較爲嚴重的車禍，被送進了醫院。荷西知道後立刻打電報給她，說他辭掉工作立即回來。他在那邊剛剛漲了薪水，做得很滿意，可是爲了三毛，他毅然不做了。

三毛終於康復出院了，但下身出血不止的毛病仍未見好轉。荷西辭了工作失業在家，家裏的經濟一下子困難起來，只能靠三毛微薄的稿酬生活。兩個人都很焦急。情急之下，三毛也曾寫信給蔣經國，向他尋求幫助。三毛信中說荷西是中國女婿，現在失業，能不能請他幫助找到一個工作。蔣經國回信說台灣暫時沒有適宜荷西的工作。回台灣的打算只好作罷。三毛的病情越來越嚴重了。他們決定讓三毛回台灣去治病。因爲經濟緊張，沒有那麼多的錢買機票，荷西不能同往，在家留守，三毛獨自飛回了台灣。

重回台灣，出現在衆人面前的是一個熱情奔放、快樂而充滿生機的三毛。她一身簡單隨意卻又透出優雅氣質的衣著，淺棕的臉龐垂著兩根麻花辮，一雙閃動的大眼睛，一笑露出兩排參差不齊的牙齒，充滿頑童的無邪和精靈，這是被沙漠中夾著黃沙的粗獷的風所吹拂過的，被加納利的濕潤的海風所浸潤過的，被漂泊的歲月和刻意的人生追求所鑄造出來的三毛。在同胞的眼裏，這時的她渾身上下都散發出濃郁的異國風情，膚色、裝扮，更像個印第安少女，而舉止神態又有一股說不出的吉普賽的風情。這時的三毛將她所有的樂觀熱情的天性淋漓盡致地釋放出來，因爲這時她正生活在幸福的婚姻裏，她有親愛的丈夫——荷西的愛。

走在台北的街頭，她才眞正明白自己是怎樣大大地出了名，她發覺自己不再是陳平或Echo，而是被名爲三毛了，這對她來說還是個完全陌生的名字，被人叫著都不知道回頭，因爲不知道那就是在叫自己。走在大街小巷，她才發覺自己已變成了街頭巷尾，茶餘飯後人們談論的話題了。被一些評論家稱爲「庸俗的三毛熱」正在席捲整個台灣。很多記者聽說三毛回來了，也聞風而動，紛紛跟蹤採訪，爭相報導。這突如其來的名聲並沒有讓三毛感到欣喜，反而有種說不出的惶恐，自己不就是寫了幾篇講自己故事的小文章嗎？何至如此？她覺得這回丟人丟大了，走在街上都抬不起頭來，就怕別人提三毛的名字，被別人冠以「小說家」的頭銜更讓她羞愧難當，但看到自己的書出版，會讓父母那麼高興，也頗感欣慰，就算是自己這個不孝女對父母的一點補償吧。就爲了他們，自己也要寫下去。

台灣的朱大夫用中藥祕方很快治好了她的病。因爲思夫心切，也因爲荷西一封更比一封急的信在催促自己回去，三毛在台北小住一陣後就匆匆飛回了加納利島。被迫離開沙漠後，三毛仍對撒哈拉沙漠戀戀不捨，她和荷西並不想回西班牙去，而是在加納利島上定居下來，因爲這裏跟沙漠遙遙相望，也因爲這裏靠近遼闊的大海，美麗而幽靜。三毛總喜歡選擇遠離紅塵紛擾的地方而居。

加納利群島由七個島嶼組成，似七顆燦爛的明珠撒落在大海中，它本是屬於非洲的土地，但如今是西班牙的海外殖民地。加納利群島是個美麗的地方，因靠近沙漠而終年不雨，陽光普照，四季如春，風光宜人，一向是遊客的天堂，很多人在此長住避冬，算起來遊客要比島上的居民還多。三毛和荷西住的大加納利是群島中最最繁華的一個。兩人都喜歡寧靜的生活，就特意在遠離市區，靠近海邊的一個社區租了一幢美麗的房子暫住下來。這是一個別墅區，在一個面向大海的小山坡上，一百多戶白色連著小花園的平房，錯錯落落地點綴著這湛藍而寧靜的海灣。在此居住的大多都是來此休假或退休養老的北歐人。整個社區非常幽靜，安靜的街道上幾乎看不到人。海灘就在家的下面，拉開窗簾，大海就像是一幅鑲嵌在窗戶的風景畫，坐在陽台上可看見海上火紅的殘陽，夜晚則伴著那海濤聲入睡。

有了被沙漠裏那些「芳鄰」們吵得不得安寧的教訓，這次搬家，三毛下決心不能再像在沙漠裏那樣，跟鄰居的關係混得過分密切，因而失去了個人寧靜的生活。搬到島上以後，她一直過著深居簡出的生活，閒來坐在家中寫文章、畫畫、看書，或者在小院裏整理她的花草，坐在窗前靜靜地對著海發呆，數那駛過的大船，做一個世外桃源的隱士。這正是三毛多年來夢想的生活。

三毛是個喜歡靜不喜歡熱鬧的人，像《紅樓夢》裏的林黛玉，關起門來，獨自去過棋琴書畫的生活。荷西賦閒在家的日子，兩個人時常去海裏潛水抓魚，過著平淡甜蜜的家居生活。兩個人不打算要孩子，他們開玩笑說，如果生個男孩，荷西會因他過多地奪走了三毛的愛，而會嫉妒地殺死他。如果生個女孩，三毛也會因嫉妒而吊死她的，別人聽了這樣的話會驚得目瞪口呆，以爲他們是天下第一殘酷無情的人，其實這都是沉浸在熱戀中的兩個愛人說的情話。他們非常滿意於現在恬淡的寧靜生活，不想任何人來打破它。

兩個人還是像在沙漠裏一樣經常外出旅遊。他們開著小車，帶著帳篷去環遊了加納利七島。丹納麗芙島上四周碧藍的海水環繞，中間一座高高的雪山，形成奇妙景觀。在大雪山露營了幾日，不見人間煙火的生活，眞讓人淡忘了外面的世界。他們融入狂歡節的歡樂人海中，跟他們一起盡情揮灑自己的熱情，讓三毛感到心動的是，她從中看到了人性另一面動人而瑰麗的色彩。以前她總是認爲對於苦難無盡的忍耐和犧牲才是人性的光輝，而今看著滿街繽紛歡樂的人群，她才悟到適宜的休閒和享樂是人生另外極重要的一面。在拉哥美拉島上，那婉轉清麗如鶯的口哨深深地迷住了三毛。豐美優雅的拉芭瑪島上不僅有如畫的田園風光，那淳厚的人情更讓人嚮往。山迴路轉之後一片清麗的山谷中開滿了白色的杏花，紅瓦白牆的人家掩映在其中，天地間彌漫著新鮮的空氣，沁人心脾。恍惚中三毛彷彿置身於中國江南的杏花雨中了。七島逍遙遊讓荷西和三毛流連忘返，樂不思歸。離開了沙漠，她又愛上了海島，他們在加納利島上再度建立了幸福家園。他們在美麗海灣的家清潔優雅，滿屋子都是書和荷西做的盆景，雖然終日看到的不再是沙漠黃沙而是蔚藍的海洋，但卻是一樣寧靜安詳。離開沙漠後，三毛一直在爲荷西操心，爲自己的健康煩惱，有一段時間無心寫作。於是有一些人認爲三毛是屬於撒哈拉沙漠的，離開這樣一個創作背景，她再也沒有什麼有趣的故事可寫了。其實，三毛有一段時間也這麼認爲。但是，一旦她深深地愛上海邊這個家，愛上這片海洋，跟周圍的人親密起來後，她又觸摸到了新鮮的生活，又有了新的屬於海島的動人故事。

雖然在這安靜的海灣，三毛有意過著安閒日子，但她仍無法拒絕對人的關心和熱愛。開車外出時，她仍會忍不住停下車來搭載那些在路邊上行走的老人。鄰居的孤寡老人生病時她又不能不去照顧他們。她善良的天性使她見不得別人的痛苦和不幸，更不能漠然視之，袖手旁觀。

比如在沙漠裏開車外出時，她看見那些走在烈日下的行人總會主動停下車搭載他們。在一個惡劣的天氣裏，風沙刮得天昏地暗，連眼睛也睜不開。三毛開著車去接荷西。返回途中，看到一個騎著腳踏車在風沙中艱難行進的小兵，他沒帶一點水，乾渴得難以忍受。三毛要他上車，他又捨不得自己的車子，而車子是塞不進汽車裏的。三毛只好開車離去。可是回到家裏，她怎麼也忘不了那個小兵，他的身影在自己面前晃來晃去，搞得她什麼也幹不了。萬般無奈，她拿上一大瓶水、麵包、厚毯子，一大之中第三次跑在這一百多公里的公路上，去找那個小兵。三毛有說不出的怨憤，不知對自己還是對那個小兵，她拿自己這善良的本性也很無奈。她看見那個每天認眞清掃街道卻分文不取的瑞典老人從門前走過，忍不住要跑上去幫他，因爲她喜歡結識有趣的、有個性的人。她熱愛大自然，常去海邊、附近的農田裏漫步，看到別人迎向自己燦燦的笑臉，她忍不住要上前去搭訕、聊天，甚至挽起褲管，跳到農田裏去幫工……如此，三毛在島上跟越來越多的人熟識起來，成了朋友。

三毛的交友原則是「交友無類」。對於人她天生就沒有階級觀念。在她眼裏只有可愛的和不可愛的人，沒有高貴或低賤。所以她的朋友遍及三教九流，從幽默風趣的老人到街頭小販、種番茄的農夫。有了這樣的生活：三毛的感覺又回來了，她又有了無數新的故事。不管是在沙漠還是海島，三毛總會讓自己的生活變得豐富可愛、饒有情趣，她的筆下也就總會流淌出那清麗、生動的文字所描繪的感人生活。一九七八年她又出版了一本《溫柔的夜》，依然深受讀者喜愛，好評如潮。

一九七八年初，荷西在阿爾及利亞謀到一份工作，在港口打撈沉船，工作非常辛苦，黑心的老闆十分苛刻，但是爲了兩個人的家，荷西只有拼命忍受，努力工作。三毛幾次飛去阿爾及利亞探望荷西。看到荷西受苦，她又心疼又焦慮，可也萬般無奈，只能盡量照顧他。已經在台灣治好的病又復發了，脊椎痛的毛病也越來越嚴重，就是開車出去，也要在後背墊上一本硬書才敢坐。荷西不在家時，三毛常常病臥在床。她不願意讓荷西爲了五斗米折腰，鼓勵荷西跟老闆鬥爭，或乾脆辭工不幹，大不了跟自己回台灣教書過活。在三毛瘦弱的身軀中從來都不缺少跟虛僞、兇殘進行鬥爭、維護自己尊嚴和自由的力量。荷西辭職賦閒在家一段時間後，終於又申請了一個新的工作。他是個潛水的工程師，幹的工作就是潛水海下作業，像打撈沉船什麼的。他的工作流動性很大，哪裡需要就去哪裡，大都是在加納利群島的幾個島上輾轉工作。荷西和三毛都不願意總是過這種分離兩處的生活，荷西去別的島上工作，三毛就跟著他跑來跑去，不肯獨自留在大加納利島舒適的家中。因爲荷西在哪裡，哪裡才會成爲她安寧的家。

一九七九年的新年鐘聲敲響的時候，他們正在丹納麗芙島上。荷西在這裏工作一年了，三毛一直在身邊陪伴、照顧他。這時荷西參加的人造海灘的工程已經完工，他們準備第二天就回大加納利島的家中去。除夕，兩個人相依偎著坐在海邊，欣賞剛剛建成的美麗無比的人造海灘，看著天空怒放的煙火，辭舊迎新。在這溫馨幸福的時刻，被荷西緊緊擁在溫暖懷裏的三毛，卻不知爲何忽然莫名其妙地有些傷感，子夜的鐘聲敲響時，他們深深地擁吻，互祝新年快樂，四目相交湧動著無比的深情。三毛賴在荷西懷裏不肯舉步，荷西問她剛才鍾響時許的什麼願，她說：「我不告訴你，說了就不靈了。」荷西大度地說：「算了，不想說妳就自己留著它吧。」剛才新年鍾敲響十二下時，三毛默默地說著同樣的話：「但願人長久，但願人長久。」如此重複十二遍，她認爲這樣才會靈驗。剛才被荷西一問，她心裏猛然一動，在新年的時候，說這樣的話，對相愛的夫妻來說，也許並不是太吉利。她使勁把頭埋進荷西懷裏，試圖將這個念頭趕開，可是無論如何總不能驅散心中淡淡的憂傷。她安慰自己也許是因爲自己太幸福了，害怕失去它，才會感到莫名的恐慌和惆悵。兩個人緊緊相依著，交互握著手走在回公寓的路上，三毛心裏依然是說不清楚的傷感。她眞希望能跟荷西一直這樣走下去，時光就此停滯，讓一切都定格在這一美好的時刻。

回到大加納利島上的家中，兩個人打掃房間、收拾庭院，忙忙碌碌也甜甜蜜蜜地過了兩個月的家居生活。雖朝夕相對，但仍是「春宵苦短」。忽然，荷西又接到了新的工作命令，必須立即到拉芭瑪島報到。荷西去後，三毛一人在家總是淒淒惶惶。荷西在那邊一時找不到出租的住房，一刻也不能等地讓三毛馬上就過去。兩個人寧肯花大價錢住旅館，也要相守不分離。三毛的鄰居朋友都勸她不必如此，她大可以住在家裏，等荷西飛回來度周末，豈不是更省錢？三毛只想快快與荷西相聚，對於朋友善意相勸只報以微笑，然後匆匆鎖上家門奔去小島。

一踏上拉芭瑪島，她就感到不對勁。以前她曾跟荷西一起到這裏旅行，這個小島留給她的印象極佳，她尤其愛這裏山青水秀，杏花遍野，猶如中國江南水鄉的田園風光。可這次來看到這小島，卻讓她有一種荒涼之感，兩座非常觸目的黑裏帶藍的大火山，讓三毛有一種說不出的沉重和壓抑。她把自己的感覺告訴荷西，荷西只輕輕擁住她，拍拍她的臉說：「不要瞎想，妳上次來的時候不是挺喜歡這裏嗎？妳現在來正好趕上看杏花，我們再一起去那個山谷裏看杏花去。」邊說邊把一個吻輕輕落在她的髮際，安慰她不安的情緒。荷西與三毛生活的時間一長，就發覺自己的妻子與別的女人很大的一個不同之處，就是她非常情緒化，而且總會莫名地憂傷、不安，對某種事情表現出預感、直覺等等。荷西知道她這時候特別需要安慰，要極小心地撫慰，簡單的一笑了之是不行的，荷西的情感被三毛感染得越來越細緻了。雖然荷西的柔聲勸慰讓她心裏輕鬆了些，但她的纖細、敏感，她的悲劇情緒讓她已預感到了即將到來的災難，她本能地懷著恐慌，越發珍視與荷西相廝守的分分秒秒。荷西也似乎被她這種情緒所感染，兩人拼命地相親相愛。

去年去丹納麗芙島上時，他們偶爾還有爭吵，三毛也曾負氣把自己的頭髮剪得參差不齊。到了拉芭瑪島上，三毛的頭髮才長到齊肩，兩個人卻再也不爭吵了。他們住進了一房一廳帶一個小廚房的公寓旅館，荷西的一半薪水都付給了他們這份相守。在這個寂寞的小島上，世上的一切似乎都遠離了，只有他們的愛是鮮活的。他們靜靜地守著家，守著海，守著彼此。爲了能有更多的時間單獨在一起，連一些朋友的聚會也想辦法推掉。夕陽西下的時候，三毛做好了飯菜，坐在陽台上等待荷西的歸來。黃昏的柔光染紅了半邊大海和天空，大海輕柔地拍打著岸邊，兩人在暖暖的餘暉中相對而坐，半杯紅酒，幾碟小菜，慢慢對飲，靜享這幸福時光。有時兩個人會對著一盤象棋靜靜對弈，或者只是默默地坐著，看那漁船打魚。殘陽如血，清涼的風怡人地吹拂著面龐，三毛看著夕陽下親愛的荷西，輕輕地摸摸他的脖子，無端的傷感又湧上心頭。看到三毛總是這樣傷感，荷西只說這個美麗的小島不太適合三毛，下決心等這次合約期滿，就不再續簽，要帶著她回大加納利島的家中去。三毛心裏卻明明感到那個災難離他們越來越近了，有一隻可怕的要拆散他們的手正慢慢伸向他們。

三毛身體一直不太好，她有嚴重的胃病、脊椎痛、坐骨神經痛，還有婦科病。近來又時常感到胸口悶痛。她感到自己的大限可能要到了，先走的一定是自己。她偷偷去找律師立了遺囑，沒事的時候，她會假裝不經意地囑咐荷西一些事情，並一定要荷西答應她，如果自己先去了，他一定要再找一個好姑娘，照顧他的生活。從去年以來，一直有一個噩夢糾纏著三毛，時常讓她從夢中驚醒，臉上掛著淚水，渾身被汗水濕透，同樣的夢多次出現，讓三毛深信不疑，先走的一定是她。夢中的場景是一個人群熙攘的火車站，她置身於人群之中，這些人都是她的親人，但沒有荷西。那些親人來爲自己送行，站在月台上，她茫然地望著他們，並不知道自己要去向何方。忽然她被掛在一節火車車廂的外面，火車飛快地穿越幽黑的隧道，一個紅衣女子，向她跑來，一邊跑一邊揮著手，任自己怎樣掙扎、呼喊，那個紅衣女子只是微笑著揮手。每次從夢中驚醒，荷西正臥在身畔握著她的手酣然沉睡。爲什麼自己的夢從來沒有荷西呢？自己到底要去什麼地方？這又預示著什麼呢？三毛躺在床上反覆猜疑，睜大雙眼直到天亮。到了這個島上以後，這個夢更頻繁地出現，三毛感到有大禍臨頭了，內心悲痛至極。越是感到時光無多，越是感到自己與荷西已血肉相連無法分離。回想與荷西相識、相戀、結合的往事，她慶幸自己當初的選擇，感謝上天賜給自己這樣一個讓自己幸福的好丈夫。也許是上帝憐憫她，要在歷盡磨難後送給她一段美滿婚姻，她已是十分滿足了。夜不能寐，她仔細地看著沉睡中荷西安詳的臉，眼前又浮現出馬德里的那個雪夜，一個男孩子在雪地裏傷心奔跑的身影，那淒怨的叫聲久久在耳邊迴響「Echo，再見！Echo，再見！」她悄悄抹去奔湧而出的淚水，不讓它滴到荷西臉上。「哦，荷西，我的親人！我多麼捨不得你！我也不願你爲我而痛苦！荷西！荷西！」

三毛心裏喊著，幾乎叫出聲來。

他們迎來了結婚六周年紀念日。餐桌上擺著一個蛋糕，點起了六根蠟燭，荷西很有些害羞地拿出了一個雞心形的紅絨盒子，裏面是一隻老式女錶，他告訴她這是自己用加班費買的，作為禮物送給她，「以後的百分之一秒妳都不能忘掉我，讓它來替妳數著我們相愛的每一秒。」荷西擁住三毛，緊緊地吻住她的雙唇，這話又讓三毛有不祥之感。夜裏仍不能入睡，忽然想起，他們結婚六年了，彼此從未說過一句「我愛你！」荷西是個不善甜言蜜語的人，自己為什麼也沒有對他說過呢！自己現在不是明明白白熱烈地愛著他嗎？為什麼不立刻告訴他呢？她拼命地搖醒了沉睡的荷西，發瘋一般喊著：「荷西，我愛你！你聽見了沒有，荷西，我愛你！」兩個人在黑暗中緊緊抱在一起，熱淚打濕了彼此的臉龐。「六年了，我一直等著妳說這句話，今天妳終於說了。」荷西有些孩子般的委屈。「荷西，我愛你勝過自己的生命，我的荷西——」三毛呢喃著。

這時，三毛的父母從台灣來歐洲旅行，特意取道西班牙，繞到這偏僻的小島來看荷西——這個從未見過面的女婿。在機場上，荷西張開雙臂擁抱岳父岳母，第一次見到他們，他還是有點新女婿似的羞澀，但在感情上卻又覺得親得不得了。然而，他們千山萬水的相聚，似乎注定了只是為了趕來作最後的道別，荷西跟三毛一樣稱父親「爹爹」，親熱極了。他們陪父母在這個小島上玩了幾天。父親送給女婿一輛他夢想已久的摩托車。然後，按照計畫，三毛陪父母去歐洲旅行，荷西到機場爲他們送行，他跟他們一一擁抱告別，囑咐三毛好好地陪爸爸媽媽玩。並安慰難過的爸爸媽媽說：「你們不要難過，千萬別流淚，明年一月我和Echo飛去台灣看你們，到那時就可再見面了。」飛機起飛了，荷西在下面拼命地擺手，三毛從舷窗中看著荷西，也一直在向他揮手，他們都沒有料到這竟是他們最後的告別。

兩天後，一個陽光燦爛的日子，大西洋碧藍如洗，荷西像往常一樣穿上潛水衣，到水下去作業，可是他再也沒有上來，將生命永遠地融進了他熱愛的大海中。一個好朋友，跳下去打撈上了荷西的遺體。

一九七九年九月三十日，三毛永遠地失去了荷西，這一天恰恰是中秋節的第二天！

三毛聽到荷西出事的噩耗時，正陪著父母在英國的倫敦。半夜一點鍾，房門猛然被敲響，她驚恐地從床上翻滾起來，光著腳奔出去捉住來人的手喊著：「是不是荷西？荷西怎麼了？荷西……」那個英國太太努力想使她保持平靜：「Echo，妳坐下來，Echo，坐下來聽我慢慢說。」三毛並不坐，只是一連聲地叫道：「荷西死了？他死了？妳是不是來告訴我荷西死了？」那人只好說：「他們正在尋找荷西的屍體。」三毛立即就墜入了無邊的黑暗之中，她拼命地要抓住點什麼，她怕得要死，好像她正一個人走在無邊的黑夜中，四周閃爍著鬼火一般的光亮。她拼命地要抓住點什麼，抓住了就使勁地握著，爸爸媽媽一邊一個流淚滿面地叫著她的名字，自己死命抓著的正是他們的手，以後的事，她什麼也不知道了。所幸有父母在身旁，否則她一個人該怎樣承受？深愛著她的荷西知道她一個人不能承受這樣的痛苦，所以挑了一個她父母都在的時候離去。父母陪著三毛飛回小島，在海邊，在大西洋的晴空下，面對著剛剛撈上來的荷西濕淋淋的屍體。秋日的風還是那麼溫柔地吹著，奪走了荷西生命的大海啊，你怎麼能依舊那麼平靜。「荷西，回來吧！荷西，我的生命！你聽到我的呼喚了嗎？」

在那間停靈的小屋裏，伴著四支白蠟燭，三毛緊握著荷西冰冷的手指，沉入了永不會醒的夢中。一生中最美好的時光被荷西帶走了，只剩下眼前一片茫茫的黑暗。她沒有了眼淚，只是輕輕地溫柔地最後一次守候沉睡的荷西，度過最後一個相依相伴的夜晚。從此，這雙握慣了的手，只好永遠地撒開了，留給自己的只有孤獨的黑夜。

荷西被安葬在拉芭瑪島上，現在三毛稱它作離島。山上有一個公墓，荷西和三毛曾經常散步經過那裏，兩個人總喜歡並肩站在高崗上俯瞰著下面墓園裏純白色的方牆，古老的鑲花大小鐵門，還有那些高大的絲杉樹，久久地望著，竟有一種鄉愁般的依戀之情。原來，這裏就是荷西安息的家園，也是三毛魂繞夢牽的地方。悠長的歲月中，幾度夢回這裏與親人相聚。在這墓園不遠的山坡下，看得見荷西最後工作的地方，看得見古老的小鎮，還有荷西一生熱愛的藍色海洋，就讓它代替自己在這裏靜靜陪伴荷西吧，他的靈魂該不會寂寞了吧。

眼看著所愛的人被無情地一錘一錘釘入棺木，埋入黃土，三毛狂喊著荷西的名字，伏在棺木上死死地抱著不撒手，要跟荷西一同埋進土裏去。父母緊緊地拉住她，苦苦地哀求她，三毛只是淒厲地哭喊，什麼也不管不顧，只好給她打了一針鎮定劑，她才安靜下來，兩眼發直，夢遊一般，乖乖地被人帶回家去，安放在床上，嘴裏仍是哭喊著。荷西下葬後，三毛天天不吃不喝，清晨起來就奔向那墓地，坐在那座新墳前，直直地盯著，似乎荷西會隨時從裏面出來似的。這樣坐到黃昏，暮色四合的時候，她才離去。徑直回到家裏，也不理睬焦急的父母，關在自己屋裏，躺在床上望著天花板，等著天一點點亮起來，再爬起來奔向墓地，一襲黑衣刺痛了許多朋友的眼睛，更刺痛了爸爸媽媽的心。他們因爲三毛這樣一個特別的孩子受了多少折磨，而今又默默地陪伴她邁過人生的一個關口。看著衰老、憔悴的父母，看著他們對痛苦無言的承受，三毛才不敢更加張狂地去發洩內心的痛苦，而只能吞咽下更多的眼淚，收斂起自己的悲傷。

父母要帶三毛回台灣去，他們懷著深深的恐懼，不敢離她半步，三毛表面的平靜更讓他們不放心，他們已猜到三毛心裏打什麼主意。她想處理完荷西的後事就要自殺。他們強迫她一定要回台灣去，像過去一樣，用自己的愛一點點醫治好她的傷口。在離開這裏之前，三毛趕著爲荷西做了一塊墓碑，上面只簡單地刻著幾個字：

荷西・馬利安・葛羅——安息

你的妻子紀念你。

她用手指一遍遍輕輕劃過這幾個字，無數次地親吻著上面荷西的名字。一次次哭倒在墓前的黃土上。「別了，我的荷西！別了，我的親人！」生死相隔，已是永久的分別，在她心裏，荷西卻是她永生的丈夫。這意外的災難帶給三毛深深的創傷，並不能隨著歲月的流逝而完全癒合，反而越來越深地烙印在她的心底。

三毛是一根草，荷西是她的根。沒有遇到荷西之前，她只能四處飄蕩，不能停下來紮根生長。有了荷西，她可以走到哪裡都紮下根來茁壯地生長，在沙漠，在海島。跟荷西結婚後，他海洋般的胸懷包容了她的一切。荷西純淨的心靈沒有一絲陰影，他熱愛自然，熱愛朋友，熱愛生命，為著讓自己快樂而生活著。跟著荷西，她走出了籠罩著她的人生陰影，拋掉了自己的悲情人生觀，更看到生命裏亮麗的色彩、明朗的前景。她不再匆匆地向前奔波，而是停下來沉著地享受生活每一天。與荷西六年的婚姻教給她一種單純、樂觀的生活方式，對於她來說是至關重要的，沒有改變也就沒有作家三毛。失去荷西後，她曾竭力要維持這種生活和心境，但事過境遷，這種生活只能維持在表面，內心世界卻又退回了從前。豁達、開朗、向上的心境漸漸被消磨掉，她又重新陷入了懷疑、悲觀、厭世的情緒中。在這樣兩個極端中，三毛的內心交戰著，把自己搞得很累。她也曾鼓起勇氣，再次面對生活，積極選擇、期待，她希望自己還能等到一個像荷西一樣的人，但找來找去，才知道荷西是誰也替代不了的。永遠的荷西，對三毛來說不止是丈夫，更是知己，是比愛情更深的依戀，他帶走了三毛一生中最幸福的一段時光，也意味著三毛的一個時代結束了。

「台灣是一生，沙漠是一生，荷西在是一生，荷西去世又是一生。」此生與彼生，彼生與此生，全是為了一個「情」字！可憐的三毛，上帝為何在賜給你幸福愛情之後又這麼吝嗇地收回去了呢？

第五章

飛花似夢　細雨如愁

許多個夜晚，
許多次午夜夢回的時候，
我躲在黑暗裡，
思念荷西幾成瘋狂，
相思，
像蟲一樣的慢慢啃著我的身體，
直到我成為一個空空茫茫的大洞。

第五章　飛花似夢細雨如愁

一九七九年蕭瑟的深秋，台北松山機場細雨濛濛，陰冷的秋風橫掃過空際的大地，無盡淒涼籠罩著一切，許多把撐起的黑色雨傘下，站立著神情肅穆的人們，他們在默默地等候著。

飛機著陸了，三毛在父母的相扶下走下飛機，一頭長髮立刻被風吹亂，一張被一身黑色喪服襯得慘白如紙的臉，在飛舞的黑髮中時隱時現，一副黑色的墨鏡遮住了深藏哀痛的眼睛，然而，那悲傷的目光，仍然灼痛了每個朋友的心。回到故鄉，三毛又多了一個身分：荷西的未亡人。迎接她的人們紛紛走上前來圍住三毛，有朋友，也有記者。閃光燈對著她閃個不停，那張蒼白的臉被照得雪亮，三毛大聲地喊著：「好啦！好啦！不要拍了，求求你們！」然後用弟弟披在她身上的夾克捂住自己的臉，放聲大哭起來。她已經完全崩潰了，再這樣打攪她簡直就是殘忍了。父母姐弟緊擁著她，她無力地靠在弟弟的手臂上匆匆離去。

回到家後，三毛就躺在房間的床上不能起來了。許多關心她的朋友不斷地來探望，或打電話來慰問，三毛的床前擺滿了鮮花。人們絡繹不絕地來了，又絡繹不絕地走了，三毛只是漠然相對，無論誰來都不發一言。一雙空洞的大眼睛只是看著遠處，視線不知落在什麼地方。她幾乎不能吃東西了，只能喝一點流食，那還是在母親苦苦的哀求之下。她的生命似乎已隨她的靈魂而去，只留下一副空的軀殼。身體極度虛弱的她，唯一還能感受的事情就是對荷西的思念。

漫漫長夜，聽著淅淅瀝瀝的風雨聲，思念就像一隻小蟲子鑽進她的身體，一點點地啃齧著她的肉體，直到把自己掏空，那淚水就像窗外的雨，流也流不完。多少個不眠的夜晚，似乎總能聽到一個溫柔親切的聲音在她的耳邊低低私語：「我的，我的，撒哈拉之心，妳不要哭，不要哭啊，我的撒哈拉之心。」這是荷西對自己最甜蜜的稱呼，是屬於他們兩個的小祕密。每聽到這低低細語，她就感到荷西在空中緊緊擁抱住自己，他輕輕的呼吸吹拂著她耳邊的髮絲。

這度日如年的滋味，讓三毛厭倦而疲乏。她想也許只有死是解決一切問題的最好辦法。「死而有知，其幾何離？其無知，悲不幾時也，而不悲者無窮期矣。」荷西剛剛死後，自己恨不能立刻跟隨而去，但是她不能，因爲還要替荷西辦後事。在加利納島上也不能死，因爲還有父母在身邊，不能把他們撇在舉目無親的異鄉，要陪他們回到台灣來。現在所有的事都辦完了，一切都可以結束了。父母朋友都看透了她這層心意，害怕而又焦慮。瓊瑤夫婦是三毛多年的好友，相交甚密。三毛寫文章，發表作品以至出版作品集，都得到了瓊瑤的丈夫平鑫濤先生的熱情支援和幫助。他們非常瞭解三毛，大家很談得來。自從三毛回來後，瓊瑤就一再打電話找三毛談心，三毛知道她會說些什麼，一直避而不接。後來瓊瑤在電話裏說：「三毛，妳來我家，這裏沒有別人。妳來哭，來傾訴，來鬧都好，把心中的痛苦發洩出來，隨便妳幾點來，幾點走都是自由的，妳來吧，我要跟妳講話。」穿著黑衣的三毛終於坐在瓊瑤姐面前，敞開了關閉的心扉，可是也只有眼淚沒有言語。瓊瑤坐在她身邊反覆地開導、勸說，逼迫三毛答應不自殺。她希望三毛回到家後的第一件事就是對自己的母親說：「媽，妳放心，我不自殺，這是我的承諾。」她說：「三毛，不要光想著妳自己的悲傷，想想妳的父母吧，他們養育妳長大，為妳操了多少心。妳怎麼忍心再讓他們白髮人送黑髮人，妳怎麼忍心再去折磨妳可憐的爸爸媽媽呢？」是啊，自己以前也曾許下過這樣的誓言，在這世上有三個與自己的死亡牢牢相連的生命，那便是父親、母親，還有荷西，如果他們其中任何一個還活在世上一日，自己便不可以死。可是，這徹心的苦，切膚的痛……三毛思慮著，仍是低著頭一言不發。瓊瑤一定要三毛答應，否則就不放她離去。兩個人相對僵持了七個多小時，瓊瑤陪著她不吃不喝坐了一天。黃昏來臨的時候，疲乏至極再無半點力氣的三毛勉強點了一下頭，不然還要在這沙發上永遠坐下去嗎？她又怎麼能無視朋友的那一份深厚友情，她又怎麼能不顧及年老的父母呢？三毛輕輕歎了一口氣，瓊瑤這才放心地放她離去。因為她知道三毛一生都重承諾，一旦許諾便不再更改。三毛被迫著向朋友和母親做了不自殺的承諾，勉強維持這一份已不再屬於自己的生命。

回到家裏，躺在床上仍是夜不能寐。她思來想去，生死離別的這杯苦酒，現在她嘗到了它有多麼苦澀。如果先去的是自己，要荷西、父母來承受這樣的痛苦，又該怎樣呢？不，不，就是這樣想一想，自己的內心已是刀割一樣的痛。感謝上蒼，今日活著，痛苦的是自己，如果叫荷西來忍受這一分又一分鐘的長夜，那是自己萬萬不肯的。畢竟，先走的是比較幸福的。如果自己現在離去也會一了百了，那麼讓爲自己已辛苦了半生、付出了全部愛的父母更何以堪，那不是太殘忍了嗎。那自己就是死也不會瞑目的，因爲自己在愛著這些親人，這愛有多深，這牽掛和不捨就有多長。在父母，丈夫的生命圓環裏就讓自己最後一個離去吧。「爲了愛的緣故，這永別的苦杯，還是讓我來喝下吧！」三毛閉上眼睛，淚水滲出了眼眶，原來愛也會讓人這麼痛苦，原來愛也能這樣傷人。她無法割斷這愛的牽絆，只有做那暫時的不死鳥了。可是那悲傷似無邊的絲雨，還是軟軟地纏繞著她。

已經決定做隻不死鳥，就要再次去面對生活。台灣這個小小的地方，實在是太擁擠了，要想做個不問紅塵的隱者是絕對辦不到的。大病初癒般的三毛一步出家門，台北的喧鬧嘈雜就撲面而來，已過慣了島上寧靜安閒日子的她眞難以適應這一切，更何況她現在是風靡了台灣的三毛呢，就算是她要把自己遺忘，衆人也不會將她遺忘的。三毛還穿著黑衣的時候就不斷地被邀請去參加各種社會活動。在那些半生不熟的聚會上，她覺得自己快要被悶死了，透不過氣來了。此外，她還被邀請去參加各種座談會。

第五章　飛花似夢細雨如愁

一九八〇年二月，剛回台灣不久的三毛應邀出席《聯合報》副刊和耕莘青年寫作協會爲她聯合舉辦的演講會。那天下著傾盆大雨，原來只能安排兩百多人的耕莘文教院的講堂裏，卻擠進了六百多個人，沒有座位的人就站在兩邊的走道和後面的空地上。當三毛出現在衆人面前時，引起現場一片騷動。只見三毛身穿一件黑色的套頭毛衣，下著一條米色長裙，中分的長髮披散在肩頭。一場災難讓她清瘦了許多，一雙眼睛更大更亮，著淡淡的妝，依然有些蒼白的臉上掩不住靈秀之氣，一身素淨的她散發著淡淡的憂鬱。講堂裏響起了三毛獨有的低回柔緩的聲調。她的演講題目是《我的寫作生活》，這是她一次坦率的自我表白，向讀者傾吐了自己內心的情愫。她講了自己從事寫作的前後經歷，闡釋了自己的人生觀、文藝觀和愛情觀，是我們瞭解三毛非常重要的材料。演講之後，她還回答了觀衆提出的各種問題。這次演講在台灣引起很大的轟動，被視爲臺灣文壇當年的一件大事。

開了一個這樣的好頭，就有很多人認識到三毛身上的演講天分，更有無數讀者以一睹三毛本人的風采爲幸事。如此，三毛就不斷地被拉去參加更多的座談會，講更多的話。這與三毛不喜言談的本性是相違背的，但她也只能一次次地向觀衆講自己的故事。大家最感興趣的似乎不是她的作品和寫作，雖然三毛更想跟觀衆交流的是這一部分。讀者最喜歡瞭解的是她的生活，她的愛情和婚姻，三毛也做過一場這樣的演講，講了她和荷西的愛情故事。題目叫做《一個男孩子的愛情》，談到了她和荷西相識、相戀、結合的過程，講到後來她聲音哽咽，泣不成聲，站在講台上再說不出一句話來，以至演講中斷。

除了演講，還有那些雜誌的編輯們，他們追在後面不停地向她邀稿。三毛寫文章是爲了趣味，被迫去寫則令她痛苦不已。演講、寫文章、與讀者見面等等，這些活動讓她得不到一絲安寧。她想到這一切都是因爲那個三毛，因爲她是三毛，於是，她就去恨那個三毛了。她不喜歡做公衆人物，她討厭那個「三毛」攪亂了她的生活。她一再強調在生活中她只是陳平，是朋友們的Echo。當然她更喜歡做荷西的「撒哈拉之心」，她使勁地要在那個「三毛」和自己之間劃出道界限來，可是在許多人的心目中，陳平與三毛是合二爲一的。於是，她恨死了那個「三毛」，甚至要殺掉她。她說：「我很方便就可以用這支筆把那個叫三毛的女人殺掉，當她伏案寫作時，或者當她站在麥克風前面時，只要我的筆輕輕一動，她會砰地一聲倒在桌上或地下。因爲已經厭死她了。」由此可以看出三毛被名聲所累的煩惱和厭倦。

每次受傷後，旅行都是三毛醫治創傷的一個好方法。回到台灣是爲了忘記島上的悲痛，可台灣狹小擁擠的空間顯然容納不下三毛的心事和苦痛，給她溫情和撫慰。她又要出去了。一九八〇年的春天，三毛去東南亞旅行了一趟，後又去香港。回到台灣後不久，她又來到了桃園中正機場，準備從這裏起飛，再次告別親人，開始又一段長長的旅行。這次，仍是她一個人。

她先飛到瑞士洛桑，在一個女友家停留了幾天，然後飛去義大利威尼斯遊覽，再回到瑞士去看望多年的老朋友，他們相顧淚沾襟，感慨萬千。在旅途的火車上，望著兩邊飛快掠過的田園風景，三毛不禁問自己：「難道在我的一生裏，熟悉過這樣的風景嗎？沒有，其實什麼也沒有熟悉過，因爲在這勞勞塵夢裏，自己總是行色匆匆。」是的，也許她的一生注定了要這般行色匆匆。與荷西六年的美好婚姻只不過是漫長旅程中的一個車站，現在她又要匆匆上路了，可哪裡又是她的天涯歸路呢？她覺得不是台灣，也不是西班牙，也許是那個位於海邊的家，那裏畢竟依然保留著一些荷西的氣息和他們共同生活的影子。她最終要回到那裏去。從瑞士她又飛到了奧地利維也納，接著飛去西班牙，一路上探望親朋好友，一路上與他們共同追憶著荷西。

西班牙是她的第二故鄉，對她來說，中國是血脈，而西班牙是愛情。她更愛這裏的朋友，更主要的是在這裏沒有人把她當成三毛，她只是Echo，她感到更加自由自在。她去探望了婆婆一家。她們更關心的似乎是她與荷西在加納利群島上那幢房子的產權。三毛雖寒心卻也不以爲意，在她心裏，荷西是她一個人的親人。

旅行雖然可以幫助她逃避一時，可最終還是要面對一切。旅行的終點是加納利群島，一九八〇年，三毛又回到了加納利島的家中，這裏有她深愛的海洋，有荒野，有大風，撒哈拉就在對岸，荷西的墳就在鄰島，離開這一切，又到哪裡去尋找新的生活呢。重回到自己的家，才看見月光下那房頂上的紅瓦便已是淚如雨下。那白房子裏停駐著一段回憶，不思量，自難忘。打開那扇門，走進那曾是美麗溫馨的家，三毛仍希望能走進過去的生活，可是沒有了荷西，她無論如何也是回不去了。深沉的黑夜，從夢中驚醒，身邊沒有了那握著她的手安睡的親人，不知身在何處，耳邊的濤聲輕輕迴盪，海上升起的明月把它溫柔的光，透過百葉窗輕輕撒滿一地，滿牆上貼著荷西的照片，那一雙眼睛在月光下凝視著她，「哦，我的親人，我已失去你了。」三毛內心猛然驚醒，自己已是完全孤獨的一個人了，空蕩蕩的一座大房子裏裝滿的全是她的孤獨。再也無法入睡了，她跳起來，打開所有的燈，驅散淹沒自己的孤獨，伴著海潮聲，一直坐到天明。無數個夜晚就這樣過去了，午夜夢迴的滋味，三毛眞是嘗怕了。三毛固執地拒絕了雙親一再「歸來，歸來」的呼喚。他們牽掛著她一個人在異鄉，可在三毛心裏，台灣已不再是她的家園，在這個世界上，她只認定了海邊這個安靜的家。她想保持荷西在時的生活，她相信一旦再回這裏，就能恢復一種單純而清朗的日子和心境。她想安靜簡單地過完下半輩子。

她飛去那個讓她心碎又夢縈的地方，去看望荷西。墓前的十字架已被風吹雨淋得宛若朽木，三毛緊抱著十字架，像是擁抱著荷西。炎熱的午後，三毛用油漆一遍遍漆著十字架，用筆在那寫著荷西名字的地方一遍遍描著，那清晰的字跡也刻在她的心上。然後，她抱著那十字架，靠在墳上，不再有眼淚，她只想閉起眼睛安靜地睡一會兒，只要一靠近荷西，她就會得到安寧。死不能隔絕彼此的愛，死只是進入另一層次的生命，總有那麼一天，在超越時空的地方，會有一隻溫柔平和的手臂將她迎入永恆。荷西，你在那邊等我吧，讓我們靜靜等待相聚的那一天。

時光永遠流逝，院子裏種下去的花已經開了，又是一個美好的秋收季節到來了，滿地的蕃茄紅了，青椒綠了。往年的這個季節，三毛和荷西都會到農田裏幫助農婦們採收蕃茄、青椒，幹活幹累了、熱了，就跳到蓄水池裏去游泳。三毛趴在荷西的肩上做浮沉，樂得哈哈大笑，那濺起的水花，至今仍會打濕她的眼睛和心靈。如今獨自一人，三毛鎖起那美好、細膩的回憶，深藏在內心，用一生去回味，而眼前的日子仍要過下去，不能遠離過去，也要面對今天的陽光和海洋。三盡量將自己投入到日常生活中去，她在院子裏除草、澆花，把房子上下裏外打掃得乾乾淨淨，浴室的地面也被她擦洗得明亮如鏡。天天有許多朋友來看她，她也給遠方的朋友、讀者寫信，跟島上的朋友鬧聚，每天餵鄰居家的狗。風和日麗的日子，她會一個人開車去兜風，沿著平坦的公路，雙手平穩地握著方向盤，向前飛馳，遠山在陽光的照耀下顯現著藍紫色，變幻著色彩，風從容地拂過雙頰，三毛心裏是酸甜苦辣俱有。在海島生活的兩年裏，無論住在哪裡，都是把家安置在靠近海的地方，黃昏裏長長的漫步成了生活裏不可或缺的習慣。黃昏時分，沿著海灘，迎著火紅的殘陽，緩緩地漫步，不斷湧上來的海水溫存地匍伏在她的腳下，海上的落日依然那麼美。三毛凝望著這壯美的景象，心裏對奪去了心愛丈夫的大海仍是充滿了熱愛。她努力認眞地過著平和的日子。她在給父母的信中說：「我們來到這個生命和軀體裏必然是有使命的，越是艱難的事情便越當超越它，命運並不是個荒謬的玩笑——偏偏喜歡再一度投入生命，看看生的韌力有多麼的強大而深奧。」這是她安慰父母的話，也是在爲自己打氣。我們仍然要佩服在生死之間三毛所表現出的極大勇氣，在領略了人生的悲喜之後對人生的參悟，以及她對於未來仍抱有的信心和希望。對自己的生活，她也不擔心，她可以靠自己，靠寫文章維持生活，她只要過簡單的生活，她只要一點就夠了。

雖然內心有深深的創傷和苦痛，雖然午夜夢迴有無法驅趕的孤獨，但這時的三毛仍不甘消沉，畢竟與荷西一起生活了六年，六年美好生活所建立起來的信心、勇氣，對美好生活的嚮往，都不可能一下子消失，就好像在銀行裏存了一筆款子，暫時是用不完的，三毛再一次要展開胸懷重新擁抱生活。三毛說，台灣是一生，沙漠是一生，荷西在時是一生，荷西死了又是一生，早已不是相同的生命了，她打算重新愛過、活過。雖然荷西去世，她仍被愛所包圍著，三毛受到了鄰居、朋友無微不至的愛護、關心。自從荷西出事以後，他們就用愛心包圍著三毛。每天都有朋友絡繹不絕地來慰問她，送來各種禮物，陪著她掉眼淚。三毛回台灣小住歸來，鄰居們已把她的院子打掃得乾乾淨淨，屋子外面的玻璃擦得明亮如鏡。所有認識三毛的人都小心翼翼地保護著她。還有一些傾慕三毛才華、美麗的男士們，他們開始追求三毛。有一個荷西過去的老朋友，早就對三毛心存愛慕，他一再表白他的感情，然而遭到了三毛的拒絕。

有一個定居在英國的台灣人，化名西沙，他熱愛文學，從三毛的書中瞭解了三毛，不由自主地產生了傾慕之情，他曾兩度飛到大加納利島造訪三毛。我們可以跟隨他的視線來看看這時的三毛和她的生活。一九八一年的夏天，西沙第一次看三毛，三毛正蹲在院子裏給草地灑水，一張曬得淺棕色的臉上，一雙灼灼如星的眼睛，看人總是目光灼灼，令人無所逃遁。看上去三毛似一個印第安女子，是那種沒有年齡的人。她的容貌並不美麗，但是她的眼睛和微笑裏都有一種隱藏不住的光輝向外散射，使她成了一個極其美麗而迷人的女子。她閒閒的目光是那麼從容地看定來客，臉上也看不出什麼滄桑，也沒有什麼憂愁，因爲她把它藏得很深。她的家清潔如洗，米色的窗簾，低垂的藤做的燈罩，老式碎花沙發上散放著許多靠墊，占據整面牆的書架，牆上掛著大串牛鈴、非洲樂器……標誌著主人的風雅和愛好，這是一個充滿藝術氣氛舒適而親切的家，這個家並沒有因失去了男主人而憔悴。三毛待人並不熱情但也絕不虛僞客套，她很快就拿著槍跟朋友去山上打獵了。回首望去，三毛站在大路上，在紫色群山和滿天晚霞的映襯下，有如一隻火中的鳳凰。

等到西沙冬天再去加納利群島時，三毛已賣掉了原來的住房，又買下了一幢小樓。三毛告訴西沙自己的滿足：「生命中該有的，我都有了，一幢靠海的小樓，足夠的空間，可以觸摸的泥土，寧靜的生活，滿牆的書籍，不差的健康……」她在家裏招待朋友，笑語喧嘩，燈火通明，熱情的西班牙音樂伴著歡快的舞步。她在這個島上幾乎認識每一個人，安閒地生活著，並有了神祕的夜晚和男友。暮色來時，曾被她關閉的門窗打開了，鎖在箱子裏的長裙穿在身上，昨日的風情再現，爲了誰呢？三毛這樣一身打扮，卻顯出白日裏不肯承認的滄桑和疲憊。她坐上了一個中年男士的豪華車，絕塵而去，去赴一場好宴會，可是她臉上爲什麼依然沒有歡笑？

從西沙的描述中，我們可以看到一個努力掙扎尋求新生的三毛。她在這美麗的島上按照自己的意願生活著，努力營建起那已經殘缺不全的生活。可是那些沉澱在心靈深處的往事依舊會像風中的落花，一陣風過就紛紛落下，幻化成美的、悲傷的精靈。三毛把它們一一撿拾起來。因荷西無法入睡而停了很久的筆，這時又因荷西去世重被三毛拿了起來。除了寫作，還有什麼更好的方式來傾吐自己的悲傷和思念呢？她的案頭擺放著荷西一張放大的照片，一張兩人的合影，三毛就伏在這桌上寫啊，寫啊，長歌當哭。她傳達痛失親人的心聲，她宣洩無法排遣的痛苦，她寫漫漫長夜對荷西的思念，她寫荷西之死帶給她人生的打擊，表達她對人生新的領悟。質樸無華的文字浸透了她深切的哀痛和思念，字裏行間一片淚光粼粼，讀來是字字血淚。三毛的文章再一次感動了讀者，再一次引起轟動，更多的人爲三毛的不幸掬一捧同情的淚水，也讓人們明白人世間到底情爲何物，應該怎樣對待自己的愛人和婚姻。

荷西之死，帶給她痛徹心肺的人生體驗，幫助她再一次達到創作的高峰。撒哈拉也好，加納利群島也好，三毛一直是在寫自己的生活經歷，她從未試圖去尋找什麼來寫，而是生活撞上了她的筆。生活道路的獨特，生活經驗的豐富，才有了三毛寫不盡的內容，才有了她獨特的寫作風格和藝術感染力。

寂寞獨坐的夜晚，捧一本書坐在燈下的地毯上，背後靠著沙發，聽海濤聲在海灣裏回響，燈把她的身影投到對面的牆上，她燃起一支煙，看那青煙裊裊地升騰，舞弄著婀娜的身姿。對面的牆上，一個女人也在抽煙，她模糊的容顏，清晰的線條，爲什麼透著落寞和哀傷？「那是我啊，是我啊！」陪伴她的除了自己的身影，就是一些往事的回憶。這樣的夜晚，忍不住就會想到自己生命中經歷過的許多事：童年、少年、西班牙、荷西、沙漠、海島，在這種跳躍的意識流中，那些或喜或悲，讓自己的心靈感受到生命激情的往事就會忽然從積澱的歲月之河中躍出，清晰、生動地展現在眼前，她忍不住要抓起筆來寫。不久前，她曾讀到過杜斯妥也夫斯基的一句話：「除非太卑鄙地偏愛自己，才能無恥地寫自己的事情。」這句話眞讓她汗顏心驚。一想到這句話她就從創作的激情中冷卻下來，心虛得不敢再寫自己的事，不想別人把自己看成是無恥的人。可是，她又沒有寫第三者的技巧和心境，沒有把握也沒有熱情去寫。爲了杜斯妥也夫斯基的這句話，三毛幾乎停頓了自己的寫作，然而她又很容易被生活中的一些小事所感動，按捺不住地要去寫，看到馱著蘋果筐買蘋果的一匹馬每天在她門前走過，她也會非常歡喜、興奮，忍不住要去寫寫這匹馬。當年，跟荷西到農夫的莊園裏去過一個快樂的鄉間的下午，動手去挖一大筐帶著泥土氣息的蔬菜回家，也讓她恨不能快快寫下來。

人的一生似乎總是在等待和承受中度過的，等待時間，等待結局，承受喜悅或悲哀。一個人越是向生命深處尋找，他的人生中便會被無數的等待和承受所充滿。三毛的半生已過去了，等待和承受是她的宿命，等待的是生的喜悅和愛的激情，但等來的卻是一次比一次更沉重的打擊，承受的是一次比一次大的重創。上蒼似乎有意在考驗她的生命力。一次次的創傷都依賴時間來療治，雖然所用的時間一次比一次更長，但她還是活過來了。在這個安靜的海島上，三毛過著隱居般的生活，希望能不被驚擾地爲自己療傷，緩緩地讓自己從痛苦中解放出來。

她明白，生活就像長流的夏日溪水，不停地向前流淌，不快不慢，有自己的節拍，人不必為了最終那個目的而焦急，因為一切該來的總歸會來。生的時候不必去期待死的來臨，既然那是最後的結果。這帶點宿命色彩的思想成為支撐她的力量。既然要活著，還是要把更多的精力放在思考我們該怎樣活著上，擔負起生者應有的責任。三毛認為人生的第一責任就是生命的喜悅、喜悅、喜悅、再喜悅。她不願苟活，或者死，或者充滿喜悅地活著。當她幾次到達生的極限時，才驟然明白自己對生的狂愛。她認為每個熱愛生命的人，都應燃燒自己的靈魂，至死方休。她一直在燃燒自己，燃燒她的美與愛。三毛的人生在這燃燒中變得那樣濃烈而熾熱。

三毛留戀海島上的日子，是不願割捨她所喜歡的簡單生活，沒有大魚大肉，沒有名利紛擾，沒有過份的情也沒有口舌是非，更沒有解不開的結。她不去過深地介入這個社會，這個社會也提供給她絕對的自由，無所拘束的空間，好比到了超市，她想要什麼，要多少，可以任由自己挑選。在海邊的白色房子裏，面向靜靜的海灣和澄碧的大海，背靠繁華的街市和人群，既遠離了人群的喧囂，也有自己親密的朋友，並不離群索居。黃昏時候，繞著海邊做長長的漫步，邊走邊輕鬆地和行人、街頭小販、超市售貨員、路邊田裏的農夫打著招呼。這裏差不多每個人都認識她，親切地向她喊著：「嗨，Echo，Echo，妳好！」但每個人似乎又並不認識她，沒有一個人叫她三毛，從來不會有人知道她是寫過幾本書的作家，那些跟她們的生活毫無瓜葛，他們只是喜歡這個溫和親切、隨和熱情的東方女性，Echo。她雙手插在褲袋裏，走熱了就把外套脫下來繫在腰間，腳下踏著一雙厚實有彈性的運動鞋，矯健瀟脫地走過海邊、街邊、田邊，渾身輕鬆充滿活力，她覺得這才是她自己。不用擔心會有人指點著說：「快看，三毛！」不用擔心在街頭被很多人簇擁著要求簽名。她可以隨時停下腳步在小販的攤子上翻撿一番、搭訕幾句，可以跑到田裏跟農夫聊天，幫他拔拔草，摘摘青椒蕃茄。眞是自由自在，無所牽掛。

要想享受眞正的自由是需要很大的勇氣，要忍耐孤獨、寂寞。爲了得到這份自由，一個弱女子在這空蕩蕩的房子裏過活，承受著難捱的長夜和獨對孤燈的淒涼。雖然三毛從不願以悲哀示人，她將那大幕拉下，連一根頭髮絲都不讓人看到，但一個人生活的淒清、無助、寂寞還是顯露無遺。有荷西的日子，再平淡的生活也有味道，哪怕是她在傍晚的廚房裏忙碌著，荷西坐在客廳的沙發上看報紙，等待開飯。三毛偶爾抬頭向客廳裏望望，看見荷西寬闊的後背、濃黑的頭髮，整個家裏清亮、美麗、整潔，散發著無比的溫馨，三毛的心裏就會被歡喜、踏實、愉悅充滿著，她將飯菜端上桌，荷西會興奮地搓搓手，將報紙一丟，食欲很好地大口吃著，三毛坐在對面看著專注地吃飯的丈夫，忍不住去摸摸他的頭髮，荷西就會靠過來輕輕按下一個吻，兩個人相視一笑。靜靜的燈下，一人捧一本書安靜地夜讀，海風，海潮在輕柔地唱著夜歌。沒有了荷西，平淡的日子只是平淡。一個人百無聊賴地坐在落地窗前，望著海面上駛過的大帆船，陽光透過百葉窗在牆上撒下斑駁的影子。沒有了坐在客廳裏等待的丈夫，整個家裏空蕩蕩的，吃下的飯也沒有滋味。一個人坐在燈下，長夜難捱，連海潮聽起來也是落落寡歡。

這些散淡的日子漫無目的，只似在消磨著時光。無所牽掛，但無牽掛的心也會像無根的蓬草找不到依附。有一次，三毛跟幾個朋友到山裏打獵，晚上就露宿在林間，仰頭望著空中閃爍的星星，聽著小蟲唧唧的叫聲，一切安靜極了，同伴們都已入睡，三毛想，他們雖然在這裏睡著了，可是此刻他們家的燈還會亮著，他們有親人在家守候，而自己的小白屋現在正是一片漆黑，家裏沒有人等她歸去。「我是多麼自由啊！此刻既無父母在身邊，也沒有丈夫、子女，甚而連一條狗也沒有，在這個世界上沒有什麼屬於我的東西。」三毛的心一下子被悲哀攫住，她止不住淚水湧下來，再也躺不住了。她跳起來，沒有驚動其他人，飛奔下山，開著車沿海邊的馬路一直開回家去，衝進門把所有的燈都打開然後站在窗前，將頭埋在雙手中，抖動著瘦弱的肩膀，痛哭一場，倒在掛在牆上的荷西的巨幅照片邊。

台灣的父母萬里迢迢牽掛著她，一想到女兒獨自一人在外的淒苦飄零，他們的心就痛得不行。在父母眼中，三毛仍是個需要關懷和照顧的孩子，現在她失去了丈夫，她需要父母來盡照顧她的責任。一封封滿紙是憂慮和呼喚的家書飄洋過海，不斷地勸告三毛快快結束掉島上的一切，回到台灣重新生活。三毛面對這些書信陷入沉思，自己從小到大，讓父母吃了太多的苦，受了太多的折磨。如今，唯一讓他們不再擔憂的辦法，是自己回台灣去，在父母視線可及的地方生活，免去他們牽腸掛肚的思念，也讓他們安心度過晚年，也算是盡一點女兒的孝心。父母的愛是她永遠無法報答的。可是回到台灣，會是一種什麼樣的情景呢，她完全清楚，不正是因爲無法忍受，才一次次從那裏離開的嗎？她害怕再去面對那讓她精神緊張的生活。

正在猶豫間，一個意外的電話陡然勾起了她內心深處的鄉情。她突然決定要回去了。三毛是個果斷的人，一旦決定，她便取消了去摩洛哥、埃及旅行的計畫，告別了依依不捨的朋友，鎖起那幢白色的房子，返回台灣去了。飛機從小島上起飛後，三毛俯瞰著下面的大海和在山坡上錯落的小房子，心裏想：「我還會回來的。」她並沒有打算回台定居，而是準備先住一年再說，如果不行，再隨時逃走。另外，她還記掛著要在荷西去世滿五周年後，來爲他撿骨，帶回馬德里安葬在他家族的墓地裏。

然而這一去，卻是她十四年異國流浪生涯的結束。

一九八一年秋天，三毛回到了台北，天涯女投進了故鄉的懷抱，投進了母親的懷抱。在桃園中正機場，再次與母親擁抱時她才猛然發覺母親已是如此瘦弱衰老了，再看自己也已生了華髮，母女倆都老了，她禁不住慨歎十四年的歲月宛如一夢。那個當年離家的嬌弱少女，而今已有了一個銅紅色的不很精緻的外表，臉上飽含了風霜的痕跡。

三毛決心把回到台灣當做自己新的開始，她仍相信，峰迴路轉，柳暗花明，新的希望會在不遠的地方等著自己。三毛對生活懷著這樣的信心，對自己懷著這樣的期待，但是，還來不及思考、設計她的新生活，台灣那裏挾著喧鬧的世俗名利和嘈雜的滾滾紅塵立刻就淹沒了她。一隻原來想在台灣天空再次展翅高飛的自由鳥，立即被剪斷了翅膀。

才踏入家門，早已有一口袋讀者來信擺放在她的房間裏，等待她一封封地拆閱。那打給她的電話更是從早到晚響個不停。她被釘在電話桌旁什麼事也幹不成。打電話來的除了朋友、記者、編輯，更多的是社會各界人士、廣大讀者。他們有的是來邀請三毛參加各種活動，出席各種宴會，也有的是向三毛提出各種需要解答的問題。電話一直是她不喜歡的現代文明，就如同她不喜歡電視機一樣。無論是在沙漠還是在加納利島上，家中添置了所有方便實用的電器，就是摒除了電話。直到荷西去世後，她一個人住在偌大的房子裏，爲了安全起見，才勉強裝了一部電話，但從不肯輕易把號碼給別人，就是不喜歡被打擾，但現在接聽電話成了一天中重要的生活內容，那響個不停的電話鈴聲讓她頭痛腦漲。

有一天，她一邊接電話，一邊隨手在報紙上做了個簡單的記錄，每接五個電話，就在紙上寫一個「正」字，就像統計選票一樣。結果不一會兒工夫，她就寫下了「九」個正字。她怔怔看著這九個「正」字，它們赫然地壓向自己，真要讓她發瘋了，她忍不住在電話裏向對方喊道：「三毛死掉啦，請你到那邊去找她吧！」掛斷電話，這癡狂的舉動讓自己也嚇了一跳，她用雙手蒙住眼睛喃喃道：「我這是怎麼了？」淚水沒有理性地流下來，放聲大哭了一場。哭過之後心情好了許多，轉而又想，因爲自己是大家熱愛的三毛嘛，就要承受這樣的熱愛而不該有什麼怨言。這麼一想她又趕快翻看記事本，心想不能錯過那些訂好了的約會，然後冒著大雨，衝出了家門。

偶爾想閒逛，走到父親的辦公室，父親高高興興地給自己放了假，丟下手邊的工作，帶著三毛去街上逛蕩。這眞是難得的清閒，在商店裏看見什麼有趣的東西，三毛就會撒嬌地衝著父親喊：「我要！我要！」父親是要什麼就給買什麼，就連她童心大發嚷著要李小龍玩的三節棍，父親也笑著買下來送給她。在一家商店裏看到一雙漂亮的白色溜冰鞋，下面是紅色的輪子，三毛簡直愛不釋手，父親也欣然買下來送給她。跟父親逛了兩個小時的街，是三毛回台北後最開心的時候了。天氣晴朗的時候，三毛就想出去溜冰，她換上藍布褲、白襯衫，蹬上白球鞋，騎上父親給買的那輛棗紅色的精緻腳踏車，將那雙新買的溜冰鞋朝車前的白色網籃裏一放，興沖沖地騎出家門。跑到國父紀念館前的廣場上自在地溜起來，感覺像在飛。忽然有鎂光燈對著她直閃，照得她的眼睛都睁不開，揉揉眼睛明白過來，心緒就會從雲端一下子跌落到地上。手中立刻就會有人給塞進一支筆，一個本子，用微笑的臉對著她說：「三毛，請簽個名。」恍然間她才想起自己還有這樣一個快要被自己遺忘了的名字。從此以後她不僅不敢隨便出來瀟灑，連她喜歡的街頭漫步也被迫取消了，因爲連商店裏的老闆看到她，都會趕忙拿出本子，請她寫下三毛這個名字。

那麼只好呆在家裏了。看慣了空曠的大漠和寬闊海洋的她，回到台灣後，終日面對的都是灰色的水泥建築，那一成不變、遮天蔽日的灰色強烈地擠壓著她的眼睛，污濁的空氣，永遠都不會消失的汽車聲和人聲，讓人不得安寧，無所遁逃，置身於這樣一個環境中眞讓她壓抑、鬱悶。她是個自然人，本能地厭煩大都市的繁華熱鬧，去沙漠，在海島落腳恐怕都與此有關。她喜歡一切自然、原始的東西，因爲它們蘊含著古樸、寧靜和創造。她一直喜歡自己動手做手工、裁剪衣服、做家具，甚至蓋小房，這些都讓她直接感受到創造美的那種樂趣。三毛喜歡置身在一個安靜、自然的環境裏，隨便幹點什麼，讓自己的心靈不被驚擾地在寧靜的空間裏自在地徜徉。回到台北，這種寧靜再也沒有了。只有等父母家人都出去度周末了，她一個人留在家裏，將所有的門都鎖上，拉上厚厚的窗簾，將電話筒拿開，將讀者的來信統統拿走，放到一個盒子裏，爲自己勉強營造出一點遠離紛擾塵世的氛圍。雖然汽車喇叭就在樓下響個不停，但她努力不讓自己去聽。她從箱底翻出自己的三條裙子，慢慢一點點地修改，那些往日的情懷也輕輕浮上心頭，她低著頭一邊做活，一邊悄悄地想著自己的心事。

然而更多的時間是由別人來爲她安排的，她好像沒有權力隨意支配。在小島上過隱居的日子時，從來不需要記事本之類的東西，一切都由自己決定。現在可是整天離不了記事本了，才回來不到一個月，一本厚厚的記事本已經記得滿滿的了，那些一個接一個的座談、飯局，密密麻麻地排列在上面，每天早晨她要先看記事本才知道這一天要幹什麼，簡直沒有一點空閒是留給她自己的，甚至都不能安閒地在家陪母親吃一頓飯。她覺得自己整個迷失了，迷失在台北的茫茫人海中，迷失在那接不完的電話和回不完的信中，迷失在那數不清的社會活動中，這眞讓她痛苦不堪。三毛一向是個自由得像風一樣的人，心靈的自由被她看得比生命還重要。因爲愛自由，她寧願忍受孤獨，躲到小島上去做隱者。因爲愛自由，她甚至討厭穿高跟鞋，在她看來那也是對自由自在的一種妨礙，她喜歡光著腳走來走去，在外面不能光腳，就特別喜歡穿平底鞋和運動鞋。三毛最怕心爲形役，她排斥一切妨礙心靈自由的東西。她時刻提醒自己千咼不可爲名聲所累而犧牲了自由。現在，她卻是自投羅網，回到台灣，被「三毛」這個名字追趕得無處可逃。

但是，經歷了歲月磨礪、情感挫折的三毛已經世事練達了，她明白自己不能再用任性、冷漠的拒人於千里之外來維護自由了。雖然她從來都會坦然地對與自己意願相左的一切事情大聲地說NO，可那是在國外，在異鄉的土地上。在故鄉、在中國卻絕不能任性行事，她早已體會到中國人情的複雜。更因爲她是個知道感恩的人。當年她在自己的悲劇裏掙扎的時候，曾有那麼多手伸向她，無私地帶給她同情和愛，這些是永遠不能忘懷的，哪怕是粉身碎骨她也是要加倍回報這些恩情的。

三毛只能深藏起那個原來的自我，扮演好「大家的三毛」。她拼命地回更多的電話，永遠都是耐心、溫和、親切的語氣；拼命地給讀者回信，永遠都是認眞、細緻、懇切、一絲不苟的態度。除此之外，她還要盡量地去演講，這是這期間她參與最多的社會活動。

一九八一年十月，三毛回到台灣不久，就被請去高雄參加當地的「文藝季」活動，其中三毛的演講是計畫內的一項重要活動。算起來，這也可以看做是她在台灣的首次正式演講，因爲這次是面向廣大聽衆的公開演講。當時的場面眞是盛況空前，在高雄市文化中心的至德堂，能容納一千多人的大廳裏座無虛席，許多人擠不進去，就只好坐在外面的草坪上，最後連草坪也坐滿了。主辦單位在至德堂外架起了高音喇叭，以便讓滯留在外面的人也能聽到演講。三毛一向是個非常善於表達的人，她的口才甚至比她的文筆還要強，這是爲大家所公認的。每個跟她交談過的人，都會被她爽朗、利落的表達，幽默、風趣的語氣所深深感染，留下深刻的印象。後來跟她一起去中南美洲旅行的米夏曾這樣評價：「她的聰明活潑會透過語言發散出來，讓人如沐春風。任何人如果跟三毛聊過五分鐘，一定會念念不忘。她講話就像玫瑰在吐露芬芳。」她的學生也曾稱讚過三毛的語言組織能力，「提到老師說故事的本領，堪稱一絕。因爲她有她的生活經歷，當萬水千山走遍的時候，那是一個多彩多姿的人生，千奇百怪的事情都曾出籠。她能夠不經草稿，隨口講出一個小故事講到產生爆發性。」這樣的能力就決定了三毛會是個很好的演說家。她的演講裏有生動、形象的故事、人物，也有深邃的思想和感悟，她時而用幽默的話語逗得大家哄堂大笑，時而以低回輕柔的語調引導觀衆進入情感的世界，令聽者如醉如癡。那極富個性色彩的語言連同三毛捧出的那顆赤誠、美好的心靈，深深地打動了所有觀衆的心。除了演講，她還有一個保留節目，就是現場回答觀衆所提出的各種問題。她的回答同樣是坦率、眞誠。

首次正式演講大獲成功，接著就有一場又一場的演講在等待三毛，她彷彿變成了一個專職的演說家，東奔西走，一路走一路講，從台南到台北，到處都迴響過她的聲音，頻頻地登台，一遍遍講自己的故事，無所保留地向大家敞開自己的所有生活。其實，三毛從小就是個不太喜歡講話的人。她喜歡在靜默中去感受、去冥思、去觀察人生，她不願意講自己，她覺得只用作品去表達自己就夠了。在生活中她更喜歡緘默不語。可現在這沉默被徹底打破了，自己的思想情感、心靈之門洞開。每次演講完，三毛都感到自己像被掏空了一般，無比的疲乏和倦怠，眞是心力交瘁。她在人後偷偷地流淚，用那些淚水去塡充自己被掏空的心靈。

經過沙漠洗染之後的三毛，已變成一個極喜歡簡單的人，任何多餘的東西都被視爲贅物，哪怕是母親過分的愛。回到台灣後，三毛一直跟父母住在一起，姐姐弟弟們都已結婚，現在家裏只有三毛一個孩子了。平時父親忙於工作很少在家，母親一人在家也無甚事，就把所有的精力都放到三毛身上。她拼命地做好吃的東西，又拼命地勸她多吃。她燉各種湯水，做各種補品，強迫三毛吃。吃飯時她在旁邊監督，穿衣也要在旁指點，每次三毛有活動，母親早就把她想讓三毛穿的衣服從掛櫥裏拿出來，擺在她的床上，並一定說服女兒照她設計的那樣去著裝打扮。跟三毛交往的朋友，不論男女，她都要在家裏見過面，她會仔細地打聽人家的名字、職業、家庭，還會建議三毛不要跟某人交往等等。三毛好像又退回到十七八歲的時候。可操持過自己的家，又早已習慣了一個人生活的三毛，猛然被包圍進母親無微不至的愛中，眞是不習慣。母愛，又把她帶回了從前的歲月，把她變成柔弱而依賴的小女孩。更危險的是，這泛濫的母愛瓦解了她獨自面對生活的堅強，放棄了挑戰生活的信心和考驗，把她用了十幾年的漂泊歲月，好不容易鑄造成的堅強自信，輕而易舉地融化掉了。她將可能會恢復以前那個脆弱、蒼白、任性、執拗的自我。三毛已清楚地看到這種危險。她想抗拒這種改變，可是又怎能用反抗去傷害深愛自己的母親呢？畢竟，愛是無罪的。她也只有忍耐。現在想來，只有荷西是最懂得怎樣愛她的。他並不用愛去束縛、約束她，而是在愛的前提下，包容她的一切，給她充分的自由和空間。雖然他從一個十八歲少年時就癡愛著三毛，但在她面前，他從不讓自己的愛泛濫。甚至不去講什麼甜言蜜語，因爲過分的愛也會成爲沉重的負擔，使對方不堪重負。荷西那輕鬆、深潛的愛只會讓三毛感到幸福、溫暖，從未成爲她的負擔。

三毛回到台灣的生活很無奈，也很不愉快。她被剝奪了自由生活的權利，她根本沒有時間和空間去容納自己的生活。她所希望尋找的新生活落空了。她甚至無暇去思考、體驗，而是整天忙忙碌碌。

回到台灣後，因忙於各種事務，三毛很少有心境安坐案前埋頭創作，即使偶有閒情坐下來，頭腦中那些情景、形象也被分解得支離破碎，難以捕捉。三毛寫的作品減少了，而且每寫一篇都很艱難，再沒有往日的輕鬆和揮筆塗鴉的愉悅了。一個心靈空間受到過分擠壓的人，哪有地方安置自己的詩情畫意、閒情逸致呢？沒有了這兩樣東西，三毛的創作就很難，寫出來的東西也失去了興味。她寫了幾篇記錄回台後自己生活、心情的作品，我們從中看到了一個在無奈中掙扎，仍不放棄希望的三毛。她將這些作品與她以前寫的那一組題爲《永遠的夏娃》的故事，結集出版，定名爲《背影》。這是一九八一年一年中，繼《夢裏花落知多少》後三毛出版的第二本書。同時，她還翻譯出版了由她的朋友神父丁松青寫的一本書，名爲《蘭嶼之歌》。

內心的空虛感一日甚似一日。在種種壓力下，三毛只得收斂起眞實的自我，無論怎樣厭煩、疲乏，也要耐心忍受，面帶微笑地出現在公衆面前。三毛被分裂了，有了兩個自我。三毛本來是個非常本色、眞實的人，這樣的分裂讓她痛苦而又厭倦。她身上那奇異的光彩也在這種日益加劇的分裂中逐漸暗淡下來，變得平凡的三毛恐怕再難寫出像撒哈拉的故事那樣激情飛揚的作品來了。回到故鄉，置身於親人之中，她卻越來越深地感到孤獨。三毛日後的悲劇已在這裏潛埋下了種子。可以說是那些熱愛三毛的人，用他們的愛窒息了三毛。也許原本就只能生活在「仙境」的三毛，根本不適合生活在這俗世紅塵之中。假如，三毛永遠不回台灣，住在加納利島上，或別的什麼地方，或許她可以再次找到眞愛，開始新的生活，或許在創作上她會有更輝煌的奉獻，那麼一切也許就會不同了吧？最起碼不會有最後的悲劇結局。

讀書、繪畫、拾荒、旅行是三毛人生中不變的四大愛好，她最癡愛的當數旅行。離開國門，在外飄蕩的十四年中，三毛的足跡已走過了五大洲的許多國家：西班牙、德國、美國、英國、瑞士、法國、義大利、荷蘭、挪威、阿爾及利亞……中國有句俗話：「行萬里路，讀萬卷書。」對三毛來說，旅行不僅是她獲取知識的一種手段，更是她領略人生風景最好的方法。大千世界，芸芸衆生，要想超越時空，在有限的時間裏領略更多樣的生活，旅行是最簡便有效的方法。閱歷了各式各樣的人生，開闊的視野可使她更深入地洞察人生，可以更深入地去發掘潛藏在各種生命裏的喜悅和意義。三毛的豐富都源自於她的旅行。三毛一邊走一邊看，廣泛接受了西方文化的浸染，促使她冷靜地思索。在某種程度上，三毛幾乎成了一個世界人，至少，從她的衣著打扮、言談舉止，已看不出她的國籍。雖然已去了許多地方，但有一個古老而神祕的地方一直深深地吸引著她，那就是中南美洲，這是三毛的一個夢想，一個早已有之的願望。但實現它還有著種種困難。最起碼，要有一大筆資金。三毛向《聯合報》表示了自己的願望，並坦言個人力量有限，希望《聯合報》予以資助。《聯合報》主編王惕吾先生很痛快地答應了這個請求，應允擔負全部費用，並派攝影師米夏作爲助手同行。三毛這次難得的壯遊在《聯合報》

的資助下終於順利成行。

一九八一年十一月上旬，三毛開始了她生命中的又一次壯舉——長達半年的「文學之旅」——中南美洲十二國之行。

三毛喜歡出發，她說：「出發是美麗的，尤其是在陽光燦爛的早晨。」也許是出發才給了她這種心情。一生癡愛旅行，出發總能激發她內心深處的一種激情。這次中南美洲之行眞讓她興奮不已。一來因爲這是她多年的夢想，終於一朝成眞，二來是她又可以暫時擺脫台北窒息的生活，出去透一口新鮮空氣。也可以走出那麼多注視她的眼睛，輕輕鬆鬆做她的陳平了。背起背包，穿上牛仔褲，腳蹬一雙球鞋，一頭長髮梳成兩條麻花辮子，出沒在陌生地方的大街小巷，沒有人知道她是誰，她只是一個逍遙的旅人，這正是她喜歡的旅行生活。

雖然在這之前，她已有過無數次的旅行經歷，但這次與以往還是有所不同的。以前的旅行，大多都是興之所至隨意地漫遊，而這次卻是有意去尋找什麼，或者說爲她的寫作尋找新的素材，她必須隨身帶著要做的「功課」——不斷地向國內發回採訪報導或作品。她是代表了廣大讀者去領略那異域的風情和風光的。或許用三毛自己的說法，還擔負著認識異族文化、促進中外文化交流的使命。

三毛認爲，眞正的旅行要先「捨得」捨棄固定的生活方式，捨棄舒適。他們第一站到達墨西哥。三毛多年的老朋友約根已如願以償地進入了德國的外交部，這時正在德國駐墨西哥大使館任職，他聞訊很主動地爲三毛準備好了一切。對他這一貫的主觀作風，三毛是不能忍受的。當年，三毛在德國讀書時，跟約根有比較密切的交往。忽然有一天，約根拉著三毛跑到百貨公司去買了一床雙人被單，交給三毛，三毛當然明白他的意思，但她感到自己受到了傷害，約根沒有權利這樣安排、逼迫她。多年來，約根一直愛著她，但三毛卻一直認爲他做朋友可以，做愛人不行。坐在車裏，三毛高興時會大聲地向路邊的行人喊：「你好啊！我的朋友！」這就是三毛的風格，而這卻會讓約根感到很尷尬。三毛會很自然地跟他的管家、女僕交談，而這又會使約根不自在。這就是兩人的區別。在以後，約根一直保留著對三毛的特殊感情，可三毛都忠實於自己的心、自己的愛，並不爲之所動。

這次約根把三毛和米夏安排在自己豪華、舒適的公寓裏，他告訴三毛只可坐計程車而不能坐公車，更不能去乘地鐵，因爲太擠太亂太危險。至於旅行嘛，他可以開著車拉著她轉一圈，到博物館看一下就夠了。三毛心裏並不以爲然。約根每天忙著去無數晚會中消磨無聊時光，那頹敗、糜爛，沒有生機的生活正是三毛極力拒絕的。約根的豪華生活方式束縛了她，使她不能眞正地去旅行。她於是堅決地搬到一個小旅館去住，並堅拒約根的全程陪同。她甚至也不喜歡米夏影子似地跟著自己。她在旅行時堅持一個人獨行，在大街小巷中逛蕩，尋找讓自己驚喜感動的東西。三毛說，在旅行中，對她吸引最大的是各式各樣的人。在墨西哥城的大街上、地鐵站中，墨西哥人的扁臉、濃眉、大眼、寬鼻、厚唇，穿著鮮如彩虹的衣著，在她看來這簡直美極了，她的視線不願從這一張張美麗的臉上移開了。墨西哥「爪達路沛大教堂」，據說聖母已在此三次顯聖了，對天主教徒來說，它是一個有著神力的聖殿，他們到這裏來靜坐禱告，祈求神滿足自己的願望。三毛看著那些虔誠的人們，長久跪倒在聖母面前，木刻般一動不動，三毛會感動得流下眼淚。一個虔誠的信徒帶著一家老小，白髮蒼蒼的老娘和十來歲的小女兒，一路爬向聖母，他們的膝蓋都磨爛了，那斑斑的血跡流淌在石頭廣場上。三毛嚇呆了，一動也不能動，眼淚迸發而出，泣不成聲。那扭曲的臉，血肉模糊的膝蓋，受苦的心靈和祈求的方式，讓她心裏充滿悲憫，那心靈所受到的極度震盪，使她久久難以平靜。

三毛有著不同一般人的獨特旅行視角。每到一處，三毛都會入境問俗，最好的問俗方法，就是品嚐當地的食品。三毛不去那無處不在的「中國飯店」，也不去高級餐館吃千篇一律的西餐，一來是爲了省錢，再則可以透過吃來體驗當地的風土人情，瞭解其地域文化。她喜歡在街頭小吃攤上買東西吃，不拘於形式和內容。站在墨西哥的街頭，她從賣主手裏接過一張玉米餅，中間卷上餡，拿起來就吃，不管是否醬汁滴滴答答地順著手腕流下來。她吃的是墨西哥人的主食「搭哥」，她認為吃在墨西哥是貧乏而沒有文化的。在哥倫比亞的首都波哥大的大街上，她又被小吃攤上一種小白餅和烤香腸所吸引，忍不住要去品嚐。站在華麗的大教堂牆外，在小攤旁吃炸香蕉、烤玉米，包在芭蕉葉裏的米飯。街頭小吃攤成為三毛旅行途中必然光顧的地方，也是她旅行的內容之一。

問俗的方法之二，就是不做局外的旁觀者，要主動地與當地人搭訕，結識，積極參與，親身體驗。在墨西哥坐著木船遊覽當地的水上花園，三毛先是老練地與船主討價還價，然後就跑去跟船家交談，搭上交情後乾脆從船家手裏搶過那支撐船的長篙，抱著長篙拼命地撐，船在窄窄的水道裏東撞西撞，她感到自己的身分變了，改變了遊客的身分，那份天涯之感便是很不同了。她請船家一起吃飯，將船的粗繩索丟上岸，俐落地給它紮一個漂亮的水手結，內心感到無比愉快。

三毛每到一地旅行，都要去三個地方參觀：市場、書店、公共廁所。大的市場、菜場是三毛必到的地方。在墨西哥，她坐長途汽車顛幾百里路，跑到一個小鎮上，轉來轉去找市場——當地人的市集。厄瓜多爾，那位於安第斯山脈上的奧龐巴的星期六露天市集，讓她感到驚喜。這個市集是屬於印第安人的，滿城彩色的人，活潑了原本寂靜的地方。三毛漫步在市集上，一會兒看看那琳琅滿目的貨架；一會兒看看走來走去的印第安人，他們那奇異的裝扮和不凡的長相深深吸引著她；一會兒坐在小吃攤旁吃點東西。逛了一天，雖然什麼也沒買，但瀰漫整個市集那種難言的美麗，令三毛十分滿足。到了秘魯，她向別人打聽，跑到一個叫畢沙克的小鎮上，就是因為聽說那裏有一個美麗多彩的印第安人市集。在秘魯的古斯各，三毛喜歡跑到菜場和清晨的批發市場去參觀，那帶著露水的盛開鮮花，鮮靈靈紅綠綠的菜蔬。她認為一個城市或一個地方的生活水準、繁榮程度都會從市場中清楚地反映出來，這是瞭解這個城市或地方的最好窗口，也是瞭解、體驗當地人生活的最好方法。滿街熙熙攘攘的人群安閒地討價還價，選購商品，那五彩繽紛的貨物、五顏六色的菜蔬水果被人們拿在手上，帶回家去。一幅多麼美妙動人的市井圖畫，三毛從這幅圖畫裏總能感受到生命的欣欣向榮和喜慶色彩，它蘊含著的是人世安然穩健的美，而這種美在二十世紀市場以外的地方是難得看到了。

書店，是三毛必然瀏覽的地方，當然是出於她對書的熱愛，也是瞭解當地文化的好地方，它會告訴三毛這個地方的人們在思考、關注什麼問題，這裏的文化氣氛在多大程度上影響著人們的生活，他們的精神生活豐富或貧乏也能從中看出來。至於公廁，三毛有著不同一般的看法，她認為它代表著一個地方的公共道德和教育水準。從她這些獨特的旅行視角，我們可以知道三毛在旅行中並不滿足於只是觀賞奇山異水，她更關注的是社會生活的圖畫，是人的風景。踏遍萬水千山的目的，是要用一個地球人的眼睛去探訪這個地球的不同地方，有著不同生活方式的生命形式。

在宏都拉斯，他們在境內跑了一千四百多公里。主要的交通工具就是當地的長途汽車。這些開往鄉村的小型巴士很是特別，他們一路上會隨時停下來載人，還要裝載上那些乘客攜帶的各種行李：豬、雞、爐子……車內的人被擠得像沙丁魚，二人的座位要擠三個人，三毛就置身於擁擠的乘客和貨物之間，膝上常常要抱著別人的孩子，那污濁的空氣令人窒息。顛簸在泥沙飛揚的鄉村路上，她和米夏一個村一個鎮地走，看到那些低矮的泥巴房子裏生活著的女人、男人和孩子，他們穿著襤褸的衣衫，被貧窮、苦難刻得一臉茫然，眼睛裏空洞無底。有一陣陣的悲涼漫過三毛的心。宏都拉斯風景如畫的自然風光更襯出這生活的灰暗、悲傷。一路上，三毛的心沉浸在那貧苦的鄉居生活和貧苦農民的臉孔、眼神裏，感到一種無法釋放的沉重和壓抑。不知爲什麼，宏都拉斯之旅，三毛被一種悲苦、憂鬱的情緒牢牢地抓住，是因爲看到了在貧窮中無望掙扎的灰色生命，或許還有別的什麼。連宏都拉斯城市的大街上跑著的一種名叫「青鳥」的大巴士也會勾起三毛的愁緒。她很喜歡在街上來回跑的這種純白色加紅槓的大巴士，因爲它有一個童話般的美麗名字——青鳥。青鳥在人們的心目中是幸福的象徵，是那遙不可及的夢想。三毛很想乘著這「青鳥」去遠方，可她要去的鄉村、小鎮，大巴士是不去的。長途車站的人總是漫不經心地說：「不，妳要去的地方是『青鳥』不到的地方。」是啊，自己已遠離了幸福，青鳥已從身邊永遠地飛去不回頭了。坐在街頭，望著穿梭的青鳥，三毛不由悲傷起來，不光為自己，看滿街上討錢的老女人、擦皮鞋的小孩子和睡在街頭的流浪漢，這跑著青鳥的地方也是『青鳥』不到的地方。幸福只是人們的夢想，它飛快地流過去，廣場上的芸芸眾生，包括自己，都上不了這街車。晚上，她開始做夢了，夢中自己坐著這叫青鳥的大巴士，一直開向海邊，有一個人從海裏走出來，濕濕的手緊緊握住她，那是她的幸福——荷西。

到了厄瓜多爾，三毛直奔她熱切嚮往的地方——安第斯山脈中那深藏山中的小山城奧龐巴以及附近的小村落，對這些地方，三毛懷著一種強烈的鄉愁。見過三毛的人，總會從她的長相、打扮、風采上誤認為她是一個印第安女子，不相識的人會問她：「妳是印第安人嗎？」這正是讓三毛得意和引以為自豪的地方。她認為印第安人是這世上最美的人種，浪漫的三毛堅持認為自己的前世是個印第安女孩子。她還編了一個美麗動人的愛情故事，說她的前世叫哈娃，是厄瓜多爾安第斯山脈裏一個印第安小村裏一個藥師的孫女，她有一個英俊樸實的丈夫，兩個人建立起一個恩愛溫暖的家，過著安逸的男耕女織的日子，村子旁邊有一片澄徹寧靜的湖水叫心湖。後來十九歲的哈娃死於難產。三毛把這個故事告訴她的許多朋友，大家聽後只是一笑了之。可是三毛卻固執地以爲是眞的。坐著車在雨後明淨如洗的黃昏裏進入安第斯山脈，那蒼茫茫的大草原，那白色的積雪山峰，這一切對她來說竟是那樣眼熟，彷彿夢中已來過千百次了。三毛越來越相信自己關於前世的猜測。在山城奧龐巴趕過了印第安人的集市，三毛要去周圍的小村落尋找自己夢中的那一片湖水。她租了一輛車，在附近的山區泥沙路裏打轉。她嚮往在厄瓜多爾這塊還沒有被那些蜂擁而至的遊客污染的土地上，親近一下這純血的印第安人，因爲三毛心裏已將他們視爲族人了，要是能與他們同樣地生活幾天，會感到很大的滿足。轉了幾個印第安村落之後，終於找到了草原上一個明淨的清湖，藍天白雲，在裏面投下了倒影。三毛認爲這就是她夢中的那個心湖，在這離鄉萬里迢迢的地方卻有了歸鄉的感覺。她一定要去湖旁邊的那個小村莊住幾天，她趕走了米夏和司機，獨自一個人留下來。她遇上了一個叫吉兒的印第安婦女，並在吉兒家裏住了下來。她告訴村子裏的人自己叫哈娃，跟著吉兒去湖邊汲水，把牛羊趕到湖邊的草地上吃草，拾柴火，坐在午後靜靜的陽光下穿玻璃珠子，跟吉兒一家一起吃五米餅，三毛覺得自己的心思簡化到了零，一切煩惱全部消失了，她眞想在此終老，讓那個叫三毛的人在世上就此消失，但最後還是只能告別這個地方。她深入印第安人的村落去旅行是她眞實的經歷，其中也許有她浪漫多情的幻想。但它的確是三毛心靈深處的動情寫照。

中南美洲這片土地上交彙著古老與現代文明，散布著許多神奇的聞名於世的古代文明遺跡，探訪這樣的遺跡當然也是三毛旅行的主要內容，對很多古蹟，三毛是聞名已久並懷著極大的渴望要親自前去拜謁。

她去了墨西哥位於山谷中的日神廟、月神廟。因爲它們極像埃及的金字塔，所以在西班牙文中稱它們金字塔。這個西元前二百年至西元九百年間陶特克斯的文明，是人類留在美洲大陸上壯觀的廢墟和歷史，爲現代人留下許多解不開的謎團。比如，那麼高大精緻的建築在生產能力非常低下的古代是如何建起來的？這高高的「金字塔」到底是做什麼用的？有的人甚至認爲它是外星人在地球上的火箭發射塔。去墨西哥之前，三毛特意花了幾個晚上閱讀有關資料，準備去細細領略這象徵著古代文明的人類奇蹟，可是三毛的思古之幽情被擁擠的遊客、烈日下高聲叫賣的小販、大聲播放的流行音樂驅趕得無影無蹤了，她覺得這古老而神聖的古廟已被污染。三毛得出一個結論，遊客蜂擁而至的地方已沒什麼可看了。

在洪都拉斯最有名的算是「哥龐廢墟」。經過十幾天的長途旅行，三毛終於來到了位於茂密的原始雨林中的「哥龐廢墟」，它是「瑪雅文化」留下的遺跡，是西元八百年左右瑪雅人的一個城鎮，有神廟和無數石刻的臉譜人柱，非常壯觀。在一個微雨寒冷的清晨，輕輕踏著掛滿露珠的青草走出這古老的城市，怕驚醒那千年沉睡的靈魂，低下頭去細細撫摸掩蓋著青苔的石頭上刻著的人臉，三毛感到在這神祕安靜的雨林中，仍有生命的氣息。看過了這個古蹟，有些感觸，但三毛總感覺到沒什麼大心得，也就是內心沒有被深深地觸動，她期待著去秘魯的「瑪丘畢丘」參觀能讓自己有意外的驚喜和收穫。

去瑪丘畢丘是每一個到秘魯的旅人最大的嚮往，三毛更是把瑪丘畢丘和南面沙漠中納斯加留下的巨大鳥形和動物的圖案當成這次旅程中特別的企盼，她期待著瑪丘畢丘之行會使她的旅程達到高潮。所謂「瑪丘畢丘廢墟」是古代秘魯印加帝國的一座城市，這座城市的居民似乎一下子消失得無影無蹤，這也是人們至今解不開的千古謎團。它以一個稱號叫「失落的印加城市」而聞名於世界。三毛和米夏奔向秘魯高原上的古斯各——印加帝國當年的都城，打算由此乘車去「瑪丘畢丘」。可是他們到來的時候正趕上這裏的雨季，每天午後必有傾盆大雨從天而降。那條通向「瑪丘畢丘」的唯一的鐵路被迫關閉了。他們困在古斯各十幾天，天天等待那條鐵路的重開。終於，他們坐上了火車，來到了位於山峰上的瑪丘畢丘。親眼目睹那些早已在圖片中看過幾百次的石牆斷垣，三毛心裏還是有說不出的激動。三毛躲開成群的遊客，一個人遊覽了廢墟全部，然後跑到一個小峰上，盤起雙腿坐在一塊大石頭上，靜靜地俯瞰那古老的城市，聽自己心靈深處的迴響，三毛覺得自己被帶入了另一個世界。

另外，三毛每到一地，也會去各種博物館和教堂走一走。但她對此並無太大的興趣，只是應個景似地參觀一番。在中南美洲旅行，好像永遠躲不開大教堂。每一個地方都有教堂，有的古老，有的較新，有的簡樸，有的華麗，總是供奉著神，總有些虔誠膜拜的人。三毛一一走過，一一拜過。對於博物館陳列在展台上的東西，三毛也無甚大的興趣，相對於這些教堂、博物館、古蹟，三毛更喜歡去關注現實中活生生的人和他們的生活，她更關注於生命的「今生」和「現時」。但在墨西哥城的國家人類學博物館陳列的衆多神中，有一個不太引人注意的小神格外引起了三毛的濃厚興趣，那是在圖畫中待在一棵大樹上的自殺神。三毛非常吃驚這世上竟然還有這種自殺神，她又去了第二次，專心研究那個自殺神。三毛說：「世上無論哪一種宗教都不允許自殺，只有在墨西哥發現了這麼一個書上從不提起的小神。我倒覺得這種宗教給了人類最大的尊重和意志自由……是非常有趣而別具意義的。」這個自殺神深深刻在她的心上，再也忘不掉了，因爲它給了自殺應有的地位和合理的解釋，凝望這個自殺神時，三毛也許已爲自己選定了離開這個世界的方式，幾年後的那個清晨，當她用絲襪把自己吊起來的時候，是不是聽到了那個吊在樹上的自殺神的召喚？

三毛還去了玻利維亞、智利、阿根廷等其他幾個中南美洲國家。有的重點遊覽，有的只是作短暫停留，都給三毛留下了各式各樣難忘的回憶。在整個旅行中，三毛一路上都會碰到親切的中國同胞，在哥斯大黎加，在巴拿馬……他們把中國傳統的吃苦耐勞的美德帶到海外，憑著一雙勤勞的手和中國人的聰明才智，在遠離故鄉的地方開創出一片屬於自己的新天地，三毛敬佩他們這種昂揚向上的精神，爲是他們的同胞而自豪，更被他們不忘故土，保持文化之根的情懷深深感動，從他們身上三毛更多地看到了中國人閃光的一面，流露出作爲一個中國人的自豪和驕傲，但三毛從來不會因此去輕視那些貧窮弱小的民族和國家，從來沒有什麼文化優越感，她尊重一切生命，尊重人本身，這是三毛身上非常可貴的一種品質。在秘魯街頭，那可憐的貧窮民間音樂家，三毛懷著深切的同情和尊重，冒著大雨去看那場只有兩個觀衆的演出。在秘魯幫助那個生病的空中小姐，在哥斯大黎加的公園裏聽那賣爆米花的潦倒異鄉人傾吐生活的艱難、內心的煩惱。三毛對遇到的陌生人永遠都懷著親切。把自己的愛心施予別人，一路上廣結善緣。三毛喜歡旅途上的萍水相逢，在忽然走近的一瞬間，人本身隱藏著的那些天眞、可愛的本色會不加掩飾地顯露出來，透過眞誠，心靈和心靈更容易相遇，那親切、那溫暖都是平時體會不到的，人道主義的光彩使三毛別具一種征服力。

像三毛這樣的旅行方式當然不輕鬆，整個旅程充滿了艱辛、危險，三毛都以自己瘦弱多病的身軀頑強地堅持下來。在宏都拉斯旅行時，因飲用水不乾淨，三毛得了急性腸炎，躺在床上兩天不能動，剛剛好一些，三毛就拖著初癒的身體開始了深入鄉村的旅行。她發燒燒得嘴唇潰爛，走路走得鞋子斷裂，腳上長出大水泡。在貧窮的村落裏風餐露宿，一連十幾天沒有水洗澡，全身被跳蚤咬得儘是斑，頭上也奇癢無比，三毛都忍受下來了。在秘魯高原上，強烈的高原反應使她得了高原病「索諾奇」，頭痛欲裂，心臟狂跳，呼吸急促，三毛捂著胸口到處尋找自救的古柯葉。秘魯的瑪丘比丘之行是最危險的，他們乘坐的火車被洪水包圍，差點丟了性命。而去秘魯南面沙漠的納斯加的旅行是最悲慘的，近十個小時的長途公共汽車之旅，汽車一直在崎嶇的道路上顛簸，再加上長途跋涉的艱辛已使三毛體力透支，但她仍堅持要去納斯加，等到達目的地時，三毛已十分虛弱，再也堅持不下去了，第二天，只能由米夏登上小型飛機，代她去空中俯瞰那沙漠中神奇的圖案。吃了千辛萬苦，已到了跟前卻沒能去看上一眼，可見三毛實在是支撐不住了。三毛以頑強的毅力克服許多困難，達到了自己旅行的目的：認識地球，認識人類，瞭解不同民族，結交衆多朋友。

一九八二年五月上旬，三毛結束了長達半年的中南美洲十二國之行，回到台北。因爲她一路上廣結善緣，不斷地發表採訪報導和作品，使得《聯合報》航空版在中南美洲也增加了不少銷量。在歸來以後的演講中，三毛說：「中南美洲，說遠很遠，說近很近，拿整個天地宇宙來比較，它其實就是我們的鄰居，那麼我們去探一探那片地方，將小小的見聞報導出來，也是有一番意義的。」因爲獨特的觀點和旅行方式，使得三毛的旅行遊記有著不同一般的風格和感染力。三毛將這次旅行所寫的一些遊記編集成冊，一九八二年出版了《萬水千山走遍》。一九八三年在三毛去世後，又由其親友整埋出版了它的續集《高原的百合花》。內容都是關於這次中南美洲之行，延續了三毛以往作品的風格，同樣顯示了三毛對生命的讚美和對人類的摯愛。

旅行的日子遠去，終究還是要回到現實中來。在台灣，三毛感覺到這個「三毛」已慢慢變成了奪去她的自由、侵犯她的生活的敵人了，自己不由自主地被它牽著鼻子走。旅行的風塵還沒有洗淨，三毛繁忙的社會活動就開始了。當三毛動身去中南美洲之前，《聯合報》副刊曾邀請三毛在報社能容納一千多人的禮堂裏發表了題爲《明天之旅——燃燒的是我不滅的愛》的公開演講，引起了強烈的反響和極大的轟動。三毛一邊旅行一邊不斷地寫出文章，發表在「聯副」上，每篇文章刊出後，都得到讀者熱烈的迴響，他們不斷地來信、來電話詢問有關情況，有人跑到報社求見三毛，還有人帶來一束束送給三毛的鮮花，人們早就在等待三毛歸來一睹她的風采了。一九八八年五月，三毛回到台灣不久，《聯合報》報社就爲三毛安排了一系列的演講活動，「三毛熱」的溫度還在直線上升，達到令人害怕的狂熱程度。在台北，演講的地點最初設在《聯合報》報社九樓的禮堂，一千五百多人擁進了只有八百個座位的場地，還有許多人擠不進去，只好站在走道裏、電梯口，爲了滿足更多人的要求，他們把場地遷到了台北最大的禮堂——國父紀念館，可是聽衆擁擠的情況反而隨之加劇了。能容納三千多人的大禮堂裏座無虛席，還有很多人乾脆坐在走道的地毯上，外面有一兩千人因擠不進來，只好滯留在廣場上。三毛一連在國父紀念館舉行了幾場這樣大規模的演講，仍有絡繹不絕的聽衆擠在國父紀念館門前。三毛的好朋友、台灣著名詩人瘂弦，從頭至尾參與了三毛演講活動的策劃和組織工作，並全程陪同三毛四處巡迴演講。他回憶最後演講達到的狂熱程度：晚上七點半才開始的演講，從下午四點不到就有大批的人來到國父紀念館前排隊等候入場，人們排起的長隊在館前的廣場上繞了好幾圈，三毛出場時須要遮起臉不讓觀衆認出來，由三個身強力壯的警察費了九牛二虎之力才把三毛送到後台。等到正式開始時，那些在外面站了三四個小時的人因進不了場，情緒特別激動。瘂弦把嗓子都喊啞了，一身西裝全被汗水濕透，也不能安撫憤怒的人群。三毛在衆人眼中成了一個英雄，誇張點說好像變成了衆人的精神領袖。瘂弦他爲三毛憂心忡忡，害怕如果這種演講再繼續搞下去，終有一天，當三毛在這狂熱的人群中走出國父紀念館的時候，大家會把她身上的衣服撕成碎片，帶回家做紀念的。一個女中學生在擁擠中被人踩倒在地，受了傷，送到醫院急救甦醒後，別人問她爲什麼喜歡三毛，她卻反唇相譏：「你嫉妒？」年輕人對三毛的狂熱可見一斑。瘂弦勸告三毛暫時停止這種演講，讓三毛熱降降溫，他說，不然，終有一天，妳會被愛妳的聽眾殺死的。其實，他們已殺死了那個努力要維護平淡如水、靜如秋陽的陳平。三毛聽從他的勸告，很長一段時間閉門不出，三毛熱才冷卻了一些，但是三毛的演講生涯並未就此結束，而是成了她以後生活的固定內容。

除了演講，她還用大量的時間精力去回覆讀者、聽衆的來信，那些信件總是堆積如山，回也回不完。人們在來信中傾訴自己的苦惱和問題，並向三毛尋求答案及解決方法，她成了大家的「知心姐姐」。小學生總是被媽媽打，寫信向三毛哭訴，三毛寫信給她（他）的媽媽，小學生不再挨打了。六十多歲的老人寫信問有什麼辦法治腰痛的老毛病，三毛寫信附上她千方百計打聽來的偏方。她變成了一個光源，把她的光灑落到每一個需要照亮的地方，把溫暖盡量分給每一個人。一個面對自己無數人生難題的人要去解答、思考別人的人生問題；一個心中積壓著人生大悲的人，卻要面帶笑容地熱情鼓勵那些在黑暗中掙扎的人，引導他們抬起頭來走向光明；一個痛失摯愛的人，卻成了向衆人播撒愛的使者。這一切都是因爲她有一顆無比慈愛的心。她愛著這世界，也熱愛生命。

雖然三毛不是一個哲學家，她卻用她自身不斷的嘗試和感受，用她特有的感性方式而非抽象邏輯思維，參透了人生的眞諦。有了對生命的深切認識，她才會認爲一花一世界，同樣是造物者的神蹟，同樣聚結著生命的力量和不容忽視的美，每個人頭上都應有一塊屬於自己的天空。她看到生命的尊貴，也去尊重每一個人，這是一種多麼高貴的品質，這使她從不拒絕每一雙伸向她求助的手，並且在幫助別人的同時仍小心翼翼地保護著別人的尊嚴，唯恐別人會被自己的同情傷到。這就是三毛。她的心本來就是靠近大衆的，尤其是那些悲苦的小人物。

對衆生的愛，對世界的愛是三毛一生的宗教，也是她苦難的根源。她把更多的笑臉留給別人，把更多的孤獨、悲傷留給了自己，在誰也看不到的深夜慢慢咀嚼，吞咽。人們爲沙漠中的那個三毛鼓掌，她活出了生命的燦爛；人們更爲這時的三毛喝采，她活得沉重，卻也最有價值，因爲在沙漠裏是爲自己而活，在台灣卻是爲衆人而活。人們也爲這時的三毛流淚、歎息，因爲在她瘦弱的雙肩上承受了太多太多：爲一切生命哀愁，爲一切生命喜悅。

一九八二年十月，三毛接受了台灣中國文化大學校長張其昀先生的聘書，到文化大學中文系文藝創作組任教，主講「小說研究」和「散文習作」兩門課程，其實，在這之前，她已經三次接到文化大學的聘書，但都因故沒有接受，這次是張其昀先生親自請求她的，三毛爲了回報張先生當年讓她免試入學的大恩大德，終於接受了聘書。

一九八二年新學期開始的時候，華岡校園裏來了一位新教師，她穿著潔白的長裙，白色的短襪套進咖啡色平底鞋，頭上挽著一個俐落的髮髻，薄施脂粉，一路走來，晨風吹動她的長裙，那一個美麗的微笑在微風吹拂中若隱若現。三毛走進明亮寬敞的大教室，環視坐滿了大教室的學生，緩緩地說：「我叫陳平，今天我們要上的課是『小說研究』。」

三毛在她的生活中又找到新的位置：做了一名傳道、授業、解惑的老師。三毛實在是個好老師，她用一顆特別的愛心和精彩的講課深深贏得了大家的喜愛。選修她的課的學生有一百五十名，再加上一些別的系和專門來旁聽的學生，共有二百多人，學生們喜歡她，並不是因為她是有名的三毛，確實是被她別具一格的教學、迷人的風度、對學生的愛護、理解而深深吸引。她從不用說教的方式來傳道。她講述一個個小故事，那小故事裏卻蘊藏著深刻的人生體驗，她並不作評論，只要學生去思考。她讓人家讀作品，討論文學中表現的人的生死、生活的價值和意義、人性的優劣等帶有終極價值關懷色彩的問題。她很注意在細節上對學生人格的培養。她口乾舌燥地講了兩個小時，講台上卻連一杯茶也沒有。三毛沒有說什麼，回到自己的宿舍，她趴在桌子上，把頭埋進自己的臂彎，陷入了深深的自責：她責怪自己沒有教育好學生，是失敗的老師，一個不懂得關心老師講台上有沒有茶的學生，或者明明看見了卻不聞不問的學生，在三毛看來他們並沒有受到眞正的教育。讀書，對生活行事為人沒有任何影響就算是白讀了。三毛一直以一個禮貌、溫文爾雅、有教養的形象面對學生，就是希望以此教化他們，然而，卻換不來眞正的交融。三毛很難過，難過得忘了去吃飯。但她不肯向學生講一句重話的。下一堂課，講台上依然沒有出現那一杯茶，陳老師輕輕地講了一個笑話，全班的人都笑了，有一個學生笑完之後，立即走出教室，很快便捧著一杯茶，走到了講台前。在以後的每一堂課，那一杯茶總是會出現在講台上。三毛並不是看重這一杯茶，她希望自己的學生是善於關心人的、有愛心有教養的人。

三毛曾切身感受過刻板、缺乏個性的教育對學生心靈的束縛和傷害，她決不肯用固定的教學模式去硬套每一個學生。在教學內容上，她是學無定法。有時，她會帶了錄音機來上課，放音樂給大家聽，讓學生想像、分析，由她引導學生去欣賞。有時，她會忽然張開一件披風，教學生如何在十分鐘內做一件經濟又禦寒的外衣。她也給學生分析起、承、轉、合的小說技巧，給大家講析名著。她特別喜歡的《紅樓夢》和《水滸傳》更是她教學的範本，她努力讓學生從中看出文學的美、對話的高妙、內心刻畫、人性的複雜、章回的安排、情節的前後呼應……她的《寶玉與襲人》、《潘金蓮與武松》、《魯達的心境轉變與時令》等等，都是極有特色，極有見解的精彩課程。她開出一大堆書目，督促大家去讀，並在課堂上公開討論，各抒己見。同樣，對於考試，三毛也有不同一般人的理解和做法，她不是用一張寫滿了題目的試卷發給學生，讓他們一一把固定的標準答案背寫在上面。談文學與人生是沒有標準答案的，因此三毛的學期試卷不是所謂用功或不用功的考卷，取而代之的是興趣調查的問卷，比如：我最喜愛的一本書，爲什麼？我最喜歡的一個中國朝代？中外歷史上我喜歡的人物，我喜歡的職業，我最喜歡的戲劇種類……

三毛是一個眞心愛學生的老師，她總是注意激發學生自尊、自愛、自信、自強的信心，批改作業時並不是簡單地一閱而過，打上個分數而已，而是一字一句認眞地讀，在紙上寫滿了評語，差一點的學生，打分時有意打高些，拉他一把，中等的學生就激勵他再向前一步，而優等的學生，他們的作業會讓三毛欣喜若狂，擲筆歎息。

教書的確很累，尤其是想做一個學生喜愛的好老師。三毛把她太部分的時間和精力都花在上課、批改作業、準備教材上。雖然勞累，三毛還是從教書的生涯中感受到了久違了的喜悅。上完課走出教室，她總有一種似繁華落盡後的欣慰、喜悅、踏實和平安。看著學生們的作業由學期開始時的空洞、鬆散，到後來明顯的進步，便有一種止不住的狂喜。課堂上，師生之間心靈的契合，在一剎那間激發出的火花，也會讓三毛感到快樂。教書眞是件有耕耘有收穫又有大快樂的事情，三毛癡愛上了這個職業，爲了它，她謝絕了許多朋友和活動，在陽明山上的宿舍裏閉門讀書，批改作業。本來以爲自己對於教學只有五分鐘的熱度，最多不超過十五天的三毛，深深地陷入其中了。四個月過去了，還沒有厭煩，又一個學期過去了，她仍在華岡校園裏做一個愉快的教師。本來只答應張其昀先生做一年的，可是卻這樣一直幹了下來，一直到一九八四年，因健康關係才辭了教職。

這一段教書生活在三毛回台後幾年的生活中確實是比較愉快的，也暫時平穩了她的情緒，緩和了絕望、虛空對她的壓迫感。從那時三毛和別人的談話和文章中都可看出，教書讓三毛精神上很振奮，也很明朗。她的生活變得充實起來。

去華岡任教以後，文化大學分給三毛一間宿舍，三毛非常高興，終於可以和父母分開住了。她的宿舍在華岡菲華樓，位於台北較爲僻靜的陽明山上，四周是翠竹幽谷。幽靜的環境正合三毛的心思。她的宿舍裏不放冰箱、電視這些電器，也不申請裝電話，只有一桌、一椅、一床，打掃佈置得清潔、溫馨，她終於有了自己的一個小天地，遠離了父母的嘮叨、照顧，也可以盡量躲避一些打擾。課餘時間關在小屋裏看書、寫作、冥想，享受難得的清靜。只有周末下山回台北看看父母，朋友們都說，三毛在陽明山上隱居了，三毛聽了只是微微一笑，並不否認，她的確太需要一個清靜的去處了。

三毛一直非常喜歡駕車兜風。在海外多年，她一直都有車的，無論是沙漠裏，還是在加納利島上，她喜歡觀賞那從車窗外飛快掠過的各種風景，她稱自己的車爲馬。她在情感上癡愛著馬，在她心目中馬代表著許多深遠的意義和境界，那是一種不能輕易擁有的境界。馬的形體，交織著雄壯、神祕、清朗的生命之美。馬的飛躍奔跑，是一份激越的狂喜。這是三毛對馬的詩意情懷。在她的心靈幻像中，她常常騎著一匹馬在無人的海邊奔馳，在漆黑的夜晚，馬的毛色仍會閃閃發亮。她把自己的一本書取名叫《送你一匹馬》。在都市裡，三毛當然不可能實現自己關於馬的夢想，就把汽車當做了馬。在加納利群島上，她有一匹白馬——一輛白色的車。深沉的黑夜，海浪翻滾怒吼，空空蕩蕩的大房子裏，三毛一個人聽著那濤聲，在黑暗中多了一種恐怖，無法安睡，她就會開著車到公路上一直跑到天亮，心中才會舒坦些。回台灣定居後，三毛一直想買一輛車，要像原來加納利島上的那輛一樣，是白色的。終於，三毛有了自己的一匹白馬。她開著它在台北的馬路上小心翼翼地跑。周末開著車回台北看父母，然後再開車上山回學校，除此也沒有更多的時間和機會讓她放馬馳騁。一九八二年的暑假，三毛回了一趟西班牙，到加納利島自己的房子裏去住了幾天，去荷西的墳前坐坐，然後又飛去馬德里看望公婆，還匆匆去探望了窮困潦倒的朋友，送上自己的一份安慰和幫助。這次再赴加納利島，三毛的臉很快又曬成了棕色。回到台北後，臉上的棕色慢慢褪去，而對海的那種深深相思卻在心頭揮抹不去。於是，三毛駕上她的白馬，到台北附近的海灣去看海；在離台北不遠的地方，她找到了一片無人的海灘，鋪一張她特意買的草席在沙灘上，四周用石塊壓住，脫了鞋子，平躺在席子上，什麼也不想。台北那擁擠忙碌的生活恍如隔世。她找到了這片海，它只屬於自己，於是三毛有了一個逃離台北的地方，她常常開車去海邊，總是一個人。每次從海邊回來，都會覺得心情更好些，天空好像也變得高遠而遼闊了。

然而，去海邊對於三毛來說是十分奢侈的事情，因爲教書占據她大半的時間和精力，而那從未間斷的演講、座談會，那一大堆永遠拆不完回不完的信又分割掉了另外的時間，她還要擠出時間讀書、寫作。她只能拼命減少自己吃飯、睡覺的時間，實在忙不過來，就乾脆不吃、不睡，她的胃病不斷地犯，她日益消瘦、憔悴。醫生反覆叮囑她：要少抽煙，注意飲食，多睡覺。睡覺對三毛來說也成了奢侈的事情，她像是一架超負荷運轉的機器，怎麼也停不下來。

回台灣後不久，因讀者的來信太多，閱讀和回信占去了三毛太多的時間、精力，爲此，《講義》雜誌開闢了一個專欄「親愛的三毛」，旨在架起一道三毛和讀者之間溝通心靈的橋梁，用三毛的人生智慧，獨到體驗，一顆愛心來指點衆人的迷津，增加那些不幸和煩惱中的人們的生活勇氣和信心，三毛成了專門醫治人們的精神疾患、撫慰心靈的天使。這樣的工作做起來當然不會輕鬆，但三毛依然是十分認眞、投入地去做。從那時起，她每天的工作內容之一便是拆閱來信，再一一回覆，這樣的工作做起來實在是累人又累心。在華岡教書的同時，她又在台中明道高級中學的刊物《明道文藝》上開設了一個專欄——「三毛信箱」，以通信的形式同讀者進行交流。如此，三毛的工作量更大了。

三毛爲了保證在教學上的投入，盡力推掉了許多演講活動。可是每到寒暑假、周末，三毛都是四處奔波演講，手裏拎著一個包，坐火車跑到台北以外的縣市：彰化、台中……去奔赴早已安排好的一場場演講，去談人生，談自己，然後再匆匆趕回台北，去面對自己的學生。這已成了周末的固定節目了。即使是生病了，只要沒有躺到醫院的病床上，對方也會要求三毛支撐著去，因爲要兌現承諾，哪怕她前一晚上還在醫院裏打點滴，還是咳嗽得喉嚨嘶啞，她也不得不努力前往。匆匆的來去間，吃飯常常被忽略了，睡覺也是能睡多少就睡多少，回到家裏，她會撲倒在床上，不給父母問這問那的時間，只是一個勁地嚷，「請讓我休息、休息、休息……」睡夢裏也仍是累。幾個月的時間，她講了整整一百場。三毛的母親心疼女兒，她一再對那些上門來請三毛去演講、去座談的人說：「三毛現在忙得沒有自己的時間去做她想做的事，她的時間被太多外務分割了，常常吃不好，睡不好，而日子無止境地過下去，不知哪一天這種忙碌才會停止，這是社會太愛她了，而我們實在受不了……」父親看著女兒勉強支撐的樣子，心疼得對著她大吼：「我問妳要不要命？」她的學生也說：「三毛有三毛的世界，陳老師有陳老師在現實生活中所要背的十字架，眞害怕她會做了『三毛』這筆名下的犧牲者，終有一天要逃離中國，到那時就再也看不到、聽不到、見不到她的人、聲音和文章了。」其實，這也是很多愛三毛的朋友們的憂慮。

在文化大學三毛的宿舍門前有一個美麗的小牌子，上面寫著幾行小字：「我喜歡跟朋友先約定時間再見面。如果您突然好意上山來看我，而恰好我也在家，很可能因爲正在工作而不開門，請您原諒，請不要再敲門，除非我們已經約好，謝謝。」這個小牌子，已清清楚楚地說明了三毛的不勝負荷，她只能用這種方式來保護自己不被打擾。她用這時間來讀書，因爲對三毛來說，書是每天要讀的，一天不讀書便覺得面目可憎。讀書，也成了她生活中唯一的享受和樂趣。三毛尤其喜歡燈下夜讀，習慣在夜深人靜的時候，泡上一杯好茶，點燃一支煙，在明亮的燈下，捧著書本，與書中的人物花草一起秉燭夜遊。三毛讀書很雜，幾乎無書不讀：易經、老莊、三國、武俠偵探言情、史書、經書、藥書、詩、詞、歌賦。到文化大學任教後，有了一張學校圖書館的借書證，三毛欣喜若狂，那四十多萬卷的藏書好像已成了自己的，那燈下的夜讀更是不亦樂乎。

三毛讀了一生的書是《紅樓夢》，她把它當成生活中唯一的驚喜和迷幻，靈魂早已被吸附進去，那本書拿在手上是活的，她心中又隱隱地有些不安。三毛甚至向她的學生說，等她有一天死了，不要燒什麼紙錢，就燒一部《紅樓夢》給她，在陽明山上的小屋子裏，三毛沉醉在紅樓的世界裏。除了讀書，還有寫作，三毛把擠出來的時間都用在這上面。夜晚的燈光下，三毛常常伏在桌上爬格子。過去，三毛說，寫作只是她生活的一部分，像是大蛋糕頂上的那顆紅櫻桃。那是精彩的生活孕育出的一份美麗。那時，大蛋糕還是她自己的，而現在都已被衆人分吃了，只留給她這顆櫻桃，現在生活有意義，但沉重，沒有精彩，她仍要努力地讓它美麗動人，似乎也有些難。三毛這時的文章多記錄她忙碌、被分割的生活，她的教書生涯，偶爾，記憶的閘門也會開啓，放出一兩個美麗的回憶。但如《夢裏花落知多少》那樣精彩的文字卻已是不見了。這時的三毛努力地讓自己投入火熱的生活，努力地讓自己多想到快樂。從一九八二年至一九八四年，她接連出版了《蘭嶼之歌》（譯作）、《送你一匹馬》（一九八三）、《清泉故事》（一九八四）三本書。雖然都是些好文章，但已無法跟當年的《撒哈拉的故事》相比了。並不是三毛的寫作技巧退步了，而是她的生活已漸漸失去了往日的光彩。情感和心靈的枯竭對於一個作家來說是致命的，對三毛來說尤其如此，因爲她直接抒寫的就是自己的情感和心靈，生活中沒有了那些大喜大悲的故事，她只能描述一些七零八碎、平平淡淡的生活，當她同衆人一樣平凡時，她就失去了那種光彩和魅力，不再是一個浪漫幻像。當年她雖然寫的都是生活細節，在沙漠或海島，在喜悅或悲哀背景的映襯下就會有滋味，而在台灣平淡生活的背景下就只是瑣碎。

但三毛的作品仍受到讀者的喜愛，一九八四年底，三毛曾作爲頒獎嘉賓被邀請到香港出席「開卷有益」青年讀書報告比賽頒獎典禮，因爲這次讀書報告比賽反應出一個資訊：三毛仍是香港青年最喜歡的作家之一。

這種拼命讀書、寫作、工作、廣泛交遊的生活，嚴重損害了三毛的身體健康，時間、精力的大量透支，使三毛心力交瘁，體重下降了十四公斤。三毛急需要休息靜養，可是在國內無論如何也是難以得到靜養的，只有去國外。一九八三年底，三毛去了西班牙，在加納利島上小住休養。一九八四年春節，她又利用學校放寒假的時間飛去美國加州，在那裏休息了六個星期。三毛感到恐怕必須捨棄自己喜歡的教書工作，和心愛的學生說再見了，否則，自己肯定要完蛋，但她還是負責任地想把這一個學期教完再辭職。心裏惦記著學生和他們的功課，雖然身體狀況沒有很大好轉，三毛還是匆匆趕回了台北，徑自上了陽明山，接著就是忙著上課，夜以繼日地批改作業，但是那個學期的課仍沒能堅持上完，三毛因病要去美國加州開刀，她只得辭去教職，結束了她的教書生涯。她從陽明山上的教師宿舍搬了出來，臨時到母親在台北民生東路

「名人世界」買下的一個二十三坪的小公寓，安頓好自己的書籍，跟心愛的學生道了再見，她就去了美國，去治病休養，一直到一九八四年底才回到台北。

一九八五年可以說是三毛最忙碌、也是最心力交瘁的一年。這一年裏發生了很多的事。從美國回到台灣後，就像還債似的，三毛拼命處理那些被積壓的事務和工作。原來已計劃出版一本新書——《傾城》，這個工作還有一大半沒有完成，在跟出版社談了談自己的想法以後，以爲如果自己抓緊一點，辛苦一下還可以同時推出另外兩本新書《談心》和《隨想》。《談心》主要收錄了三毛跟讀者多年來的通信，需要挑選、整理、編輯，工作量已是很大，但這畢竟是現成的東西，而《隨想》則是一本詩集，打算收錄三毛對於人生、世界有感而發的一些詩歌，對於慣寫散文的三毛來說，也算是一種新的嘗試。但當時手頭並沒一篇這樣的作品，全部都要在短時間內寫出來。三毛覺得只要自己用功，肯定能同時完成這三本書的，她工作起來不要命的衝勁又來了，竟忘記自己剛剛養病回來。而恰巧在這時，三毛的朋友丁松青神父也寫完了他的又一本新書《墨西哥之旅》，是用英文寫成的，交給三毛翻譯成中文出版。在這之前，三毛已爲丁松青翻譯過兩本了。就是《蘭嶼之歌》和《清泉故事》。丁松青可以說是三毛在臺灣最知心的朋友，因爲他是神父，所以三毛肯把很多的紅塵心事向他傾訴，他保存了三毛很多的秘密。其實兩人的相識很偶然，是在蘭嶼萍水相逢，一見如故，三毛用這種萍水相逢的方式交到了很多朋友。丁松青居住在美國，學習的是神學，後來到臺灣清泉做神父，後在光啓社工作，他很喜歡創作，三毛就熱情鼓勵和幫助他，並爲他翻譯成中文，兩人有很深厚的友誼。

三毛手上一下子就有了四本書的工作要做，這還不算，三毛還跟滾石唱片公司簽了合同，要爲他們的一張新唱片擔任作詞。在這之前，三毛寫過一些歌詞，其中影響最大，傳唱最廣的就是那首《橄欖樹》。這次唱片的製作人是王新蓮、齊豫，也算是三毛的朋友，他們對三毛的期望很高，要求也很嚴格，三毛也只有拼命絞盡腦汁一句句地寫出最精彩的。三毛被四本書、一張唱片上的歌詞淹沒了，而那些座談、演講、飯局、應酬也並沒有放過她。

三毛住在她那個位於「名人世界」裏的家中，拼命工作，每天只能睡四個小時，連大廈值夜班的人見了三毛都會很痛惜地說：「每次我巡夜看到妳的燈都是亮到天亮，妳要注意休息，身體要緊呀！」三毛也知道自己需要休息，可怎麼能休息？三毛緊張得失眠睡不了覺，每天都要吃安眠藥才能入睡，她的生活成了一根繃得緊緊的，隨時都可能會斷的弦。

二月份，三毛的一個朋友要搬家，要把原來的房子賣掉，離三毛父母的家不遠。那是一幢小樓，還有一個屋頂花園，三毛尤其喜歡那個小花園，在那花園裏有綠草花果散發出的野趣情調，竟然還有一棵櫻花樹。三毛對這幢房子一見鍾情，在失去了荷西後這是第一次，她心裏明確知道想要的東西。

她立即就決定要買下來，唯恐因資金不夠而失去它，在電話裏竟然對著父母大哭起來。因為她在加納利島上的房子還沒有賣掉，只能暫時向父母借錢買了下來。然後就是忙著打掃、裝修，三毛完全按照自己的意願，把它裝修成了一間道道地地的小木屋——牆上全用粗糙的、沒經過加工的杉木板釘起來，家具也全部用杉木去做，不著色，粗獷而鄉土。沙發包上了鄉土氣息的大花棉布，而窗簾則用米色的粗坯布，家中所有燈罩，全部用鋸掉了柄的美濃雨傘撐開，倒掛著充當。房子終於裝修好了。六月的一天，三毛搬到新家。接著又是拼命地布置新家，把自己收藏的那些寶貝：沙漠石雕、法國的寶瓶、阿拉伯神燈、中國木魚、瑞士牛鈴、瑞典的水晶……一一搬到新家，讓它們各就各位，整個家到處都是書架，不管坐在哪裡，書籍都是伸手可及。這些藝術品和書籍使整個房子散發出了說不盡的藝術氣質，也正是三毛藝術的表達。但這間房子雖然美麗，卻總給人陰冷之感，書房裏的兩個窗戶全給封上了，因此顯得幽暗陰沉的牆上，懸掛著與荷西的大幅照片，把大肚銅茶壺冷冰冰地插著把樹枝。滿屋書香和朽木的黴味與她低落的情緒十分相襯，連三毛的父母都覺得這過於陰冷寂寞的環境不適宜她一個人在此居住，而要她長住娘家。她卻是癡狂地愛著這個地方，不吃不睡地陶醉於對房子的裝修中，三毛心中充滿了創造的喜悅和狂愛。也許她眞是在冥冥中聽到了命運的低語，這裏將成為她告別人世的最後住所。她從這所房子裏走出去，去了醫院，又在那裏離去。三毛死後，她的父親準備將這小木屋裏的一切都保留下來，闢爲三毛紀念館，讓那些懷念三毛的人來此緬懷她。

正當三毛一方面忙於寫作，一方面忙於安置她的新家的時候，她的一個摯友楊淑惠女士因爲腦癌住進了醫院。楊女士是東海大學文學院院長江舉謙先生的夫人，三毛是在去東海大學演講時認識她的，兩人一見如故，三毛喜歡她的氣質、美麗和個性，覺得跟自己很相似，非常投緣。三毛交友從來不去刻意尋找，往往是憑著緣份、心靈的會意去選擇朋友，而一旦能成爲三毛眞正朋友的人是非常幸運的，三毛對朋友最是傾心相待。三毛和楊女士名爲學生和師母，情同姐妹，三毛把很多心事都告訴楊女士，書信往來不斷。可以說，在台灣，除了丁松青神父，最瞭解三毛的就是楊女士了。在靈魂和情感上她們扶持相依。楊女士病後住進了台大醫院進行治療。三毛知道後，悲痛欲絕，在工作忙碌幾乎到崩潰邊緣的時候，三毛每天都跑到醫院去看望楊女士，含著淚微笑著安慰她，而一走出病房眼淚就嘩嘩地流下來。多少次，她坐在台大醫院院子裏的石階上，絕望地放聲痛哭。而就在楊女士住院後的十天，三毛的母親也被查出來患了乳腺癌，住進榮總醫院開刀治療，這更把三毛推向了絕望的深淵和崩潰的邊緣。在日日夜夜工作的空檔裏，三毛從這個醫院跑向另一個醫院，含著淚水穿梭在兩個所愛的人之間，那水深火熱的日子三毛是一天天熬過來的。她已經完全睡不著覺了，乾脆放棄了每天原本只有四個小時的睡眠，翻出張愛玲所有的書籍，自己也說不清是第二十次，還是第三十次閱讀她的作品了，只有沉浸在書中，三毛才能暫時鬆弛一下那緊張的心情，忘掉肩上擔負的責任。三毛把愛看得比一切都重。愛到深處，就會變成心靈上的負擔，三毛脆弱的心靈有些不堪重負了。將近三個月，三毛就這樣幾乎不睡覺，最後開著車差點出了車禍，三毛這才放棄了閱讀。

可是那些文章還在等著她寫，那些任務還在等著她去完成，她絞盡腦汁，累得腦袋都快要炸開了，也要堅持工作。那些日子，三毛就像飄浮在惡夢中的一個影子，每天晚上睜著眼睛直盯著天花板，一下也不能睡，安眠藥的用量在不斷加大，從每次三片一直吃到十片，仍然不管用。害怕聽見聲音，沒有緣由地放聲大哭，變得非常神經質，有時都不知自己在幹什麼，而做過之後就會忘得乾乾淨淨。半夜三更給她的好朋友王恒打電話，吵得人家全家都醒了，就爲了讓王恒立即替她買一架鋼琴。王恒後來打電話問她到底要不要鋼琴時，她又矢口否認這回事，她已經完全忘記這回事了。又有一次，深夜一點半打電話給她的女友陳壽美，叫人家帶她去醫院打點滴，說自己不舒服。人家等了她半天，她又沒來，後來陳壽美打電話問她爲什麼失約，她又完全不記得了。另外還有好幾個朋友抱怨她半夜打電話吵醒人家，說是託人家做什麼事，而三毛都不承認，因爲她也是統統不記得了。類似的事也發生在她自己身上，她看見水瓶裏插著一大把萬年青的葉子，可並不記得自己是什麼時候冒著從五樓摔下去的危險，爬到牆上去摘的。三毛的精神已明顯有些失常了。

母親經過一段時間的治療，暫時康復出院了，而楊女士卻一天一天走向死亡的邊緣，已處於深度昏迷狀態。三毛坐在台大醫院的花壇旁痛哭失聲，然後回家去，可是卻怎麼也想不起父母家在什麼地方了，抱著一根路邊的電線桿，嘔吐不止，最後才終於想起自己的家在何方。回到家中，翻出電話簿，給父親打電話，並不敢說自己的病狀，只是說自己忙，不能回家。吃下一把安眠藥，三毛仍然不能安睡，只聽見腳步聲從四面八方響起，恐怖得把身體緊貼在牆上。從此，三毛患上了記憶喪失症，時好時壞，有時出去，站在街上找不到回家的路。整整六個月，三毛幾乎沒有闔過眼，走起路來腿上似有千斤重，拖也拖不動。

三毛終於住進了榮民總醫院神經內科，接受治療，醫生診斷她是因精神極度緊張，極度疲勞，用腦過度導致的輕度精神病。在醫院住了十七天之後，三毛出院了，又立即去美國休息、療養。

楊女士終於去世了，三毛也在死亡的幽谷裏走過一趟。

一九八五年對三毛來說眞是個多事之秋，這之後的三毛是不是就一帆風順了呢？

第六章

告別滾滾紅塵

「如果選擇了自己結束生命的這條路，
你們也要想得明白，
因為在我，
那將是一個更幸福的歸宿。」

第六章　告別滾滾紅塵

台灣著名作家余光中先生曾經寫過一首廣為流傳的詩，題目是〈鄉愁〉：

小時候，
鄉愁是一枚小小的郵票，
我在這頭，
母親在那頭。
長大後，
鄉愁是一張窄窄的船票，
我在這頭，
新娘在那頭。
後來啊，
鄉愁是一方矮矮的墳墓，
我在外頭，
母親在裏頭。

而現在，
鄉愁是一彎淺淺的海峽，
我在這頭，
大陸在那頭。

多少年來，無數客居海外的遊子，無時無刻不在思念故鄉，思念祖國大陸的親人和一草一木。由於歷史的原因，台灣和大陸隔海峽相望，數十年不能有書信的交流和人員的往來，直到八十年代末，這種不正常的狀況才有了改變，回鄉探親才有了可能。於是，一個個令人唏噓不已的故事發生了。而三毛的大陸之行就是其中的一個……

三毛的祖籍是浙江省舟山市定海區的小沙鄉陳家村，她的祖父叫陳宗緒，父親叫陳嗣慶，伯父叫陳漢青。然而，她和她的父母、兄弟姊妹們，整整四十年，沒有能夠與家鄉聯繫，沒有回過大陸，自然更沒有回過故鄉。不過，在故鄉，三毛已經沒有直系的親屬，只有一些遠房親戚。但無論怎樣，三毛對於故鄉的感情還是一樣的深厚，因爲這是自己的根！作爲作家，更作爲中國人，三毛時時刻刻想「回家」，更何況在家鄉還有倪竹青——一位可親可敬的老人。

倪竹青，這位被三毛稱爲叔叔、視作她在大陸最親近的老人，其實與三毛沒有任何血緣上的聯繫，但他們卻眞正是親如一家。

倪竹青自幼多才多藝，書法繪畫樣樣精通，被鄉親們當作小秀才。倪竹青小時候，家人曾因賣給陳家一棟房屋而建立了友誼，因此，後來當三毛的父親在南京開辦律師事務所缺少人手時，很自然就想到了已經中學畢業的倪竹青。那時的倪竹青，不僅聰明正直，而且年紀輕輕，就已寫得一手好字，畫一手好畫，正是律師事務所需要的人才。於是倪竹青就從那個東海之中的海島，來到南京。那是一九四七年。

就在那一年，倪竹青認識了小三毛——當時她才三歲。

倪竹青來後，幫助三毛的父親和伯父抄抄狀子，外出辦理雜事，深受三毛一家信任。後來，三毛一家去了台灣，倪竹青則回了家鄉，雙方遂失去聯繫。這一中斷就是四十年！

一九八四年，三毛的一個堂姐偶然之中發現了三毛的一篇寫家鄉的文章，驚奇之餘，告訴了倪竹青。倪竹青又驚又喜，眞想馬上和海峽對面的三毛一家聯繫。但時機尚未成熟，他還要等待。

好在沒有等待太久。

一九八八年春天，倪竹青小時候的一位朋友終於能夠從台灣來舟山探親。倪竹青趕快修書一封連同一張全家福照片，交給這位朋友，請他設法轉交給三毛家。五月份，三毛一家收到這封來自大陸的信——多年來第一封來自大陸親人的信。全家人悲喜交加，得知倪竹青仍然健在的消息後，決定立即回信給他，向他傾訴四十年來隔水相望的思念之情。自然，這覆信的任務落在三毛身上。

這時的三毛，正被疾病和種種世俗雜事弄得心力交瘁，正需要有一些令人興奮的事件來刺激她那瀕臨崩潰的神經。於是，三毛興奮之餘，竟洋洋灑灑寫了兩千多字，向倪竹青詳敘自己一家人數十年來的生活狀況，並回憶了當年在南京的生活，最後表示自己和家人非常希望能回故鄉探親，她說她恨不得馬上飛越海峽，飛到那四十年不見的故土。

然而，有了回老家的可能，卻不一定能馬上實現。此時的三毛實在是太忙太忙。除了教書，還要爲報刊寫專欄文章，給讀者寫回信，更有那一個接一個的講演。三毛又是一個十分認眞的人，對於讀者的來信，她都要堅持盡量給予詳細認眞的答覆。而那些早在半年前就定下的講演，更是不能改期。而且，她的父母因爲年老和患病，恐怕都不能和她一起回故鄉探親，雖然他們晚年的最大希望就是回故鄉看看，但卻是一個永遠無法圓的夢了。

這樣，一九八八年過去了，三毛未能回家——回她的老家舟山。但在她的夢中，卻不知已經夢想過多少次了。然而，爲了讓夢想成眞，自從接到倪竹青的第一封信後，三毛一直都在做著各種準備。

一九八九年四月二十日，三毛終於踏上了故鄉的土地。已經七十歲的倪竹青，親自來到碼頭迎接。輪船緩緩靠岸，三毛走下舷梯，人們歡呼起來：來了，三毛回來了！人們擁上前去，團團圍住了三毛。三毛卻著急地問：「倪竹青叔叔來了沒有？」她撥開人叢，和迎上來的倪竹青緊緊擁抱，淚水簌簌地流著：「竹青叔叔，我三歲時你抱過我，現在讓我抱抱你！」倪竹青也激動地寫流下眼淚，在場的人們都爲這感人的場景激動不已，更有不少三毛迷也激動得哭了起來。

踏在家鄉的土地上，面對家鄉的親友，三毛大聲喊著：「我回來了，回到了故鄉！我尋根來了！」她一遍又一遍地說：「這不是在夢中吧，是不是眞的？」

倪竹青是一個比較內向的老人，平時不輕易流露感情，可這一次他實在太激動了：分別四十年，居然還能在家鄉見到姪女，而且是已經成爲著名作家的姪女，古稀之年能有此幸事，又有何求！在歡迎三毛的一次集會上，倪竹青興奮之餘，當即塡詞，一首《如夢令》讓三毛激動不已：

相見宛然如夢，
兩地悲歡慨慷，
捧獻葡萄酒，
共訴別離情況，
情況情況，
卅年相思今償。

三毛當場讀後，非常激動，事後又寫信給倪竹青說，那天在座談會上的即席填詞，那樣的瀟灑，那樣的浪漫，那樣的大氣磅礡，眞讓她激動不已，喚起了她的創作衝動，眞正了不起！

對於倪竹青的書法和繪畫，三毛更是驚歎不已。走過萬水千山的三毛，曾經在世界各地認眞鑒賞過許多名畫，因此，對於書畫有很高的鑒賞眼光。對於倪竹青的畫和字，她打內心感到非同一般，認爲可以從中看到「一個人的生命歷程」和他感情的眞誠流露。遇到知己，倪竹青也是非常高興，他欣然將自己的全部字畫送給這位姪女，三毛得到這樣貴重的禮物，不禁驚喜交加。後來，三毛將倪竹青的全部書畫帶到台灣，逢人便向他們熱情推薦，請朋友傳閱觀看。

也許，倪竹青的作品並沒有多麼出色，三毛看中的是作品中流露的眞誠，而三毛最欣賞的品格就是眞誠。書畫，使三毛和倪竹青叔叔的距離拉近了，相處雖然短暫，已足夠使他們成爲眞正的知己，成爲互相理解的忘年交。她在寫給倪竹青的信中坦然承認：「青叔，青叔，我們相見恨晚。」「此趟大陸之行，叔叔，我證實了自己的直覺，在求證之後，我仍要說——竹青叔，你是我在大陸最親愛的人。」

在家鄉，三毛曾拜見了自己的一位年過八十的堂姑母，她請人們閃開，恭恭敬敬地向姑母磕了三個頭。堂姑母沒有料到這位多年不見的姪女會行如此大禮，慌忙扶起三毛，感動地說：「罪過，罪過！我今生今世還能見到你這個好姪女，已經很高興了。」

在定海小沙鄉，鄉親們親切地稱她：「小沙女，小沙女！」三毛聽了非常高興：多好的名字，我以後就用這個名字作爲第二個筆名吧，這是故鄉人爲我取的名字啊！

三毛此次回鄉，還瞻仰了祖居，在陳家祠堂按照家鄉的風俗祭拜祖先，又去祖父墳前掃墓。臨行前，她從祖父墳頭，捧起一把泥土，裝進一個特意從台灣帶來的盒子，要把它帶回台灣。下山後，又在故鄉的井裏打上一桶水，灌進自己帶的瓶中，也要帶回台灣。可是，故鄉人的深情、故鄉的山山水水，她又怎能全部帶走？三毛多想在故鄉多住幾天，多在家鄉的土地上走走……

更讓三毛高興的是，在家鄉她竟然「掙」到了第一筆來自大陸的稿費——她的作品在大陸已經出版了數百萬冊，但她一直沒有拿到稿酬，對於這種侵犯作者著作權的做法，三毛很生氣。在家鄉的一次聚會上，舟山市文藝界的一位先生請三毛寫一首歌詞，由他來譜曲。並表示下次三毛回來時，就用這首歌歡迎她。三毛聽了非常高興，卻故意裝作很認真地說：「寫詞可以，但你必須付給我一元稿費，而且版權不屬於你。」——三毛以這樣幽默的方式，表現出對那些不尊重作者權益的不滿。隨後，三毛把一首題為〈夜宴〉的短詩當場寫在紙上，交給那位先生，並眞的接過來一元人民幣，高興地說：「這是我在大陸賺到的第一元稿費，好開心啊！」

「相見時難別亦難」，終於要離開家鄉了，三毛一步一回頭，戀戀不捨地離開了故鄉，離開了她的竹青叔，還有熱情眞誠的故鄉人。她暗暗下了決心，一定還要回來，還要見她的親人！

回到台灣後，三毛仍然難以忘記這珍貴的故鄉行，更難忘故鄉人，特別是倪竹青叔叔。於是，她寫給倪竹青的書信越來越多，所談話題也日益廣泛和深入，她承認自己一生從來沒有給別人寫過這麼多的信。不過，三毛並不以爲是增加負擔，相反感到十分輕鬆，因爲給倪竹青寫信，「不必思考文筆」，正好放鬆自己，好比是大腦的休息。從現存三毛給倪竹青的信中可以看出，三毛的確是把寫信當作傾訴自己內心苦悶和世俗煩惱的機會，面對這位大陸叔叔，三毛幾乎無話不談，一點也不必掩飾什麼。甚至對親生父母不說的事，她都毫無保留地告訴倪竹青，包括自己的愛情、事業上的挫折、自己的病情和內心對人生的厭倦。可以說，在這樣的信裏，我們又看到了一個與寫散文、做演講全然不同的三毛，一個脫盡社會輿論強加之光環的本色的三毛，一個普普通通的三毛。三毛不僅異乎尋常地一封又一封地給倪竹青寫信，而且迫切地要求得到回信，要求倪竹青寫得更多更快。她承認自己現在對倪竹青有兩種感情，一種是家族上的關係，一種是人生的知己、心靈上的相交。兩種感情交織在一起，那種相思滋味眞正是「才下眉頭，卻上心頭」。

的確，此時的三毛，先後遭遇母親患了絕症、自己意外摔傷、摔斷四根肋骨、精神因過度緊張而失常等變故，而眞正能夠在心理上給她安慰的人，在台灣幾乎沒有。因此，她也就自然把她的竹青叔叔當作唯一能夠得到安慰的源泉了。

通過書信的多次交流情感，三毛感到自己迫切地想再見一見倪竹青，可惜因爲她太忙，原定的幾個時間都未能成行，直到一九九〇年十月，三毛才重返大陸。在杭州美麗的西子湖畔，三毛終於再次也是最後一次見到她的竹青叔叔。整整三天，三毛和她的叔叔、嬸嬸同吃同住同遊，盡情享受親情、友情，傾訴自己的一切，度過了難忘的時光。她在事後寫給倪竹青的信中說：「人生能夠有此三日，已是三生有幸，叔嬸，謝謝一切的一切。」

可惜，美好的時光過於短暫，三毛與倪竹青約定，明年再見，到時拉上好友，一起重返大陸，再與叔嬸同遊。誰知此言說出不足三月，三毛告別了人世。

從現存三毛寫給倪竹青的書信看，三毛的確有自尋絕路的傾向，信中不止一次地流露出極度悲觀消極的情緒，似乎她早就厭倦了世俗的一切，只因塵世的責任未了，她不能撒手而去就是了。

不過，對於三毛與倪竹青的交往，似乎有一個不能很好解釋的現象，即爲什麼三毛會那樣熱切地與倪竹青交往，那種親密和熱情似乎超出了純粹親情和友誼的限度，這在三毛的信中表露得十分明顯。也許，三毛就是這樣的性格，喜歡不同尋常，喜歡做出讓人吃驚的言行，有時又不過是一時的心血來潮，有時是出於她自己的單純想像——將她在作品中描寫的事物搬到實際生活中來了。更特殊的是三毛的情感似乎來得特別快，但並未因此就不夠眞誠，相反，她每每對她所信賴、熱愛的人奉上一顆赤誠的心，也因此要求對方給予同等的甚至是更多的回報。可惜，他人很少能像她那樣富有激情，也很少像她那樣容易爲情感所支配。

在第一次踏上大陸的旅行中，三毛還圓了另一個夢想，見到了著名畫家張樂平先生。張樂平先生是「三毛」漫畫形象的創造者，是一位被三毛視作「大陸爸爸」的可親可敬的老人。

第六章 告別滾滾紅塵

事情的緣由要從八十年代說起。

張樂平先生創作的男孩「三毛」漫畫形象，數十年來聞名國內外，尤為廣大青少年所喜愛，先後在多種刊物上刊載，並被拍成不同版本的影視作品，影響極為廣泛。而三毛早在三歲時，就看過張樂平畫的「三毛」故事，非常喜歡那個頭上只有三根頭髮的小男孩。自然，那時的她，不可能知道「三毛」的爸爸是誰。長大成人後，三毛使用「三毛」作為筆名發表作品時，已經知道張樂平先生了，但限於當時大陸與台灣的分離狀況，三毛雖然渴望見到張樂平先生，卻沒有機會。隨著改革開放的浪潮，三毛的作品進入大陸，風靡一時，神州大地出現了一股「三毛熱」。於是，就有很多人問張樂平先生，他與台灣的三毛是否有親戚關係？「三毛」這個筆名和漫畫中的「三毛」有無聯繫？

張樂平先生開始並不在意，也沒有讀過三毛的作品，他以為，「三毛」這個名字極為普通，在大陸有許多男孩都叫「三毛」，台灣的三毛可能只是巧合罷了。隨著人們的不斷詢問，張樂平先生開始對三毛的作品產生了興趣，找來不少作品閱讀，印象很好。於是，他也產生了想見一見三毛其人的念頭。張樂平對記者說，希望今生能有這樣的機會。台灣的報紙隨即披露了他的這番話。沒想到，見報的次日三毛就讀到了。三毛非常激動，終於按捺不住，提筆給張樂平寫信。在信中，三毛真誠地流露出對「三毛」這一漫畫形象的熱愛，承認自己取名「三毛」就是出於此。三毛熱切地表示，「明年（一九八九年）春天，我回大陸來，很希望您能給我一份幸運拜望您……」一九八八年七月二十九日，這封信越過台灣海峽，來到張樂平手上。

張樂平收到來信，非常高興，正躺在病榻上的他，竟然一下坐起來，病情奇蹟般地好轉了許多，他馬上回信表示歡迎三毛回來看看。張樂平拿起許久未用的畫筆，畫下他心目中的三毛形象：一個手中握著一支大筆怒目圓睜的三毛，筆桿上有四個大字：橫掃千軍。他以此幽默的方式，表達了對三毛文學創作成就的讚揚。

三毛很快又寫來回信，直接表達了她對張樂平先生的敬愛和女兒對父親的感情：「三毛不認三毛的爸爸，認誰做爸爸？」並隨信寄上一張自己的照片，背面寫著：「你的另一個貨眞價實的女兒。」漸漸地，隨著書信往來，一個不再稱對方「先生」，一個不再叫對方「女士」，而代之以「爸爸」和「女兒」了。

他們都在盼望著，盼望著父女相見的那一天。

那一天終於來到了。

一九八九年四月五日傍晚，一架由香港飛來的客機平穩地落在上海虹橋機場。三毛緩緩走下飛機，舉目四望，四十年未圓的大陸夢，如今實現了！她禁不住放聲大哭起來，是激動，更

第六章　告別滾滾紅塵

是高興！這樣幸福的時刻，人生能有幾回？

三毛沒有先回故鄉，而是決定先拜見她的上海爸爸——張樂平。

這一天，久病未癒的張樂平先生，拄著拐杖，很早就站在門口等待著他的三毛，他台灣來的女兒。

汽車開過來了，三毛走過來了！見到張樂平，三毛撲上去，緊緊抱住了她的大陸爸爸，淚流滿面地喊著：「爹爹，我回來了！」父女二人雖是第一次相識，居然像是分手多年後的重逢，一見如故，親情油然而生，令在場的人們感動不已。

三毛，這位浪跡天涯的遊子，在等待了四十年的漫長歲月後，終於又找到一個新家。

剛剛到「家」的三毛，迫不及待地拿出送給大陸爸爸的禮物，那是台灣出版的張樂平的《三毛流浪記》，是三毛臨行時才從出版社得到的，拿到手時，書還是熱的呢。張樂平見到自己的作品能在台灣出版，自然非常高興。把別人的作品拿來作爲禮物送給對方，這是三毛最擅長的方式，她認爲這樣做既表示自己對其作品的熱愛，又顯得自然、高雅，沒有一絲俗氣。當年，三毛在一次宴會上結識了著名老作家徐訏，徐訏非常喜歡三毛，當即提出願意認三毛爲乾女兒。三毛早就對徐訏崇拜不已，自然高興地答應了。立即當著衆人行了大禮。後來，三毛四處搜羅，將一大堆徐訏的作品很用心地包裝起來，作爲禮物送給徐訏。徐訏見後，非常高興，因爲連他本人也沒有收集到這麼全作品集。由此可見三毛的智慧和善於打動人心的本領。

作爲父親，張樂平也送給女兒一件奇特的禮物，那是在大陸已經很難見到的「滌卡」中山裝——原來，三毛曾經表示，願意有一件這樣的衣服。結果爲了找到這樣的料子，張樂平一家幾乎跑遍整個上海，最後總算在一家小店找到，至於大小，則是張樂平夫人根據三毛的照片估計的。不料，三毛穿上後正合身，這眞應了那句「知女莫過母」的老話了。

回到大陸的第一個晚上，三毛住在爸爸爲她臨時安排的「閨房」中，心情無法平靜，竟然徹夜未眠。她喜歡這個家，喜歡這裏的每一個人，喜歡家中的一切。當然，她最喜歡的是她的「三毛爸爸」。她多想安安靜靜地在這個家裏多住上幾天，多享受一下父女團聚的天倫之樂！

可惜，三毛的到來，已經引起新聞媒介的關注。次日，在張樂平家中，三毛平生第一次，接受了大陸記者的集體採訪。在回答衆多記者的提問後，三毛表示自己非常喜歡這裏，以後每年都要回來看望爸爸，還要爲爸爸寫傳記。張樂平開心地笑了，說他能在晚年認這麼一個女兒，眞是一件快事。他說他有七個子女，好比七個音符，如今加上三毛，正好是「I」，組成了一個完整的音階，眞是太好不過。

爲了不過度打擾爸爸，也爲了躲避記者的追蹤，三毛只在爸爸家住了三天，就依依不捨地搬進招待所。以後的幾天，她在大上海隨意遊覽，瞭解人們的生活，感受大陸的文化、風俗。她喜歡這個城市，喜歡這裏的人們，甚至說她喜歡這裏的人所表現出的弱點。她在這裏住了五天，不能不走了——對於三毛，似乎命定就是要不停地走下去，從一個地方到另一個，旅行，也就是流浪。

臨行前，張樂平早早下樓來送女兒，父女相對，雖有千言萬語，竟一時不知從何說起。出租車來了，張樂平才急忙囑咐女兒：「人世艱險，妳要保重！離開了父母，就靠自己了……」這寥寥數語，竟又惹得三毛流下熱淚。別離，別離，雖然還能相見，但任何一次別離，都是人生的悲哀！既能相聚，何又別離？爲什麼，爲什麼？別了，上海！別了，我的好爸爸！三毛哭著，離開了上海。

此後，三毛總是忘不了上海，每次寫信，總是問上海的情況，問爸爸媽媽的身體，問上海兄妹的生活。爲了讓張樂平看得清楚，她特意把字寫得很大。爲了省下錢給上海爸爸買空調，她寧願自己不開空調。一九八九年八月八日，是台灣的父親節，爲了給張樂平打問候電話，三毛竟然一整天坐在電話機旁，每過十五秒撥一次，最後把電話都撥壞了，只好還是寫信。第二年的父親節，三毛接受了教訓，早早就寫信給上海爸爸，以信代替賀卡。她寫道：親愛的爸爸，八月八日，此地「父親節」。我愛你，爸爸……媽媽也請「父親節」同時快樂。她在每一個「爸爸」和「媽媽」上面，都畫上一個「心」的形狀。

一九九〇年的中秋，三毛又一次來到上海，這也是她最後一次到上海。是否她已預感到人生之路快要走到盡頭了，於是來向大陸爸爸告別？

不過，父女重逢的場面，依然是愉快和感人的。

這一次，張樂平正住在醫院，因此，三毛來到張家，只見到媽媽在午睡。她悄悄地走到媽媽床前，深情地吻了媽媽一下，媽媽醒了，見是三毛，驚喜交加，兩人在床上抱成一團。畢竟分離一年多了。三毛不見爸爸，趕緊詢問，才知爸爸住進了醫院，於是立即乘車趕去探望。

在醫院又見到這個海外歸來的女兒，張樂平十分激動。三毛把爸爸輕輕扶進輪椅，陪著他在秋天的陽光下散步，談心，那和樂融融的動人情景，讓過往行人都以爲是眞正的父女在一起。張樂平在醫院再也待不住了，他不顧醫生的勸告，堅決與三毛一起回到家中，享受那難得的團圓之夜。

晚宴開始了，張樂平的子女都趕來了，席間，三毛向大家介紹她這一年來忙於寫電影劇本《滾滾紅塵》的情景以及電影拍攝的細節，言談之間，顯得輕鬆幽默，但很少有人知道，她爲此付出了多大的代價！而最終，導致其走到絕路的原因，也與她這第一個也是最後一個電影劇本有關。在張家，三毛和人們談論她的下一個劇本，談到明年的春節，她要再來上海，與張家共度佳節。

晚宴結束後，張樂平子女勸父親回醫院去，但固執的老人似乎意識到與三毛的相逢已經愈來愈不可能，而更加珍視這一次的相處。他堅決表示不回醫院。最後，父女終於如願，在月圓之夜得以共訴親情。自然，那晚的月亮格外亮，格外圓。

第二天早飯後，三毛輕聲細語地勸爸爸回醫院去，答應他自己臨走前一定去向他告別。張樂平這才很不情願地讓三毛攙著，動身去醫院。這一天，三毛也要去她的上海堂兄家看看。人們一遍又一遍地囑咐著，明年春節一定回來，那時再多住幾天。

然而，沒人會想到，這一次竟就是他們的永別！

次年的除夕之夜，張樂平一家的年夜飯，已經沒有了歡聲笑語，也永遠聽不到三毛那爽朗的笑聲和親切的「爸爸媽媽」呼喊聲了。只有那桌邊的一個空位，在告訴人們，那個女兒，不會來了，永遠不會來了。但那個位子，是永遠屬於三毛的。

《紅樓夢》中林黛玉說過，天下沒有不散的宴席，因此，這位多情的女子竟不肯參加那熱鬧的場面，只爲了不忍見那曲終人散的淒涼。對於三毛此次的上海之行，沒有人知道是否是她告別儀式的一部分，然而她自己可能很清醒地意識到，人生的大幕即將落下，她眞的要謝幕了。

不過，在正式謝幕之前，命運加於三毛的，還有一次激情的迸發，這大概就是所謂的「回光返照」吧。它是那樣的淒美壯麗而又令人感慨和遺憾。莫非造物主眞的要讓三毛的情感全部枯竭，才允許她告別人世？那樣，是否對她過於殘酷？

三毛在生命的最後兩年間，三次來大陸探親，旅遊，其中兩次去了新疆。她爲何如此鍾情那片遙遠的土地？只因那裏不僅有美麗的景色，還有三毛最後的希望，最後卻也是無法實現的夢想。如果說三毛曾經愛過，那麼在荷西之後，她就變得非常「吝嗇」施愛於他人，也多次拒絕了他人的愛。她曾經對她的上海媽媽、張樂平的夫人說過，她的愛已經都給荷西，今生再嫁的可能幾乎沒有。所謂哀莫大於心死，荷西死後的三毛，多年以來，的確是心如止水，沒有愛的波瀾了。她之所以還能繼續活下去，在很大程度上，只是爲了他人，爲了不讓父母和無數關心她的讀者失望，因此，她活得很累。

作爲女人，外表堅強的三毛何嘗不想有一個心上人，向他傾訴自己的悲哀和苦悶、憂愁和淒涼？但茫茫人海，能夠讓三毛滿意的人又到何處尋找？荷西死後，三毛最初是拒絕一切的愛和被愛，後來曾經想過得到新的愛，但對荷西的感情妨礙了她對愛的接受。因此，她漸漸地失去了信心，甘願以加倍的工作和廣義上的「愛」他人，彌補內心的空虛和失落感。她沒有想到，大陸之行，不僅讓她有機會飽覽祖國美麗的風光，而且，冥冥之中，上蒼竟然又賜給她一次愛的機遇，更好像是爲了符合三毛浪跡天涯的形象，讓這樣的機遇發生在那富有傳奇色彩的邊疆。

那是一九九〇年的四月，三毛第二次來大陸觀光，主要路線是沿絲綢之路西行，最後到達新疆。新疆對三毛是富有吸引力的。而三毛不知，在新疆，她還會遇到一個命中注定讓她一生永遠無法忘記的人，一個與她同樣富有傳奇色彩的人，這就是著名的西部民間音樂家——王洛賓。

提起王洛賓，人們就會想到那首有名的〈在那遙遠的地方〉以及許多膾炙人口的優美歌曲，還有歌手那坎坷曲折的人生歷程。曆盡滄桑的王洛賓，已是七十九歲高齡，這位直到晚年才獲得創作自由和恢復名譽的天才歌手，是否知道自己還會經歷一番難忘的感情波折和扮演一個浪漫角色呢？這是上帝對他一生的補償，還是又一種方式的折磨？

不過，那年的四月十六日，王洛賓並不知道即將發生的一切，只是在春風的伴奏下，一邊彈著鋼琴，一邊興奮地唱著自己譜的歌曲，那是一首膾炙人口的歌：〈掀起你的蓋頭來〉。

王洛賓唱得那樣投入，竟然沒有聽到有人敲門，那該是他一生中聽到的最重要的敲門聲吧，怎麼聽不到呢？

直到敲門聲響過多次，王洛賓才從音樂的境界中回到現實中來。他起身開門，見來者是一位身穿牛仔服、頭戴圓呢帽的「男士」。

「您是王洛賓先生嗎？」

「是的。」

三毛隨即自我介紹一番，並說明是受台灣《明道文藝》編輯部的委託，來給王洛賓送稿費的。王洛賓聽了很驚奇：三毛不是一位女作家嗎？怎麼眼前的是一位男士？不管怎樣，人家從萬里之外來到這裏總要熱情招待。王洛賓隨即請三毛落座，自己去廚房端水。當他從廚房出來時，眼前的景象讓他驚訝不止，三毛摘下帽子，露出了長長的秀髮，還眞是一位女士！三毛將秀髮輕輕一甩，那動作極美極動人，好一位瀟灑、飄逸的女士！這是三毛給王洛賓留下的第一印象。

王洛賓不愧是一位天才的歌手，他受三毛的長髮啓發，當即坐在鋼琴前，唱出了對三毛的歡迎：

第六章　告別滾滾紅塵

掀起你的蓋頭來，
讓我看你的頭髮，
像那天邊的雲姑娘啊，
抖散了綿密的憂傷。

三毛聽王洛賓唱完，感到既有些熟悉又有些陌生，就問王洛賓唱的是否是《掀起你的蓋頭來》，王洛賓說就是這首歌。三毛說：「好像歌裏沒有這一段詞。」王洛賓回答說，那是剛剛寫的即興之作。三毛非常吃驚，對眼前這位老人那敏銳的觀察力和創作才能由衷地感到敬佩。

賓主隨後進行了輕鬆的交談，王洛賓對三毛講述了他的過去，他的歷盡磨難，他的創作和他的現在。不知不覺，三毛被那富有傳奇色彩的經歷完全吸引了，對眼前這位不平凡的西部歌王產生了由衷的敬意。可惜時間有限，她不得不告別，但在分手時，她表示她一定會再來的。初次相見，雙方都爲對方的形象和才華所吸引。次日晚上，王洛賓按照約定去賓館回訪三毛。本來三毛是隨台灣旅行團悄悄住進賓館的，用的名字也是「陳平」，所以賓館方面不知三毛的到來。王洛賓因忘記三毛告知的房間號，不得不詢問賓館服務員，結果將三毛到來的消息透漏出來。這一下，賓館像爆炸了一樣，那些狂熱的三毛迷們一傳十，十傳百，立即從四處趕來，並拿出一大堆三毛的作品，等著請三毛簽名。

但此時的三毛，正與王洛賓愉快地交談，雖然才是第二次見面，但雙方似乎都有說不完的話題，都感到自己遇到了一個知己。臨分手時，三毛才告訴王洛賓，自己明天就要離開新疆，去四川遊覽，然後就返回台灣了。不知為什麼，王洛賓第一次有了戀戀不捨的感覺。而三毛，也顯然忘不了這裏的一切，她一遍又一遍叮囑王洛賓，讓他給她寫信，而且馬上就寫，這樣她一回到台灣，就能看到信了。最後，三毛表示，自己一定會再回來看望王洛賓的，她對王洛賓深情地說：「你和這片土地，我都愛死了。」這眞情的流露，使王洛賓久被冷落的心靈又感受到溫暖，使他永生不能忘懷。

回到台灣後的三毛，腦海裏常常浮現王洛賓的音容笑貌，回想起他們那投機的交談，那短暫的相見和老人那坎坷的人生經歷。她精心撰寫了《西北民歌大師王洛賓》一文，向廣大讀者介紹這位曆盡滄桑的音樂家和歌手。更在她的內心，對王洛賓產生了說不出的情感——那是愛情嗎？在荷西之後，三毛死去的愛情竟然又復甦了，一位七十九歲的老人，居然喚醒了她內心的眞愛，堪稱奇蹟！

三毛以女性的感覺想到，老人的晚年一定是寂寞的，雖然有音樂為伴。因此，她要給他安慰，給他應該享受的愛！除了音樂，難道老人不應該擁有更多——在飽受磨難之後，難道不應給老人最好的關懷，讓他在幸福中安度晚年？而承擔這樣責任者，除了她，還能有誰會做得更好？三毛決心去陪伴老人，伴他度過餘生。

從三毛這樣的思考和迅速做出的決定中，我們可以發現三毛的性格和思想，她以為她有責任關心別人，而且只有她才能做好。她也相信對方會接受她的愛，不管他們之間是否有了眞正的瞭解。即使沒有，她也相信憑自己的熱情和勇氣能夠感動對方，讓對方融化在愛的河流之中。三毛的愛自然是眞誠的，但這種多少有些一廂情願和過分草率的決定，又怎能不為後來的悲劇結局留下隱患呢！

三個月時間，三毛和王洛賓書信不斷，三毛迅速確定了要和王洛賓共同生活的想法。但王洛賓，卻表現得十分猶豫，他有意拖延回信的時間，他告訴三毛，英國作家蕭伯納有一把破雨傘，他出門總是帶著它，不是為了擋雨，只是為了當作拐杖。他說自己就是那把破雨傘。

三毛並不灰心，她熱情地鼓勵王洛賓，讓他忘掉他們之間的年齡差異。她責怪他太狠心，讓她失去生活的拐杖。她更加頻繁地給他寫信，並要求王洛賓加快回信的速度，短短十六個星期，他們的書信來往竟有十五封之多，幾乎每周一封。為了打消王洛賓的疑慮，三毛在一九九

○年五月十五日的信中，寫下如此堅定而多情的誓言：

萬里迢迢，為了去認識你，這份情，不是偶然，是天命，沒法抗拒的……

我們是一種沒有年齡的人，一般世俗的觀念，拘束不了你也拘束不了我……我也不認為你的心已經老了……你無法要求我不愛你，在這一點上，我是自由的。

爲了徹底打消王洛賓的疑慮，爲了趕快陪伴王洛賓生活，原定九月才去新疆的三毛，終於再也不能等待，提前於八月二十三日飛往烏魯木齊。

這是三毛的第三次也是最後一次大陸之行，它會以怎樣的方式告終呢？

此時的王洛賓，心情又是如何？自從和三毛相識以來，這位飽經風霜的老人似乎變得年輕了許多，三毛的熱情大方和活潑開朗無形中讓王洛賓受到很大的感染，和三毛的魚雁傳書更是讓王洛賓再一次感受到友誼和愛情的甜蜜。雖然他對這飛來的愛情多少有一些擔心，但他在嘗盡苦難之後，畢竟渴望著得到愛的雨露滋潤，又怎能不盼望三毛的到來呢？

不過，眼下王洛賓卻是一個大忙人。因爲烏魯木齊電視台正在爲他拍攝一部紀錄片，他的家中整日記者導演不斷。直到晚年，他的藝術創作才得到社會的肯定，老人的心裏自然非常欣慰，所以他坦然地接受這多少來得太晚的榮譽，甚至內心想到，如果三毛見到這些，恐怕也會爲自己高興吧。

接到三毛到來的消息時，王洛賓正巧有拍攝任務，但他還是向導演請了假，準備去機場接三毛。導演一聽是三毛要來，頓時來了靈感，認爲如果把三毛也拍進這部片子，不是更能產生雙重名人效應嗎？而且，所謂老夫少妻，本身就是很有新聞價値的題材。雖然三毛與王洛賓還未必會結爲夫婦，但三毛的不遠萬里來訪並要求住進王洛賓家，不就是很明顯的暗示？再說，就算二人只是好朋友，則三毛得知是爲朋友作宣傳拍片，也肯定會積極配合，說不定在拍攝中又會出現更有新聞價値的鏡頭呢！導演把自己這個即興的想法告訴了王洛賓，老人聽了也有些動心，他以爲三毛一定會同意這樣的安排，因爲她要來新疆，不就是爲了讓自己的晚年生活得更加快樂嗎？而且，讓三毛一下飛機就遇上這樣熱烈的歡迎場面，她肯定也會爲此高興吧。

於是，計劃臨時變更，決定從三毛一下飛機開始，就全程跟蹤拍攝她與王洛賓的交往，並在以後設計一些雙方都參與的場面，讓三毛全面介入這部紀錄片並成爲其中的重要角色。大家都爲這樣的設想而激動叫好，卻沒有人想到這樣未經三毛的同意作出的安排，三毛會有怎樣的反應。實際上，兩人交往的悲劇，也就在此刻已經悄悄埋下了種子。

三毛乘坐的飛機平穩地停在烏魯木齊機場，但三毛並不急著下來，她要等所有的旅客下完後，才最後一個走出飛機，這是她精心設計的場面——她要單獨和王洛賓相會，不要熱烈場面，不要外人打擾，因爲相愛的是他們兩個，他人不應介入。

「洛賓，」三毛在心底喊著，「你不要著急，我這就來了！」

由於得到了機場方面的准許，攝影組直接來到停機坪，等待拍攝三毛走下飛機的鏡頭。可是，所有的旅客都下來了，還不見三毛的影子，莫非她沒有乘坐這一個航班？不會的，因爲並未接到通知。這時，一個飄逸的身影出現在機艙口，是三毛，她眞的來了！人們激動地歡呼起來，燈光大亮，攝像師已經把鏡頭對準了三毛，幾個男女青年手捧鮮花，奔向舷梯。誰知三毛一看這場景，臉色馬上變了，她狠狠地瞪了王洛賓一眼，轉身就又回到機艙，人們一下愣住了，不知是爲什麼，獻花的青年停在舷梯上，進退兩難。也許，他們是第一次領教了三毛的任性，第一次知道了什麼是尷尬。

又回到機艙的三毛，此時難過極了。她精心設計的相會場面竟然被王洛賓弄成這個樣子，她怎能不傷心？她已把王洛賓當作自己後半生的精神寄託了，沒想到他卻這樣不理解自己。在三毛看來，外人可以如此，但王洛賓不能，因爲他們之間已經能夠互相理解，這樣的場面本來不應發生。所以，三毛才對王洛賓今天的舉動特別失望，她甚至在想，自己是否應該回去了。

王洛賓被這突變驚呆了，他想，不管怎樣，應當先把三毛勸下來，其餘的事以後再說。他讓獻花的人下來，他一個人走進機艙。這時，航空小姐正在勸告三毛下機，王洛賓請允許給他們一點時間，航空小姐笑著走開了。

王洛賓開始耐心地向三毛解釋事情的眞相，請求三毛下來，說歡迎的人都是他的朋友，都是很好很熱情的人，他們的舉動也完全是發自內心的表示歡迎，沒有任何別的意思。至於沒有事先徵得三毛的同意，則是自己做得不對，請三毛原諒。三毛見老人這樣懇求自己，心不禁軟了下來，雖然還沒有原諒王洛賓，但也感到這樣僵著不是辦法，最後終於同意下機。王洛賓見三毛同意了，高興地獻上了一直藏在身後的一大束鮮花，三毛終於高興地笑了。一場危機算是過去，雨過天晴，三毛的臉上，又重現出那開朗的臉色。王洛賓趁機告訴三毛，已經爲她準備了房間，現在他們就可以一塊回家。

「眞的？」三毛驚喜地問，「洛賓，你眞的同意我來住？」

「那當然，妳來我隨時歡迎。」

此時的三毛，已經忘記了剛才的不快，一下撲到王洛賓的身上，大叫著要趕快回家。

他們兩人，手挽著手，並肩出現在機艙口。歡迎的人們一開始不敢歡呼，他們不知道機艙內的情況，只是靜靜地望著他們兩個。直到三毛露出甜甜的笑臉，並揮手向他們致意時，人們才爆發出歡呼聲和鼓掌聲，攝影機才又重新開始拍攝。

在回家的路上，三毛把自己精心挑選的禮物送給王洛賓，那是從台灣帶來的三盒卡帶，都是王洛賓的作品。王洛賓接過來，激動地握住三毛的手問：「台灣出了我的作品？」三毛點點頭說：「你喜歡嗎？」王洛賓高興地連連回答：「喜歡，喜歡，太喜歡了！」見王洛賓如此高興，三毛也由衷地分享到老人的愉悅，她萬里迢迢來到這裏，就是爲了見到王洛賓這樣的笑容啊！

可是，她還未能盡情享受與王洛賓相會的喜悅，就被要求和王洛賓合作拍攝電視片的事情給弄壞了心情。在三毛內心，她非常討厭這樣作戲給人看，而且，這些年來，她對名利和榮譽已經看得越來越淡，沒想到自己視爲知己的人，會這樣熱衷於此，這太讓她失望了。她開始懷疑自己的選擇是否正確，自己是否應該再來？但是，面對王洛賓的請求，她又不忍心拒絕，這樣一位老人，在晚年才得到能夠讓世人瞭解自己的機會，又怎能責怪他熱中於名利？那就犧牲自己，成全老人吧。三毛最後還是違心同意和電視台合作，把這部紀錄片拍完，但她的心情已經沒有了原來的興奮和輕鬆，也沒有了對未來的信心和希望，因此，住進王洛賓家的第一個晚上，三毛失眠了，不是出於興奮，而是由於失望。

此後，三毛按照導演的要求，又表演了一次把禮物送給王洛賓的場面，不過這一次不是在車上，而是在王洛賓的家中。導演要求三毛必須悄悄地把那三盒錄音帶放在王洛賓臥室門口，以便讓王洛賓一開門就能看到，再讓他露出驚喜的神色來。三毛像一個機器人，機械地按照導演的要求來做，但由於不是發自內心的表演，所以效果不好，拍了幾次還是這樣，導演害怕三毛生氣，只好草草收場。等這些人走後，三毛才感到輕鬆一些。她誠懇地對王洛賓說，她不喜歡演戲，特別是不願意和自己喜歡的人一起演戲。她對王洛賓說，他們之間一切都應當是眞誠的，不需要任何僞裝。王洛賓聽了也表示同意，並告訴三毛，以後只要三毛有什麼願望，儘管說出來，他一定尊重她的意見。這樣，通過交流，兩人之間的不快再一次消失了。

此後的數日，他們眞誠而幸福地生活在一起，王洛賓爲三毛演唱他專門爲她寫的歌，三毛也穿上特意帶來的藏族服裝，活像當年的卓瑪，令王洛賓非常感動，竟然又沉浸於對往事的美好回憶之中，唱起了那首優美動聽而又略帶傷感的〈在那遙遠的地方〉。三毛知道，在這首歌的後面是一個美麗動人的故事。

那是在一九四〇年的春天，著名導演鄭君里到青海拍電影，王洛賓在片中扮演一個角色，和他演對手戲的是一個叫卓瑪的藏族姑娘。王洛賓那時風華正茂，卓瑪美麗動人，他們同騎一匹馬，同牧一群羊，雖是演戲，卻越演越眞，雙方漸漸產生了愛意。一次拍攝結束後，卓瑪走到王洛賓面前，揚起鞭子，輕輕抽打在王洛賓身上，伴隨著動人的笑聲和深情的注視，然後飛一樣離開了。王洛賓像受電擊一樣接受了這愛的「鞭打」，幸福的感覺湧上心頭。片子拍完了，王洛賓要與卓瑪告別，兩人依依不捨，卓瑪送王洛賓走很遠很遠，最後終於含恨而別。不，那不是恨，是愛！

歸來後，王洛賓總是忘不了美麗多情的卓瑪，忘不了那落在自己身上的輕輕鞭打，於是他靈感湧現，寫出了那首不朽的歌：

在那遙遠的地方，
有位好姑娘，
人們走過她的帳房，
都要回頭留念的張望。
她那粉紅的笑臉，
好像紅太陽，
她那活潑動人的眼睛，

好像晚上明媚的月亮。

我願做一隻小羊，
跟在她身旁，
我願她拿著細細的皮鞭，
不斷輕輕打在我身上。

可以說，三毛當初對王洛賓產生濃厚的興趣，與老人身上那富於傳奇色彩的經歷有關，因爲三毛也是一個富有傳奇色彩的人。此時此刻，三毛能夠與這樣一位老人生活在一起，的確感到幸福和滿足。

每天晚上，王洛賓都會爲三毛演唱自己寫的和搜集的美麗動聽的歌曲，並給三毛講述自己的過去，以及歌曲背後的故事，而三毛，也爲王洛賓訴說自己的人生和寫作，以及海外、排灣的風土人情。然後，他們道一聲「晚安」，各自走進自己的臥室。黎明，他們又不約而同地起來，說一聲「早上好」，開始了他們新的一天。

面對身邊的三毛，王洛賓的精神準備不是很充足，他不知該怎樣處理他們的關係，最關鍵的一點是他認爲自己已經年老，已經不能再有愛和被愛的權利。因此，儘管三毛不斷地鼓勵他，打消他的疑慮，他還是不能煥發出像他唱歌時那樣的青春活力。幸好，電視台還未拍完那部電視紀錄片，於是他能夠接連幾天都出去拍片，而把三毛留在家中。

三毛病了。

也許是旅途的勞累，也許是精神上的失望，她全身無力，頭昏腦漲，不能起床。王洛賓趕快請來了醫生，並買來很多水果、食品，祝願三毛能及早康復。不過，他自己卻很少能守護在三毛身邊，既是因爲拍片，多少也是爲了盡量減少兩人面對的機會。三毛對此非常失望和生氣，她已經意識到，自己的到來可能是一個美麗的錯誤，看王洛賓整日忙碌的樣子，也許他根本就不需要她的陪伴，他有那麼多的朋友，他並不感到孤獨。而眞正孤獨的是自己！

三毛漸漸意識到，這一次眞的錯了。那又該怎麼辦？

第二天，三毛大概是想通了，自覺心情平靜了許多，身體也感到舒服了。她對王洛賓說，她要下廚房炒上幾個菜，讓王洛賓嘗嘗自己的手藝。王洛賓出於關心，勸她不必如此，還說她是客人，不能讓她幹活。這樣的說法讓三毛非常生氣：自己付出了最大的努力，卻原來對方還是把自己當作客人！既是客人，又怎能長期在一塊生活下去！三毛氣憤地要發作了，但還是強忍著進了廚房。

她堅持著把菜炒好，端上了飯桌。三毛感到內心的不滿已經無法控制，她大聲說菜是她炒的，自然應該是王洛賓盛飯。還未意識到三毛情緒變化的王洛賓微笑著接過飯勺，一邊盛飯一邊告訴三毛，星期六晚上，他要請一些朋友來，為三毛舉辦一個家庭舞會，既是歡迎她，也是祝賀她病癒。三毛聽了卻極為反感，情緒更加惡劣，她想她已經告訴過王洛賓她不喜歡這種場面，為何他還要如此？既然你不願單獨與我面對，我可以走，又何必用這種方式讓我難堪？此時的三毛已經是忍無可忍了。

王洛賓為三毛盛了一碗飯，然後又給自己盛了一碗。沒想到三毛壓抑數日的不快突然發作。她大聲責備王洛賓給她盛的飯太少，說他想餓死她。王洛賓有點莫名其妙，看看兩個人的碗，其實差不了多少，何況吃完還可以再盛的嘛。見到王洛賓這個樣子，三毛更是忍無可忍，大聲喊道：「我殺死你！」

王洛賓愣住了。這就是那個多情的三毛嗎？自己究竟做錯了什麼？不過有一點王洛賓明白，他們之間，已經發生了不該發生的事情！

他們都是富有詩人氣質的人，他們不平凡的經歷使他們有很多的共同語言，然而他們畢竟不是生活在同一個社會制度下，年齡的差距又過於懸殊，更重要的是，他們都錯誤地以對方的作品來理解對方，希望生活中的他（她）也像作品中的主人公一樣單純高尚，一樣超凡脫俗。也許是王洛賓說對了，眞正的愛，只能是產生於想像之中，也就是要保持一定的距離，有一定的朦朧感。一旦近觀，撕去一切表面，很可能就會讓人失望。

而且，王洛賓的性格是那種愈是孤獨，愈需要朋友的人，在熱烈歡笑的場合，他才能忘記憂愁。而三毛屬於甘願一個人品味孤獨的人，最多希望和一二知己傾訴衷曲，她所希冀王洛賓的本來就是這樣。因此，她不能忍受王洛賓爲她做的一切——儘管是出於好意。她也無法理解一個歷盡坎坷的老人對遲遲到來的榮譽的珍視。在三毛看來，這一切無非是虛空，像王洛賓這樣的老人還要追求，豈不太愚蠢，太可笑？但她畢竟尊重老人，於是她必然陷於矛盾之中，而最終的爆發，也無非是矛盾發展到頂點的一種必然結果。是的，人與人之間，能夠互相理解眞的是很難，既能理解，又能忍受和接納對方，更是難上加難。共同生活數十年的夫妻尚且不能，三毛與王洛賓，僅僅相識數月，又怎能希望他們出現奇蹟！

三毛既然已經喊出這樣的話，她自然不能再在王洛賓家裏待下去。她馬上收拾行裝，住進了旅館，並立即訂了一張當天飛往喀什的機票。這當然不是什麼勝利大逃亡，而是悲劇的最後一幕。接下來，就是悲劇的結局了。

在三毛氣急敗壞地出走之後幾個小時，王洛賓終於找到了三毛居住的旅館，但此時的三毛已經登上了飛機。王洛賓得知這消息後，腦海一下像被凝固住了。他也許不知三毛爲什麼來，也不知她爲什麼走。雖然從內心深處，王洛賓認爲自己是非常喜歡三毛和理解三毛的，但幾天來的共同生活表明，她和他都沒有料到，眞正的共同生活之困難程度，遠遠超出他們的想像。或者，他們對此做出的準備就不一致。在三毛，是準備爲王洛賓獻出自己之後半生的，但王洛賓顯然對此缺少接受的心理準備，更多的是將三毛作爲一個朋友而非生活伴侶。作爲年近八十的老人，這樣的想法本來是很正常的。可惜，他所面對的是一個生活在幻想中的三毛，他又怎能不失敗？此時的王洛賓，也許意識到這些，但已經太晚太晚……

旅館服務員見王洛賓如此驚慌失措，安慰他說，三毛並沒有退掉房間，可見她還是會回來的，王洛賓這才稍稍減輕了一些不安和內疚。

兩天之後，王洛賓終於盼到了三毛的電話，三毛平靜地告訴王洛賓自己已經從外地回來，那有些冷漠的聲音讓王洛賓預感到，他與三毛之間的緣分已經是一去不返了。放下電話，王洛賓立刻趕到賓館。

門開了，三毛靜靜地站在門口，注視著王洛賓，那眼光有些奇怪，似乎要穿越王洛賓的身體，一直看到他背後的極遠處，一直消失在遙遠的空間。王洛賓興奮而迷惑地看著三毛，短短幾天，他似乎不認識三毛了，她的眼神，她的面容，都讓他感到幾絲涼意。好久好久，三毛突然撲到王洛賓的身上，非常委屈地哭了起來。王洛賓也激動萬分，輕輕拍著三毛的肩膀，像安慰離家出走的孩子一樣說道：「三毛，別哭了，回來就好！回來就好！」然而，三毛還會回來嗎？

過了一會，三毛冷靜了下來，告訴王洛賓她再過一個星期就要走了。王洛賓大吃一驚，問三毛不是說好至少住三個月嗎，怎麼又改變主意了。三毛平靜地回答說，那是原先的計畫，但現在想法變了。此話一出，王洛賓知道一切已不可挽回。

三毛在旅館又住了一個星期，終於離開烏魯木齊飛往成都，繼續她在大陸的最後一次旅行。在去意已定之後，三毛還是又多住了幾天，是出於對王洛賓的尊重，還是仍抱有一絲希望，等待王洛賓的徹底改變，或者只是由於趕不上飛機的航班？因爲當時並不是每天都有飛往成都的班機。最後，在機場告別時，三毛對王洛賓說了一句：你太殘忍了。這句話的內涵是什麼，永遠是一個不解的謎。不過，三毛似乎還抱有希望，說她明年還會再來。而且，後來在成都，她曾公開表示，自己願意嫁給一位大陸先生。也許，現在再討論這些已經沒有意義。因爲兩位當事人均已去世。

原定要在大陸待上幾個月甚至更長時間的三毛，待了不到一半時間就匆匆結束了四川之行，回到台灣。對此行深感失望的她除了對朋友表示過一些對王洛賓印象不好的話外，似乎沒有再多說什麼，也許對她而言，已經沒有什麼好說的了。在她走後，王洛賓曾經給三毛寄去一首表白內心情感的歌曲，卻遲遲得不到三毛的回音。直到三個月後，從新加坡訪問歸來的王洛賓，才收到三毛一封寫得十分客氣的信。這是三毛寫給王洛賓的最後一封信，寫信時間是一九九〇年十二月十一日，距其自殺不足一個月。

一九九一年一月五日，王洛賓得知三毛自殺，悲痛萬分，他在三毛給他的最後一封信上寫下了自己的懺悔詞：

懺悔吧！
懺悔，安慰不了
他人在天之靈
實際上懺悔
只是在責備自己

王洛賓趕到郵局，給三毛家人發去唁電，又去放大三毛的照片，加上黑邊，掛在室內。然後，他面對三毛的相片不停地喝酒，藉此澆愁，終於酒精中毒，被送進醫院。三個月後，王洛賓和他那些同樣熱愛三毛的朋友，在公園舉辦了一場舞會，以表示對三毛的哀悼。就在這次集會上，王洛賓將他爲悼念三毛而寫的懺悔之歌《等待》，獻在三毛靈前：

你曾在橄欖樹下，
等待又等待；
我卻在遙遠的地方，
徘徊又徘徊。
人生本是一場顛藏的夢，
且莫把我責怪；
為把遺憾贖回來，
我也去等待。
每當月圓時，

對著那橄欖樹獨自膜拜，
你永遠不再來，
我永遠在等待！
等待，等待，等待，等待，
越等待，我心中越愛。

徒勞的等待，不僅是王洛賓的命運，三毛的命運，也是芸芸衆生的命運。三毛就是不願再這樣等待下去，才做出了極端的選擇。但顯然人們不能全都追隨三毛的選擇，即使這個世界不能給人們帶來希望，美滿的人生是不存在的，但畢竟生活還有它的意義。在自己的晚年，能有三毛這樣的紅顏知己，王洛賓其實是一個幸福的藝術家。本來，他與三毛最能夠達到溝通的就是在藝術領域，而藝術是屬於繆斯女神管轄的事情，那就讓他們的靈魂繼續在天堂相會，繼續討論他們都感興趣的文學和藝術吧。

關於王洛賓和三毛，還有一些不能不補充的話題。三毛去世後不久，人們得知了她與王洛賓之間的一段情緣，但三毛的家人對此卻持否定態度。不但拒絕接受王洛賓的唁電，而且斷然否認三毛與王洛賓有男女之情，直到王洛賓公開了三毛寫給自己的信件，三毛家人才漸漸默認此事。對此，人們也都表示理解，畢竟我們這個世界還有很多不盡人意之處，而死者留給生者的，不僅是責任，還有其他。不過，此事倒可以反過來推測，如果三毛與王洛賓能夠長時間生活在一起，我們的社會輿論對此又會怎樣？活著，而且是自由的活著，常常是一件說起來輕鬆、而做起來很難的事情。這也許就是三毛之死給我們的啓示吧。

三毛又回到台灣，或者說流浪。回到台灣，就意味著又回到現實人間，而不是她所嚮往的世界。荷西死後，爲了父母和家人，她在台灣長期住了下來，但其間仍然不停地外出旅行，就是對那樣一種相對平靜生活的反抗。然而，如今她還有何處可去呢？大陸在她眼裏已不再神祕，連最神祕的西藏也已去過，最神聖的敦煌也已朝拜，眞正是「無地自由」了。作爲流浪者，一旦無處可去，等待她的只能是慢性死亡，因爲她不可能適應那平靜而悠閒的人生。

在三毛生命的最後幾個月，她所參加比較重要的活動，就是電影《滾滾紅塵》的頒獎以及接受一些記者的採訪，從中我們可以看出她怎樣一步步地爲自己的走向終點做最後的準備。《滾滾紅塵》是三毛在停筆多時之後的新嘗試，她第一次進入自己所不熟悉的電影劇本的創作，爲此她傾注了自己的全部心血。這部電影的主題就是愛情，而承載表現這一偉大永恆主題的男主角，竟然是一般意義上的漢奸。因此該片受到批評，認爲是美化漢奸。然而，這顯然是三毛有意爲之。她正是要藉此說明愛情的超越階級、政治和文化的特徵，謳歌一種具有永恆價值的情感。片中的兩個女主角，都多少有三毛自己的影子。而她們對愛情的追求，也正是三毛之愛情觀的流露。爲了寫好這個劇本，三毛傾注了自己的全部情感。爲了給電影作宣傳，三毛在一周之內在電視中露面八次，接受媒介採訪二十多次，幾次昏倒，然後用萬金油塗抹，再繼續工作。有人認爲三毛很看重影片的得獎與否，表明了她並不是眞正的瀟灑，終於因爲沒有得獎就灰心喪氣，以至走到絕路。其實這是不理解三毛。三毛之所以如此拼命地工作，不過是想以此消除內心的不安和絕望。一方面，她去意已定，因此要有意無意地爲自己尋找藉口；另一方面，自殺畢竟是一件非常嚴重的事，她也多少有些猶豫和擔心，不是由於害怕，而是爲了找到一個合適的時間、地點以及採取合適的方式。當年她在墨西哥旅行，見到所謂的自殺神是上吊而死，她就很有感觸，最終她也是如此，這之間的聯繫非常明顯。

時間的流逝，無情地沖刷著世人的記憶；喧囂的塵世，更讓人們忘記那些曾經感動過他們的往事。畢竟，我們這個世界有著太多的新聞，每天都在刺激人們的感官。來不及思考，甚至來不及歎息，新的事件又已經觸目驚心地展現在我們面前。於是，對於歷史，人們漸漸失去了關注的興趣……

對於三毛的去世也是如此，除了那些眞正的三毛迷外，一般的傳媒早已將她忘記，因爲在三毛之後，它們又不斷爲大衆製造出新的焦點、新的傳奇人物：這是一個「名人輩出」的時代。

但是，眞正能夠在文學方面取代三毛的人並不太多，而三毛及其作品的價值隨著時間的流逝正逐漸顯示其獨特的一面。於是，三毛及其作品也就不能眞正被忘卻，相反，倒時時出現各有特色的「三毛熱」——儘管褒貶皆有，但一個作家在去世後仍然能爲人們所關注，應當還是一件幸事吧。

一九九六年，就在三毛迷們對三毛的狂熱已經逐漸消退，世人對三毛也漸漸忘卻之時，一本名爲《三毛眞相》的書開始在《羊城晚報》連載，作者叫馬中欣。此書的發表，立即引起強烈的抨擊，三毛及其作品重新成爲輿論關注的焦點，一時間各種媒體衆說紛紜，其議論的焦點是馬中欣此書所披露的所謂三毛的眞相究竟是否眞實可靠。

馬中欣先生此書的主要內容是一反往常人們對三毛的正面評價，聲稱自己經過大量實地調查訪問，證明三毛並沒有人們所看到的那樣可愛，她在作品中也是經常使用欺騙手段來贏得讀者的好感，因此他認爲有必要揭穿三毛的假像，讓那些三毛迷們清醒過來。

在此書中，馬中欣聲稱根據他所掌握的資料，證明三毛並非是一個公開場合中所表現的那樣富有愛心和有高潔志趣的人，而是一個無情無義、精神不正常的女人。他說三毛的婆婆很不喜歡三毛，對荷西與三毛的結合一直反對。他們的結合並非是荷西追求三毛，相反是三毛一直糾纏荷西，荷西無奈之下才出於同情和她結婚。而且三毛對財產問題也是斤斤計較，荷西死後，三毛就與婆婆爭奪家產。更令人失望的是，三毛對荷西的感情並不像其作品中所宣稱的那樣生死不渝、令人感動，證據是三毛常常對荷西大聲責罵，荷西死後對其遺體也不關心，以至下落不明。

至於三毛的作品，馬中欣也認爲基本上是不眞實的，不少故事完全是三毛的想像，是在現實生活中根本不可能發生的。由於馬中欣聲稱自己是在經過嚴肅認眞的調查後才得出上述結論，因此他的文章一發表，立即引起一場軒然大波。在最早刊載《三毛眞相》的《羊城晚報》編輯部，很快就收到許多讀者打來的電話和書信，對《三毛眞相》中所披露的事實感到震驚，他們不敢相信馬中欣所說的一切，但文章寫的是那樣證據確鑿，他們又不能不信，於是他們感到自己崇拜的偶像欺騙了他們，感到了生活本身的荒謬。不少讀者在看完馬中欣的文章後，都傷心地流下眼淚，因爲他們一直堅信不疑的三毛神話破碎了，所謂三毛與荷西的美麗動人的愛情也成了一場騙局。連三毛這樣的人都能撒謊，那這個世界還會有什麼眞實的事情呢！

當然，更有不少讀者對馬中欣的文章表示懷疑和氣憤，他們認爲，三毛已經去世多年，爲什麼還要讓死者不得安寧？三毛和她的作品已經給世人留下了美麗的印象，爲什麼要去撕破它？即使三毛所寫的全部是虛構，作爲一個作家也擁有這種權利，何況三毛並沒有讓讀者相信她所寫的都是事實，沒有一點虛構。對於文學作品，僅以是否眞實來衡量則是非常片面的。那麼，馬中欣先生明明知道這些，卻還要以所謂揭示眞相的方式寫這樣的文章，就不能不使人懷疑他的動機是否高尙了。

自然，也有人對馬中欣的文章給予正面肯定，認爲有必要清除讀者心目中對三毛的過分崇拜。

一場論戰就此展開。

首先，對於《三毛眞相》一文是否客觀眞實的問題，有人提出了自己的疑問。《人民日報》常駐馬格裏布地區記者章雲，根據自己在非洲撒哈拉沙漠所瞭解的情況和自己多年的非洲地區生活工作經歷，認爲馬中欣的文章中關於三毛在撒哈拉生活的判斷是片面的，所根據的只是荷西親屬的片面之詞，而他在撒哈拉所採訪的只是一個三毛並未提及的沙哈拉威人，所以了解到的三毛眞相究竟怎樣也就令人懷疑。除非馬中欣將來再有更多更有說服力的資料披露，否則僅憑目前所說是很難說服讀者的。其次，章雲認爲，藝術和生活是不能混淆的，文學作品中的三毛與現實生活中的三毛不能等同。生活中的三毛可能沒有作品中那麼可愛、瀟灑和高尚，這也是很正常的。如果武斷地以文學作品中的藝術形象來要求生活中的人物原型，那顯然是一種苛求。其實，生活中的三毛究竟怎樣，並不能影響人們對作品中三毛等形象的理解和認同。如果因爲人們迷戀作品中的三毛，就硬要拿生活中三毛的某些缺點來糾正，這種想法本身就是可笑的。調查三毛的生前事跡，首先要知道目的是什麼，是爲了幫助人們理解作品，還是爲了探求名人所謂的隱私，以求滿足世人的好奇心？如果是後者，恐怕是不值得提倡的。

後來，章雲先生根據自己瞭解的情況，寫了一本名爲《在撒哈拉踏尋三毛的足跡》的書，交由友誼出版公司出版。書中以大量的文字材料和照片，報導了三毛筆下的撒哈拉大沙漠的實際情況和那些沙哈拉威人的生活，證明三毛的描寫基本上是眞實的，她與荷西的婚姻生活也是幸福美滿，並且得到其鄰居的證明。這，當然也是一種「三毛眞相」，而且是無數熱愛三毛的讀者希望看到的「眞相」。不過，事情似乎並未完結。

另外有人撰文指出，其實三毛與我們一樣，肯定有不少性格上的缺陷和處理事務中的錯誤，這本來沒有必要大肆渲染，也不會影響人們對其作品的理解。作家的矛盾性格無損其作品的價值，就像太陽中的黑子不會影響太陽的光輝一樣。值得注意的倒是《三毛眞相》一文的作者所表現出的性格缺陷，馬中欣是三毛的生前好友，當然對三毛的一些隱私有自己的瞭解。問題在於，當好友去世數年後，是否有必要揭示自己所掌握的朋友的祕密——假如眞是像其所說的那樣？如果此舉能夠有利於讀者對三毛作品的理解，那當然是必要的。問題在於這樣的揭示——至少從目前馬中欣的文章來看，並沒有能夠對幫助讀者理解三毛作品起正面的作用，而是往三毛及其作品上抹黑。這就讓人們懷疑馬中欣寫這樣的文章，其目的不是出於對好友的正確評價，而是爲了滿足一己的私利。這種往死者身上抹黑的做法，由於死者的無法辯護自然頗爲有效，但向一個永遠沉默的靈魂大潑污水，其做法本身，也就顯示出潑污水者自身人格上的缺陷。在受到公衆矚目的同時，作者自己失去了什麼，應該是任何一個明智的人都很清楚的。

不過，也有人表示，無論馬中欣的文章是否眞實，但有一點可以肯定，在三毛身上，的確存在著明顯的形象與自我的分離。他們認爲，大衆和三毛共同製造出來的三毛形象和三毛眞正的自我有相當大的距離，這本來也是不可避免的。問題在於，不僅大衆在迷戀這個三毛形象的同時，越來越把三毛理想化，而且三毛自己也被這個所謂的三毛形象所迷戀而沉溺其中，其最終結果就是不能自拔以至最後自殺。因此，揭示三毛與大衆共同製造的這種假像不僅對一般讀者有好處，而且對作者自己也有好處。如果人們能夠更早點對三毛指出其存在的創作和性格方面的缺陷，說不定三毛就不會自殺。

更有人直言不諱地指出，三毛的確有為追求超塵脫俗而故作驚人之舉的缺陷，例如她的多次表示自己對自殺的特殊關注，她的一些莫名其妙的戀愛——如追求比她大三十幾歲的王洛賓和一些所謂的一見鍾情。到了其自殺前的一段時間，三毛甚至有故意披露其愛情婚姻問題的傾向。例如在成都訪問時，她竟然主動對別人說，今天你們沒有人問起我的婚姻問題，我倒可以主動告訴你們，我所希望的愛人應當是什麼樣子的。這些舉動有時未免有過於做作之嫌。又如她對荷西的感情，一方面渲染得那樣至善至美，一方面又長時間與多名男子保持戀愛關係，而又都把它們描寫得非常高尚純潔，彷彿只有她的愛情才是最能感天地泣鬼神的，因此無論怎樣都應獲得世人的理解和同情。這樣的表現多少有些病態，自然不值得讀者效仿。馬中欣的文章揭穿了這些假像，也是值得贊許的。至於馬中欣寫此文是否有借此炒作自身之嫌，倒還是次要的事情。

不過，不管各種觀點怎樣的不一致，其實問題的焦點在於到底應該怎樣理解三毛和她的作品以及與她的實際生活關係。就三毛一事而言，首先應確定荷西是否眞有其人，因為有些人甚至認為連荷西也是三毛虛構的人物，所謂她與荷西的愛情更是無稽之談。這一點非常關鍵。馬中欣的文章也承認荷西是確有其人的。於是問題轉為荷西與三毛的愛情是否真實，然後才可以談論他們的結合是否幸福。對於他們的結合，馬中欣顯然沒有找到足夠的證據證明他們沒有婚姻關係，相反三毛的一些朋友卻能夠證明三毛與荷西的關係是明確的。例如三毛在台灣中國文化學院執教時的學生姜孟蓉，曾經與三毛一起利用暑假到西班牙的加納利島短期居住，當年三毛與荷西就是住在這裏。在這期間，姜孟蓉親眼看到三毛與鄰居和諧熟悉之關係，見到熟悉三毛的鄰居都遠遠避開汽車庫，因為三毛將荷西當年潛水用過的器具都放在車庫內。而且三毛與荷西的住所，其位置和房內的陳設布置，都與她在作品中描寫的完全一樣。姜孟蓉還回憶了三毛為荷西上墳的情景，她還為此專門拍下照片。三毛那種肅穆、悲戚的神情，表明她與荷西之間的確是有那種刻骨銘心的至愛，凡見到這種情景的人都不會懷疑三毛與荷西的關係會是假的。

三毛遠在西班牙的另一位好朋友張南施也曾回顧過當年她與三毛一起生活在西班牙的情景，她說她比三毛更早在加納利島居住，後來三毛也來了，因為他們是島上唯一的兩家中國人，所以來往密切。張南施認為三毛所描寫關於西班牙的生活都是真實的，在加納利島上的生活更是她親眼目睹的，她就親眼看到了荷西之死給三毛帶來的巨大悲痛，因此，對於什麼三毛與荷西關係不好之類的說法是嗤之以鼻。

可能馬中欣先生也感到無法否認三毛與荷西的婚姻關係，於是將問題引到三毛並不愛荷西上面。他所引以爲據的是三毛的婆婆，因爲三毛曾在作品中將其婆婆視爲「假想敵」，可見二人的關係不好，用她婆婆的話可以證明三毛的不仁不義。三毛婆婆之所以認爲三毛不愛荷西，是因爲荷西死後遺體下落不明，而三毛似乎對此不甚關心，因此得出了三毛不愛荷西的結論。其實，這是中西兩種文化的差異所致，並不能說明三毛就不愛荷西，因爲愛本來就有各種表現形式。而根據三毛其他親友的回憶，卻證明三毛與荷西至少從表面看來是感情不錯的。至於三毛的那篇文章，因爲是文學創作，裏面自然有虛構和誇張的成分，怎麼能作爲他們之間關係緊張的證據呢？就算是三毛與其婆婆的確關係不好，也不能就此說明三毛的人格有問題。

現在我們所能見到的三毛寫她與婆婆關係比較明顯的有兩篇，一篇是〈親愛的婆婆大人〉，一篇是〈這種家庭生活〉。在第一篇中，三毛採取了喜劇化的寫法，先寫婆婆對自己的冷淡，自己與荷西結婚半年，雖然三毛給婆婆多次寫信，婆婆竟然拒不回信，其原因在於她一直不同意自己的兒子找一個東方人爲妻。因此，當三毛回婆婆家中時，自然就將婆婆視爲自己的「假想敵」，甚至有點膽戰心驚。爲了取悅婆婆，三毛拼命做家務，使盡一切招數，最後總算感動了上帝——婆婆心軟了，離別時將兒媳緊緊摟在懷裏，一個假想敵就此轉爲「維納斯婆婆」。

如果說這第一篇，還是寫出了婆婆可愛之一面的話，那麼在〈這種家庭生活〉中，三毛刻畫的婆婆形象，就是一個吝嗇而缺乏愛心的形象了。此時荷西已經離世，因爲所謂的遺產繼承問題，三毛又回到婆家。在飯桌上，婆婆讓她的女婿代表家庭向三毛提出如何處理荷西死後留下的那棟別墅的問題，明顯是要三毛放棄繼承權。三毛本來就沒有打算要那棟房子，但看到婆婆一家竟如此沒有人情味，還是感到寒心。文中有這樣的敘述：

「媽媽，你平靜下來，我用生命跟你起誓，荷西留下來的，除了婚戒之外，你真要，就給你，我不爭……」

「你反正是不要活的……」

「對，也許我是不要活，這不是更好了嗎？來，擦擦臉，你的手帕呢？來……」

婆婆方才靜了下來，公公啪地一下打桌子，虛張聲勢地大喊一聲：「荷西的東西是我的！」

也許是東西方文化的差異，也許是婆媳關係歷來最難於相處，看來三毛與其婆婆之間，的確不算很融洽。不過，她們之間的關係並不能完全說明三毛怎樣不好，也不能說明三毛與荷西就關係不好。

問題還在於，不管三毛與荷西關係究竟怎樣，三毛在寫作時完全有權利對素材進行必要的加工，而且三毛自己也曾多次提醒讀者，不要把她與作品中的三毛混爲一談，她說過：親愛的朋友，三毛不值得你們這樣，三毛不值得你們的愛！你們不要過於迷戀三毛，三毛其實是一個很普通的人。但是，三毛熱的興起是三毛自己不能左右的，甚至三毛自己有時也失去了清醒，一般讀者對三毛這一文學形象的崇拜更是自然的。那麼，拿作爲文學形象的三毛來要求生活中的三毛，當然是不公平的，也是不可能的。

此外，還有一點需要說明，就在三毛生前，台灣著名作家李敖在三毛熱正彌漫台灣島之時，曾經寫過一篇〈三毛式的僞善〉文中李敖直言不諱地給當時的三毛熱潑了冷水，認爲三毛式的僞善表現爲過分強調自己的浪漫，過分追求生活的戲劇化，有些言行有誘導青年的危險：

三毛很友善，但我對她印象欠佳。三毛說她「不是個喜歡把自己落在框子裏去說話的人」，我看卻正好相反，我看她整天在兜她的框框，這個框框就是她那個一再重覆的愛情故事。如果三毛是個美人，也許她可以不斷的風流餘韻傳世，因為這算是美人的特權。但三毛顯然不是，所以，她的「美麗的」愛情故事，是她真人不勝負荷的，她的荷西也不勝負荷，所以一命歸西了事。

我想，造型和幹哪一行還是很重要的。三毛現在整天以「悲泣的愛神」來來去去。我總覺得造型不對勁，她年紀越大，越不對勁。……

三毛的所謂幫助黃沙中的黑人，其實是一種「秀」，其性質與歌星等慈善表演並無不同，他們做「秀」的成分大於一切，你決不能認真。比如說，你真的相信三毛是基督徒嗎？她在關帝廟下跪求籤，這是哪一門子的基督徒呢？她迷信星相命運之學，這又是哪一門子的基督徒呢？……所以，無非白虎星式的克夫，白雲鄉式的逃世，白血病式的國際路線，和白開水式的泛濫感情而已。她是偽善的，這種偽善，自成一家，可以叫做「三毛式的偽善」。

因此，李敖認爲所謂的三毛熱應當冷下來，那些三毛迷們應當打破對三毛的崇拜，不要盲目地追求三毛式的浪漫。實事求是地講，李敖的文章的確尖銳，是擊中三毛性格中的某些缺陷之要害。最關鍵之處，即在於指出三毛及其作品中的做作成分。誠然，李敖此舉並非是有意與三毛爲難，只不過是出於對廣大讀者和對三毛本人及其作品的眞心愛護。所以，當年三毛看到這篇文章時也只是輕輕一笑，並未妨礙她與李敖的友誼。

然而，大概李敖自己也沒有想到，這篇當年出於愛護三毛而寫的文章，會在以後被馬中欣用來作爲證明三毛虛僞的證據。不過，這也從另一個角度說明，馬中欣並沒有什麼眞正的證據證明三毛的僞善，而只有使用這種實際上對三毛有利的文章作爲材料，其結論如何，也就可想而知了。

不過三毛還是一個幸運的人，因爲她和她的作品在今天依然有這麼多的崇拜者，不管世人如何詆毀或者讚譽，三毛就是三毛。她也許不是一個偉大的作家，也不是一個十全十美的完人，但卻是一個活得很充實、很有意義的人。三毛的作品儘管不能算是什麼經典，但卻在無數讀者心中贏得了崇高的地位。作爲一名作家，能說不幸福嗎？

馬中欣也好，李敖也好，不管他們的用意如何，不管他們對三毛及其作品的看法多麼不一致，他們至少提醒人們，對於三毛及其作品，應當有一個比較清醒的態度，特別是那些容易衝動、情緒化傾向很強的年輕人，更應防止過分迷戀三毛。

不錯，三毛作品的最大特色就是浪漫，但三毛有時把浪漫給過分誇大了，致使有些失眞。同時，三毛作爲一名女作家，似乎有著太強的自我欣賞情結，她似乎總是提醒人們不要忘記她是很可愛的人。儘管她長得並不漂亮，但卻總是自我感覺良好。例如在她的文章中常常出現諸如「我在照片上非常美麗，長髮光滑地披在肩上，笑意盈盈」、「那時的我，是一個美麗的女人，我知道，我笑，便如春花，必能吸引人的——任他是誰」這樣的句子。而且，在三毛的作品中似乎所有的人都不過是三毛的陪襯，似乎世界本來就只是爲三毛而存在，三毛就是世界的中心和唯一的亮點，這樣描寫，自然使三毛的形象非常突出，但也就容易造成讀者對三毛的過分迷戀，久而久之，就連三毛自己也被自己創造的這個神話所迷戀而不能自拔了。這正是以後導致她走向悲劇結局的重要原因，因爲這樣的女人是不能壽終正寢的，因此三毛必須將自己謀殺。除了三毛的確有看透人生、對未來悲觀失望之外，這種要將戲演到底的念頭也是導致其自殺的重要因素。這一點不僅對於三毛很遺憾，對於喜歡三毛的所有讀者，也是一個令人悵惘的結論。古人云：人在江湖，不得不爾。三毛也正是這樣，她自己爲自己造了墳墓，也就要自己跳下去，而且要跳得漂亮。從這個角度來看，三毛最後的表演雖然成功，卻令人遺憾。一位作家被世人、也被自己逼上絕境而不能自拔，應當是一種悲劇。

在這個意義上，馬中欣的文章雖然有炒作之嫌，但畢竟也爲那些過分迷戀三毛的讀者，敲響了警鐘。

是的，三毛也是一個人，一個普普通通的人，我們可以喜歡她，也可以批評她——把她既當作作家，又當作普通人，而不必過分迷戀她。她的作品可以說寫得很感人，是很優秀的作品，但能否不朽，至少我們還不能斷定。不過，她的確值得我們熱愛，就爲了她曾經活得那樣充實，那樣眞誠。那就讓她陪伴我們的人生之旅吧，畢竟有了她，我們不會感到寂寞。

熱愛三毛吧，熱愛她，就是熱愛生活。

三毛的生命紀事

西元	紀事
一九四三年	三月二十六日生於四川重慶。原名陳懋平，英文名字 ECHO，西班牙名字 EILE。幼年時已在看《紅樓夢》，初中時期幾乎看遍所有世界名著。初中二年級休學在家，由其父母悉心教導，並在英文和詩詞古文方面，建立深厚基礎。先後曾隨顧福生及邵幼軒兩位畫家習畫。
一九六四年	獲文化大學創辦人張其昀先生特許，在該校哲學系當旁聽生，學業成績優秀。
一九六七年	再度休學，獨自遠赴西班牙。
一九七〇年	三年之間，前後曾就讀於西班牙馬德里大學和德國哥德學院，在美國伊利諾大學法學圖書館工作。受張其昀先生之邀聘，在文大德文系、哲學系任教。
一九七三年	隨後因未婚夫的逝世，在哀痛之餘再次離開台灣，飛向西班牙，並重遇苦戀她長達六年的荷西（JOSE）。在西屬撒哈拉沙漠的當地法院，與西班牙人荷西公證結婚。
一九七六年	受當時擔任聯合報主編平鑫濤先生鼓勵，寫下居住於沙漠的生活和故事，開始結集並於五月出版了第一本作品《撒哈拉的故事》。七月，出版《雨季不再來》。八

月，出版《稻草人手記》與《哭泣的駱駝》。

一九七七年　二月，出版《溫柔的夜》，並翻譯《娃娃看天下》上下兩冊。

一九七九年　九月三十日夫婿荷西因潛水意外事件喪生，由其父母扶持，重回台灣。

一九八一年　三毛決定結束流浪異國十四年的生活，回到台灣定居。

一九八二年　九月，出版《夢裡花落知多少》。聯合報特　贊助三毛往中南美洲旅遊半年，回來以後寫成《千山萬水走遍》，並在台灣各處巡迴演講。之後，三毛在文化大學文藝任教，教〈小說創作〉和〈散文習作〉兩門課程課程，廣受學生喜愛。因健康問題辭掉教職，爾後以寫作、演講為生活重心。

一九八三年　三月，出版《送妳一匹馬》。

一九八四年　三月，出版《傾城》。

一九八九年　四月三毛首次回到大陸家鄉，發現自己的作品，在大陸方面亦廣受讀者歡迎。

一九九〇年　並專程拜訪漫畫《三毛流浪記》的作家張樂平先生，一了心願。從事劇本寫作，完成她第一本，亦是最後一本的中文劇本，《滾滾紅塵》。

一九九一年　一月四日三毛於清晨去世，享年四十八歲。

後記

記不清是誰說的了，意思是要看一個作家的作品，最好結合看他的傳記，因爲從傳記中，可以發現他是怎樣一步步「誤入文學歧途」的，又是怎樣爲了文學而付出巨大代價的：他的思想歷程，他的感情世界，他的人生的全部。聰明的讀者，當能從傳記中獲得不少東西，至少，可以懂得，人原來還可以這樣生活！

三毛當然還算不上是一個偉大的作家，但卻無疑是一位優秀的作家。比起她的作品，其生平似乎更富有吸引力。其實二者是互相聯繫的。作品沒人看的作家，又有誰會關心他的生平呢？

正是出於對三毛及其作品的喜愛，才萌生了寫一本《三毛傳》的想法。不過，這本小書，寫來並不輕鬆，只因對於三毛及其作品，僅僅喜愛是不夠的，必須要有深刻的瞭解，才能寫好她的傳記。而我們限於才識等方面的不足，很難說能夠深入到三毛的世界之中。

不過，閱讀三毛畢竟是一件令人愉快的事，因爲三毛很坦然地向我們披露她的內心世界；能夠跟隨三毛到她創造的世界中遊歷一番，還是很有收穫的。回過頭來再看她走過的道路，似乎多少有些明白：對於人生、對於文學。

此書是我們兩人合作的成果，雖然在寫作中我們多次進行過討論，並共同對寫出的初稿進行了數次修改，但兩人在寫作風格上還是有所差異的，細心的讀者當能分辨出來。不過，相信這並不會影響讀者的閱讀，因為三毛的世界實在很精彩，只要我們能夠忠實地將它描繪出來，讀者就會感受到三毛的魅力，至於我們在文筆上的膚淺，倒是次要的了。

三毛的世界似乎正在消失，似乎正在遠離我們而去，今天已經不可能再有三毛式的人物出現。惟其如此，三毛才在今天更顯示出她的價值，這價值甚至包括她的缺點——連缺點也已經是一去不返了。在二十一世紀到來的時候，對於未來，難道眞的應該樂觀？假如三毛活到今天，她是否就會放棄那自殺的念頭了呢？

但願如此。

劉克敵　梁君梅

紅塵歲月——三毛的生命戀歌

作　　者　劉克敵．梁君梅◎合著

發 行 人　林敬彬
總 編 輯　蕭順涵
編　　輯　蔡佳淇
美術設計　周莉萍
封面設計　周莉萍
出　　版　大都會文化 行政院新聞局北市業字第89號
發　　行　大都會文化事業有限公司
110台北市信義區基隆路一段432號4樓之9
讀者服務專線：（02）2723-5216
讀者服務傳真：（02）2723-5220
電子郵件信箱：metro@ms21.hinet.net
Metropolitan Culture Enterprise Co., Ltd.
4F-9, Double Hero Bldg., 432,Keelung Rd., Sec. 1,
TAIPEI 110, TAIWAN
Tel:+886-2-2723-5216　Fax:+886-2-2723-5220
e-mail:metro@ms21.hinet.net
郵政劃撥　14050529 大都會文化事業有限公司
出版日期　2003年5月初版第1刷
定　　價　250元

I S B N　957-28042-9-4
書　　號　98012

◎本書由江蘇文藝出版社授權繁體字版之出版發行

大都會文化
METROPOLITAN CULTURE

國家圖書館出版品預行編目資料

紅塵歲月：三毛的生命戀歌
劉克敵、梁君梅合著
-- --初版-- -
台北市：大都會文化，2003〔民92〕
面；公分. -- -- (人物誌系列；12)
ISBN 957-28042-9-4
1.陳平-傳記
782.886　　92006895

北區郵政管理局
登記證北台字第9125號
免貼郵票

大都會文化事業有限公司
讀者服務部收

110 台北市基隆路一段432號4樓之9

寄回這張服務卡（免貼郵票）
您可以：
◎不定期收到最新出版訊息
◎參加各項回饋優惠活動

大都會文化 讀者服務卡

書號：98012 紅塵歲月─三毛的生命戀歌

謝謝您選擇了這本書！期待您的支持與建議，讓我們能有更多聯繫與互動的機會。日後您將可不定期收到本公司的新書資訊及特惠活動訊息。

A.您在何時購得本書：_____年_____月_____日

B.您在何處購得本書：__________書店，位於__________(市、縣)

C.您從哪裡得知本書的消息：1.□書店 2.□報章雜誌 3.□電台活動 4.□網路資訊5.□書籤宣傳品等 6.□親友介紹 7.□書評 8.□其他__________

D.您購買本書的動機：（可複選）1.□對主題或內容感興趣 2.□工作需要 3.□生活需要 4.□自我進修 5.□內容為流行熱門話題 6.□其他__________

E.您最喜歡本書的（可複選）： 1.□內容題材 2.□字體大小 3.□翻譯文筆 4.□封面 5.□編排方式 6.□其它

F. 您認為本書的封面：1.□非常出色 2.□普通 3.□毫不起眼 4.□其他__________

G.您認為本書的編排：1.□非常出色 2.□普通 3.□毫不起眼 4.□其他__________

H.您通常以哪些方式購書：(可複選)1.□逛書店 2.□書展 3.□劃撥郵購 4.□團體訂購5.□網路購書 6.□其他__________

I. 您希望我們出版哪類書籍：（可複選）1.□旅遊 2.□流行文化3.□生活休閒 4.□美容保養 5.□散文小品 6.□科學新知 7.□藝術音樂 8.□致富理財 9.□工商企管10.□科幻推理 11.□史哲類 12.□勵志傳記 13.□電影小說 14.□語言學習（_____語）15.□幽默諧趣 16.□其他__________

J.您對本書(系)的建議：__________

____

K.您對本出版社的建議：__________

____

讀者小檔案

姓名：__________ 性別：□男 □女 生日：_____年_____月_____日

年齡：□20歲以下□21～30歲□31～40歲□41～50歲□51歲以上

職業：1.□學生 2.□軍公教 3.□大衆傳播 4.□ 服務業 5.□金融業 6.□製造業 7.□資訊業 8.□自由業 9.□家管 10.□退休 11.□其他 __________

學歷：□ 國小或以下 □ 國中 □ 高中／高職 □ 大學／大專 □ 研究所以上

通訊地址：__________

電話：（H）__________（O）__________傳真：__________

行動電話：__________ E-Mail：__________

大西洋
摩洛哥
亞特拉斯山
阿爾及利亞
撒拉威
地中海
利比亞沙漠
撒哈拉盆地
撒哈拉沙漠
蘇丹高原
剛果盆地
大西洋
喀拉哈里沙漠
喀拉哈里盆地